시 대 에 듀

독학사 3단계

— 컴퓨터공학과 —

프로그래밍언어론

SD에듀
㈜시대고시기획

머리말

학위를 얻는 데 시간과 장소는 더 이상 제약이 되지 않습니다. 대입 전형을 거치지 않아도 '학점은행제'를 통해 학사학위를 취득할 수 있기 때문입니다. 그중 독학학위제도는 고등학교 졸업자이거나 이와 동등 이상의 학력을 가지고 있는 사람들에게 효율적인 학점인정 및 학사학위취득의 기회를 줍니다.

학습을 통한 개인의 자아실현 도구이자 자신의 실력을 인정받을 수 있는 스펙으로서의 독학사는 짧은 기간 안에 학사학위를 취득할 수 있는 가장 빠른 지름길로 많은 수험생들의 선택을 받고 있습니다.

독학학위취득시험은 1단계 교양과정 인정시험, 2단계 전공기초과정 인정시험, 3단계 전공심화과정 인정시험, 4단계 학위취득 종합시험의 1~4단계까지의 시험으로 이루어집니다. 4단계까지의 과정을 통과한 자에 한해 학사학위취득이 가능하고, 이는 대학에서 취득한 학위와 동등한 지위를 갖습니다.

이 책은 독학사 시험에 응시하는 수험생들이 단기간에 효과적인 학습을 할 수 있도록 다음과 같이 구성하였습니다.

01 단원 개요
핵심이론을 학습하기에 앞서 각 단원에서 파악해야 할 중점과 학습목표를 수록하였습니다.

02 핵심이론
다년간 출제된 독학학위제 평가영역을 철저히 분석하여 시험에 꼭 출제되는 내용을 '핵심이론'으로 선별하여 수록하였으며, 중요도 체크 및 이론 안의 '더 알아두기'를 통해 심화 학습과 학습 내용 정리를 효율적으로 할 수 있게 하였습니다.

03 실제예상문제
해당 출제영역에 맞는 핵심포인트를 분석하여 풍부한 '실제예상문제'를 수록하였습니다..

04 최종모의고사
최신출제유형을 반영한 최종모의고사를 통해 자신의 실력을 점검해 볼 수 있으며, 실제 시험에 임하듯이 시간을 재고 풀어보면 시험장에서 실수를 줄일 수 있습니다.

편저자 드림

BDES
독학학위제 소개

독학학위제란?

「독학에 의한 학위취득에 관한 법률」에 의거하여 국가에서 시행하는 시험에 합격한 사람에게 학사학위를 수여하는 제도

- ✓ 고등학교 졸업 이상의 학력을 가진 사람이면 누구나 응시 가능
- ✓ 대학교를 다니지 않아도 스스로 공부해서 학위취득 가능
- ✓ 일과 학습의 병행이 가능하여 시간과 비용 최소화
- ✓ 언제, 어디서나 학습이 가능한 평생학습시대의 자아실현을 위한 제도
- ✓ 학위취득시험은 4개의 과정(교양, 전공기초, 전공심화, 학위취득 종합시험)으로 이루어져 있으며 각 과정별 시험을 모두 거쳐 학위취득 종합시험에 합격하면 학사학위취득

독학학위제 전공 분야 (11개 전공)

※ 유아교육학 및 정보통신학 전공 : 3, 4과정만 개설
※ 간호학 전공 : 4과정만 개설
※ 중어중문학, 수학, 농학 전공 : 폐지 전공으로 기존에 해당 전공 학적 보유자에 한하여 응시 가능

※ 시대에듀는 현재 4개 학과(심리학과, 경영학과, 컴퓨터공학과, 간호학과) 개설 완료
※ 추가로 2개 학과(국어국문학과, 영어영문학과) 개설 진행 중

독학학위제 시험안내

과정별 응시자격

단계	과정	응시자격	과정(과목) 시험 면제 요건
1	교양	고등학교 졸업 이상 학력 소지자	• 대학(교)에서 각 학년 수료 및 일정 학점 취득 • 학점은행제 일정 학점 인정 • 국가기술자격법에 따른 자격 취득 • 교육부령에 따른 각종 시험 합격 • 면제지정기관 이수 등
2	전공기초		
3	전공심화		
4	학위취득	• 1~3과정 합격 및 면제 • 대학에서 동일 전공으로 3년 이상 수료 (3년제의 경우 졸업) 또는 105학점 이상 취득 • 학점은행제 동일 전공 105학점 이상 인정 (전공 28학점 포함) → 22.1.1. 시행 • 외국에서 15년 이상의 학교교육과정 수료	없음(반드시 응시)

응시 방법 및 응시료

• 접수 방법 : 온라인으로만 가능
• 제출 서류 : 응시자격 증빙 서류 등 자세한 내용은 홈페이지 참조
• 응시료 : 20,400원

독학학위제 시험 범위

• 시험과목별 평가 영역 범위에서 대학 전공자에게 요구되는 수준으로 출제
• 시험 범위 및 예시문항은 독학학위제 홈페이지(bdes.nile.or.kr) – 학습정보 – 과목별 평가영역에서 확인

문항 수 및 배점

과정	일반 과목			예외 과목		
	객관식	주관식	합계	객관식	주관식	합계
교양, 전공기초 (1~2과정)	40문항×2.5점 =100점	–	40문항 100점	25문항×4점 =100점	–	25문항 100점
전공심화, 학위취득 (3~4과정)	24문항×2.5점 =60점	4문항×10점 =40점	28문항 100점	15문항×4점 =60점	5문항×8점 =40점	20문항 100점

※ 2017년도부터 교양과정 인정시험 및 전공기초과정 인정시험은 객관식 문항으로만 출제

합격 기준

• 1~3과정(교양, 전공기초, 전공심화) 시험

단계	과정	합격 기준	유의 사항
1	교양	매 과목 60점 이상 득점을 합격으로 하고, 과목 합격 인정(합격 여부만 결정)	5과목 합격
2	전공기초		6과목 이상 합격
3	전공심화		

• 4과정(학위취득) 시험 : 총점 합격제 또는 과목별 합격제 선택

구분	합격 기준	유의 사항
총점 합격제	• 총점(600점)의 60% 이상 득점(360점) • 과목 낙제 없음	• 6과목 모두 신규 응시 • 기존 합격 과목 불인정
과목별 합격제	• 매 과목 100점 만점으로 하여 전 과목(교양 2, 전공 4) 60점 이상 득점	• 기존 합격 과목 재응시 불가 • 1과목이라도 60점 미만 득점하면 불합격

시험 일정

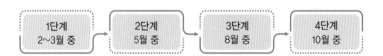

1단계
2~3월 중
→ 2단계
5월 중
→ 3단계
8월 중
→ 4단계
10월 중

• 컴퓨터공학과 3단계 시험 과목 및 시험 시간표

구분(교시별)	시간	시험 과목명
1교시	09:00~10:40 (100분)	인공지능 컴퓨터네트워크
2교시	11:10~12:50 (100분)	임베디드시스템 소프트웨어공학
중식	12:50~13:40 (50분)	
3교시	14:00~15:40 (100분)	프로그래밍언어론 컴파일러
4교시	16:10~17:50 (100분)	컴퓨터그래픽스 정보보호

※ 시험 일정 및 시험 시간표는 반드시 독학학위제 홈페이지(bdes.nile.or.kr)를 통해 확인하시기 바랍니다.

※ 시대에듀에서 개설되었거나 개설 예정인 과목은 빨간색으로 표시했습니다.

독학학위제 과정

1단계
교양과정
01

대학의 교양과정을 이수한
사람이 일반적으로 갖추어야 할
학력 수준 평가

02
2단계
전공기초

각 전공영역의 학문을 연구하기
위하여 각 학문 계열에서 공통적
으로 필요한 지식과 기술 평가

3단계
전공심화
03

각 전공영역에서의 보다
심화된 전문 지식과 기술 평가

04
4단계
학위취득

학위를 취득한 사람이 일반적으로
갖추어야 할 소양 및 전문 지식과
기술을 종합적으로 평가

GUIDE

독학학위제 출제방향

국가평생교육진흥원에서 고시한 과목별 평가영역에 준거하여 출제하되, 특정한 영역이나 분야가 지나치게 중시되거나 경시되지 않도록 한다.

교양과정 인정시험 및 전공기초과정 인정시험의 시험방법은 객관식(4지택1형)으로 한다.

단편적 지식의 암기로 풀 수 있는 문항의 출제는 지양하고, 이해력·적용력·분석력 등 폭넓고 고차원적인 능력을 측정하는 문항을 위주로 한다.

독학자들의 취업 비율이 높은 점을 감안하여, 과목의 특성상 가능한 경우에는 학문적이고 이론적인 문항뿐만 아니라 실무적인 문항도 출제한다.

교양과정 인정시험(1과정)은 대학 교양교재에서 공통적으로 다루고 있는 기본적이고 핵심적인 내용을 출제하되, 교양과정 범위를 넘는 전문적이거나 지엽적인 내용의 출제는 지양한다.

이설(異說)이 많은 내용의 출제는 지양하고 보편적이고 정설화된 내용에 근거하여 출제하며, 그럴 수 없는 경우에는 해당 학자의 성명이나 학파를 명시한다.

전공기초과정 인정시험(2과정)은 각 전공영역의 학문을 연구하기 위하여 각 학문 계열에서 공통적으로 필요한 지식과 기술을 평가한다.

전공심화과정 인정시험(3과정)은 각 전공영역에 관하여 보다 심화된 전문적인 지식과 기술을 평가한다.

학위취득 종합시험(4과정)은 시험의 최종 과정으로서 학위를 취득한 자가 일반적으로 갖추어야 할 소양 및 전문지식과 기술을 종합적으로 평가한다.

전공심화과정 인정시험 및 학위취득 종합시험의 시험방법은 객관식(4지택1형)과 주관식(80자 내외의 서술형)으로 하되, 과목의 특성에 따라 다소 융통성 있게 출제한다.

www.sdedu.co.kr

독학학위제 단계별 학습법

1단계

평가영역에 기반을 둔 이론 공부!

독학학위제에서 발표한 평가영역에 기반을 두어 효율적으로 이론 공부를 해야 합니다. 각 장별로 정리된 '핵심이론'을 통해 핵심적인 개념을 파악합니다. 모든 내용을 다 암기하는 것이 아니라, 포괄적으로 이해한 후 핵심내용을 파악하여 이 부분을 확실히 알고 넘어가야 합니다.

2단계

시험 경향 및 문제 유형 파악!

독학사 시험 문제는 지금까지 출제된 유형에서 크게 벗어나지 않는 범위에서 비슷한 유형으로 줄곧 출제되고 있습니다. 본서에 수록된 이론을 충실히 학습한 후 '실제예상문제'를 풀어 보면서 문제의 유형과 출제의도를 파악하는 데 집중하도록 합니다. 교재에 수록된 문제는 시험 유형의 가장 핵심적인 부분이 반영된 문항들이므로 실제 시험에서 어떠한 유형이 출제되는지에 대한 감을 잡을 수 있을 것입니다.

3단계

'실제예상문제'를 통한 효과적인 대비!

독학사 시험 문제는 비슷한 유형들이 반복되어 출제되므로 다양한 문제를 풀어 보는 것이 필수적입니다. 각 단원 끝에 수록된 '실제예상문제' 및 '주관식 문제'를 통해 단원별 내용을 제대로 학습했는지 꼼꼼하게 체크합니다. 이때 부족한 부분은 따로 체크해 두고 복습할 때 중점적으로 공부하는 것도 좋은 학습 전략입니다.

4단계

복습을 통한 학습 마무리!

이론 공부를 하면서, 혹은 문제를 풀어 보면서 헷갈리고 이해하기 어려운 부분은 따로 체크해 두는 것이 좋습니다. 중요 개념은 반복학습을 통해 놓치지 않고 확실하게 익히고 넘어가야 합니다. 마무리 단계에서는 '최종모의고사'를 통해 실전연습을 할 수 있도록 합니다.

COMMENT

합격수기

❝ 저는 학사편입 제도를 이용하기 위해 2~4단계를 순차로 응시했고 한 번에 합격했습니다.
아슬아슬한 점수라서 부끄럽지만 독학사는 자료가 부족해서 부족하나마 후기를 쓰는 것이 도움이 될까 하여
제 합격전략을 정리하여 알려 드립니다.

#1. 교재와 전공서적을 가까이에!

학사학위취득은 본래 4년을 기본으로 합니다. 독학사는 이를 1년으로 단축하는 것을 목표로 하는 시험이라
실제 시험도 변별력을 높이는 몇 문제를 제외한다면 기본이 되는 중요한 이론 위주로 출제됩니다. 시대에듀의
독학사 시리즈 역시 이에 맞추어 중요한 내용이 일목요연하게 압축·정리되어 있습니다. 빠르게 훑어보기 좋지만
내가 목표로 한 전공에 대해 자세히 알고 싶다면 전공서적과 함께 공부하는 것이 좋습니다. 교재와 전공서적
을 함께 보면서 교재에 전공서적 내용을 정리하여 단권화하면 시험이 임박했을 때 교재 한 권으로도 자신
있게 시험을 치를 수 있습니다.

#2. 아리송한 용어들에 주의!

진법 변환, 부울대수, 컴퓨터 명령어, 기억장치, C프로그래밍 언어 등 공부를 하다 보면 여러 생소한 용어들을 접할
수 있습니다. 익숙하지 않은 기본 개념들을 반복해서 보면서 숙지하고 점차 이해도를 높여나가는 학습이 합격에
도움이 된다고 생각합니다.

#3. 시간확인은 필수!

쉬운 문제는 금방 넘어가지만 지문이 길거나 어렵고 헷갈리는 문제도 있고, OMR 카드에 마킹도 해야 하니 실제로
주어진 시간은 더 짧습니다. 1번에 어려운 문제가 있다고 해서 1번에서 5분을 허비하면 쉽게 풀 수 있는 마지막 문제
들을 놓칠 수 있습니다. 문제 푸는 속도도 느려지니 집중력도 떨어집니다. 그래서 어차피 배점은 같으니 아는 문제
를 최대한 많이 맞히는 것을 목표로 했습니다.
① 어려운 문제는 빠르게 넘기면서 문제를 끝까지 다 풀고 ② 확실한 답부터 우선 마킹하고 ③ 다시 시험지로 돌아
가 건너뛴 문제들을 다시 풀었습니다. 확실히 시간을 재고 문제를 많이 풀어봐야 실전에 도움이 되는 것 같습니다.

#4. 문제풀이의 반복!

어떠한 시험도 그렇듯이 문제는 많이 풀어볼수록 좋습니다. 이론을 공부한 후 실제예상문제를 풀다보니 부족한 부분
이 어딘지 확인할 수 있었고, 공부한 이론이 시험에 어떤 식으로 출제될 지 예상할 수 있었습니다. 그렇게 부족한 부분
을 보충해가며 문제유형을 파악하면 이론을 복습할 때도 어떤 부분을 중점적으로 암기해야 할 지 알 수 있습니다.
이론 공부가 어느 정도 마무리되었을 때 시계를 준비하고 최종모의고사를 풀었습니다. 실제 시험시간을 생각하면서
예행연습을 하니 시험 당일에는 덜 긴장할 수 있었습니다.

학위취득을 위해 오늘도 열심히 학습하시는 동지 여러분에게도 합격의 영광이 있으시길 기원하면서 이만 줄입니다. ❞

이 책의 구성과 특징

01

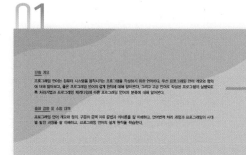

단원 개요

핵심이론을 학습하기에 앞서
각 단원에서 파악해야 할
중점과 학습목표를 수록하였습니다.

핵심이론

독학사 시험의 출제 경향에 맞춰
시행처의 평가영역을 바탕으로
과년도 출제문제와 이론을
빅데이터 방식에 맞게 선별하여
가장 최신의 이론과 문제를
시험에 출제되는 영역 위주로 정리하였습니다.

02

제 1 장 프로그래밍 언어의 정의

프로그래밍 언어는 다음과 같이 정의할 수 있다.

> ① 프로그래밍 언어에 대한 정의로 '인간이 컴퓨터로 수행하고자 하는 바를 컴퓨터에게 전달하기 위한 표현법'이라 한다.
> ② '프로그래밍 의도를 추상화시켜 컴퓨터에 전달하는 도구'라고 한다.
> ③ 프로그래밍 언어는 언어 구문과 언어 의미로 구성'이라고 할 수 있다.

1 구문(Syntax) 중요 ★★

구문은 언어의 표현식, 문장, 프로그램 단위의 형식과 구조를 의미한다.

(1) 노엄 촘스키(Noam Chomsky)

노엄 촘스키(Noam Chomsky)는 1950년대에 프로그래밍 언어들의 관계를 나타내는 촘스키 계층을 분류하였다.

03

제 1 편 실제예상문제

제 1 장 프로그래밍 언어의 정의

01 촘스키 계층은 무제한 문법, 문맥 의존 문법, 문맥 자유 문법, 정규 문법 4계층으로 분류한다.

01 촘스키(Chomsky)가 구분한 4가지 문법 중에서 일반적으로 프로그래밍 언어에서 구문(syntax)을 정의하는데 사용하는 문법은?
① Type 0(Unrestricted Grammar)
② Type 1(Context-Sensitive Grammar)
③ Type 2(Context-Free Grammar)
④ Type 3(Regular Grammar)

02 ④ 에플리케이션 프로그램 : OS에 서...

02 사용자가 직접 작성하여 사용하는 프로그램을 보통 무엇이라

실제예상문제

독학사 시험의 경향에 맞춰
전 영역의 문제를 새롭게 구성하고
지극히 지엽적인 문제나 쉬운 문제를 배제하여
학습자가 해당 교과정에서 필수로
알아야 할 내용을 문제로 정리하였습니다.
풍부한 해설을 추가하여 이해를 쉽게 하고
문제를 통해 이론의 학습내용을 반추하여
실제시험에 대비할 수 있도록 구성하였습니다.

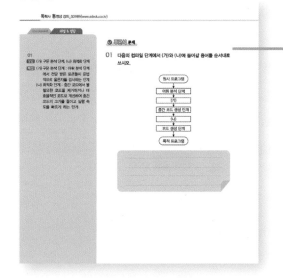

주관식 문제

다년간 각종 시험에 출제된 기출문제 중
주관식으로 출제될 만한 문제들을 엄선하여
가공 변형 후 수록하였으며,
배점이 큰 '주관식 문제'에 충분히
대응할 수 있도록 편성하였습니다.

최종모의고사

'핵심이론'을 공부하고,
'실제예상문제'를 풀어보았다면 이제
남은 것은 실전 감각 기르기와 최종 점검입니다.
'최종모의고사(총 2회분)'를
실제 시험처럼 시간을 두고 풀어보고,
정답과 해설을 통해 복습한다면
좋은 결과가 있을 것입니다.

www.sdedu.co.kr

CONTENTS
목차

제1편

프로그래밍 언어의 소개

단원 개요

프로그래밍 언어는 컴퓨터 시스템을 동작시키는 프로그램을 작성하기 위한 언어이다. 우선 프로그래밍 언어 개요와 정의에 대해 알아보고, 좋은 프로그래밍 언어의 설계 원칙에 대해 알아본다. 그리고 고급 언어로 작성된 프로그램이 실행되도록 처리기법과 프로그래밍 패러다임에 따른 프로그래밍 언어의 분류에 대해 알아본다.

출제 경향 및 수험 대책

프로그래밍 언어 개요와 정의, 구문의 문맥 자유 문법과 의미론을 잘 이해하고, 언어번역 처리 과정과 프로그래밍의 시대별 발전 과정을 잘 이해하고, 프로그래밍 언어의 설계 원칙을 학습한다.

혼자 공부하기 힘드시다면 방법이 있습니다.
SD에듀의 동영상강의를 이용하시면 됩니다.
www.sdedu.co.kr ➜ 회원가입(로그인) ➜ 강의 살펴보기

프로그래밍 언어의 정의

프로그래밍 언어를 다음과 같이 정의할 수 있다.

> ① 프로그래밍 언어에 대한 정의로 '**인간이 컴퓨터로 수행하고자 하는 바를 컴퓨터에게 전달하기 위한 표현법**'이라 한다.
> ② '**프로그래밍 의도를 추상화시켜 컴퓨터에 전달하는 도구**'라고 한다.
> ③ **프로그래밍 언어는 언어 구문과 언어 의미로 구성**'이라고 할 수 있다.

1 구문(Syntax) 중요 ★★

구문은 언어의 표현식, 문장, 프로그램 단위의 형식과 구조를 의미한다.

(1) 노엄 촘스키(Noam Chomsky)

노엄 촘스키(Noam Chomsky)는 1950년대에 프로그래밍 언어들의 관계를 나타내는 촘스키 계층을 분류하였다.

> • 정규 문법(regular grammar)
> • 문맥 자유 문법(context-free grammar)(**BNF와 동일**)
> • 문맥 의존 문법(context-sensitive grammar)
> • 무제한 문법(unrestricted grammar)

[그림 1-1] 촘스키 계층

(2) 존 배커스(John Backus)

존 배커스(John Backus)는 페테르 나우르(Peter Naur)의 도움을 받아 이 문법을 기술하기 위한 표기법(BNF 표기법)을 개발하여 1963년에 Algol 60 구문을 기술하는 데 처음 사용하였다.

(3) 문맥 자유 문법의 표기법의 종류

① BNF 표기법

프로그래밍 언어의 구문을 서술할 수 있는 표기법이다.

② EBNF 표기법

니클라우스 비르트(Niklaus Wirth)가 원래의 BNF에 추가적인 메타 기호 등을 사용하고 확장한 표기법이다.

📋 **예제 1-1**

Small_Alphabet이라는 기호가, 소문자 a부터 z까지의 한 문자를 표현한다면,

→ Small_Alphabet ::= [a-z]

📋 **예제 1-2**

Number라는 기호가, 숫자 0에서 9까지의 한 숫자를 표현한다면,

→ Number ::= [0-9]

---

③ 구문 도표

위 2가지 표기법은 프로그래밍 언어의 구문 구조를 매우 효과적으로 표현할 수 있는 정형화된 방법이다. 그러나 문법에 익숙하지 않은 사용자들은 여전히 문법을 어렵게 생각할 수 있다. 구문 도표는 이를 해결하기 위한 문법의 각 생성 규칙을 다이어그램 형태로 표현할 수 있는 표기법이다.

2 의미론(semantics) 중요 ★

의미론은 작성된 수식, 문장 혹은 프로그램의 의미를 정하는 것을 말한다. 프로그램의 의미는 자연어를 이용하거나 수학적으로 기술할 수 있는데 의미의 수학적 기술 방법론에는 다음과 같은 의미론이 있다.

(1) 작동 의미론(operational semantics)

프로그램의 의미를 프로그램 내의 수식이나 문장의 작동, 즉 실행(작동) 과정을 기술하여 정의하는 정형화된 방법이다.

(2) 표기 의미론(denotational semantics)

프로그램 내의 수식이나 문장의 의미를 표기(denotational)라고 불리는 수학적 함수 형태로 정의하는 정형화된 방법이다.

(3) 공리 의미론(axiomatic semantics)

수학적 논리를 기반으로 프로그램 요소에 대한 사전 조건(precondition)과 후행 조건(postcondition)을 통해 프로그램의 의미를 정의한다. 프로그램의 정확성을 증명하는데 많이 사용한다.

제 2 장

언어번역(Compile)

컴파일(compile)은 고급 언어로 작성된 프로그램을 컴퓨터가 바로 실행할 수 있는 프로그램으로 변환하는 방식을 의미하는데, 이때 컴파일하는 프로그램을 컴파일러(compiler)라 한다. 이 기법은 번역이 완료되면 빠르게 프로그램을 실행시킬 수 있는 장점이 있다.

여기서 컴파일러의 입력이 되는 고급 언어로 작성된 프로그램을 원시 프로그램(source program)이라 하고, 컴파일의 결과로 생성되는 기계어 프로그램을 목적 프로그램(object program)이라 한다.

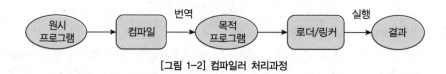

[그림 1-2] 컴파일러 처리과정

이러한 컴파일은 아래와 같이 5단계로 나뉜다.

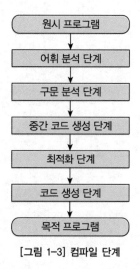

[그림 1-3] 컴파일 단계

1 어휘 분석 단계 중요 ★★

원시 프로그램을 우선 토큰(token)이라는 단위로 자르고 이러한 토큰과 관련 정보를 구문 분석 단계로 전달한다. 예를 들어 다음과 같은 문장이 있다고 하자.

> A = 3 + (5 − 2)

그러면 이 단계에서 A, =, 3, +, (, 5, −, 2,)라는 토큰으로 자르고 이와 관련된 정보와 함께 다음 단계로 전달한다.

2 구문 분석 단계 중요 ★★

어휘 분석 단계에서 전달받은 토큰들이 문법적으로 옳은지를 검사하고, 오류가 없으면 파스 트리라 불리는 구조를 생성한다. 다음은 A = 3 + (5 − 2)에 대한 파스 트리 표현이다.

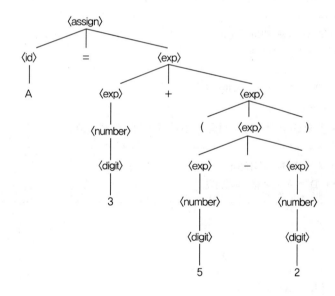

3 중간 코드 생성 단계 중요 ★★

기계어는 아니지만 어느 기계에도 의존적이지 않으면서도 기계어에 가까운 중간 코드로 된 프로그램을 생성한다. 이 과정에서 문법적인 오류가 아닌 의미적인 오류를 검사한다. 다음은 (A = 3 + 5 − 2)에 대한 중간 코드의 예이다.

> • (sub 5 2 T0) → 'T0 = 5 − 2'를 의미한다.
> • (add 3 T0 T1) → 'T1 = 3 + T0'을 의미한다.
> • (mov T1 A) → 'A = T1'을 의미한다.

4 최적화 단계 중요 ★★

중간 코드에서 불필요한 코드를 제거하거나 더 효율적인 코드로 개선하여 중간 코드의 크기를 줄이고 실행 속도를 빠르게 한다. 예를 들어 다음의 중간 코드에서 더 이상 B와 C에 대한 사용이 없다면,

> • (mov 10 A) → 'A = 10'을 의미한다.
> • (mov A B) → 'B = A'를 의미한다.
> • (mov B C) → 'C = B'를 의미한다.
> • (add C 2 D) → 'D = C + 2'를 의미한다.

이 단계에서 불필요한 코드를 제거하여 다음과 같이 최적화시킬 수 있다.

> • (mov 10 A) → 'A = 10'을 의미한다.
> • (add A 2 D) → 'D = A + 2'를 의미한다.

5 코드 생성 단계 중요 ★★

코드 생성 단계에서는 최적화된 중간 코드로부터 해당 컴퓨터가 인식할 수 있는 목적 프로그램을 만들어낸다.

제 3 장 프로그래밍 언어 약사(略史)

프로그래밍 언어의 역사적 발전 과정을 살펴보자. 프로그램 저장 방식의 범용 컴퓨터의 등장과 함께 프로그래밍은 중요한 문제가 되었다. 초기의 프로그램은 기계어 또는 기계어를 표현하는 기호화 코드를 사용하는 어셈블리어를 사용하여 작성하였다. 그러나 이와 같은 저급(low-level) 언어를 사용한 프로그래밍은 너무 어렵고 비생산적이라는 단점을 갖고 있었다.

이러한 문제점을 해결하기 위한 고급 프로그래밍 언어의 개발은 1950년대부터 시작되어 지금까지 계속되고 있다. 이러한 고급 언어의 발전과 더불어 컴퓨터 및 소프트웨어의 발전이 계속되고 있다. 지금까지 소개된 주요 프로그래밍 언어들의 발전 과정은 [그림 1-4]와 같다. 예를 들어, Java 언어의 조상을 따라가 보면 Java 언어는 C++, C 언어들로부터 영향을 받아 만들어졌음을 알 수 있다. Ada 언어의 경우에는 Pascal, Algol, Simula로부터 영향을 받아 개발되었음을 알 수 있다. 고급 프로그래밍 언어의 역사에 대해서 시대별로 살펴보자.

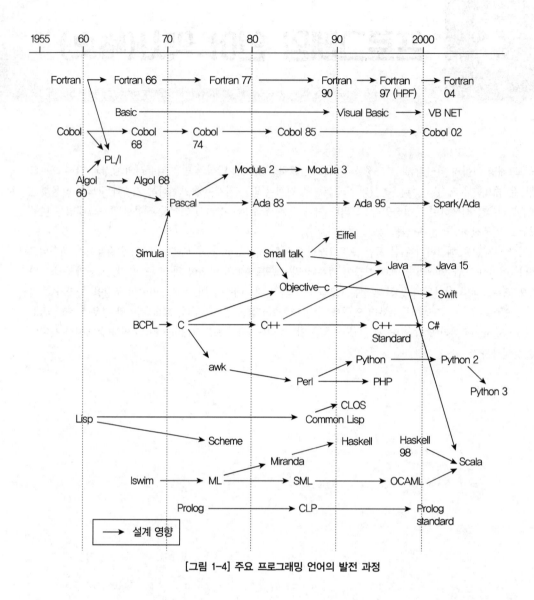

[그림 1-4] 주요 프로그래밍 언어의 발전 과정

1 **1950년대 : 고급 프로그래밍 언어의 시작** 중요 ★★

(1) FORTRAN

최초의 고급 프로그래밍 언어는 1954년과 1957년 사이에 IBM의 John Backus 팀에 의해서 개발된 FORTRAN이다. 이 언어는 이름(FORmula TRANslation)에서 의미하듯이, 기본적으로 과학 계산용으로 설계되었고, 이 언어의 후속 버전들(FORTRAN IV, FORTRAN 77, FORTRAN 90, FORTRAN 04)이 최근까지도 과학응용 분야에서 사용되고 있다. FORTRAN의 중요한 장점은 효율성이다. 그 컴파일러가 매우 빠르게 실행되는 코드를 생성할 수 있었다. 이것은 사실 FORTRAN의 중요한 설계 목표였다.

그 시대에는 컴퓨터가 매우 고가의 장비였기 때문에 코드의 효율성은 매우 중요한 설계 목표였으며 FORTRAN은 설계에서 이러한 점을 잘 반영하여 성공할 수 있었다.

FORTRAN이 최초의 고급 프로그래밍 언어였기 때문에 그의 대부분 기능들은 새로운 것이었다. 그 중 일부는 이후의 언어에서 표준이 되었다. 이런 기능으로는 배열(array), 첨자 변수(index variable)에 의해서 제어되는 FOR 반복문, 분기 if 문 등이 있다.

FORTRAN을 뒤따라 COBOL과 Algol 60 이렇게 두 개의 언어가 개발되어 프로그래밍과 컴퓨터의 사용에 큰 영향을 주었다.

(2) COBOL

COBOL(Common Business-Oriented Language)은 미국 해군의 Grace Hopper 팀에 의해서 미국 국방성에서 1959년에 개발되었다. 이 언어는 사무용으로 설계된, 영어와 비슷한 구문을 갖는 프로그래밍 언어이다. 절차적, 명령형 언어이고 주로 비즈니스, 회사, 정부의 관리 시스템 등에서 사용되었다. COBOL은 지금도 메인프레임 컴퓨터의 레거시 응용 프로그램들에 사용되고 있으며 대용량 일괄 처리 및 트랜잭션 처리와 같은 작업에 많이 쓰인다.

이 언어는 널리 사용되는 프로그래밍 언어였지만 학문 분야에서는 별로 주목받지 못하였다. 이 언어는 프로그래머가 아닌 일반 사람들이 프로그램을 읽거나 이해할 수 있도록 영어 단어와 문장을 기본으로 설계되었으나, 진정한 의미의 판독 용이성 없이 구문만 복잡하게 되었기 때문이다. 이러한 이유로 복잡한 알고리즘을 COBOL로 프로그래밍하는 것은 대단히 어렵다. COBOL이 선구적으로 도입한 기능으로는 데이터를 조직하는 레코드 구조, 프로그램의 실행부분과 분리된 자료구조, 다양한 출력 기능 등이 있다.

(3) LISP

컴퓨터의 폰 노이만 구조에 기반하여 위의 두 가지 언어가 개발되었던 때와 같이하여 수학 함수의 개념에 기반한 다른 형태의 언어가 개발되었다. LISP(LISt Processor)는 1950년대 말에 MIT의 John McCarthy 팀에 의해 인공지능용 언어로 개발되었다. 이 언어는 그 이름이 의미하는 것처럼 리스트 자료구조와 함수 적용을 기반으로 하고 있다. 특히 이 언어에서는 재귀호출(recursive call)이 일반적으로 많이 사용된다.

이 언어와 후속 언어인 Scheme은 오늘날에도 인공 지능 분야에서 많이 사용되고 있다. 이 언어는 실행 시간에 기억장소를 관리하는 메커니즘으로 더 이상 사용하지 않는 기억장소를 자동 반환하는 쓰레기 수집(garbage collection) 기능을 선구적으로 도입하였다. 이 언어는 최근의 번역 기술의 발전과 기계 성능의 향상으로 함수형 언어가 일반적 프로그래밍을 위해 더욱 유용하게 사용될 수 있게 됨에 따라, 그 영향력이 점차 증가하였다.

1955년과 1960년 사이의 짧은 기간에 프로그래밍 언어 역사에서 매우 중요한 언어가 많이 개발되었다. 세 가지 중요한 명령형 언어(FORTRAN, COBOL, Algol 60)가 등장했고, 이에 따라 계산과 프로그래밍을 보는 관점이 변했다. 이들 세 언어는 변형된 형태로 오늘날에도 여전히 사용되고, 또한 이 시기에 폰 노이만 모델을 벗어난 프로그래밍, 특히 LISP로부터 시작된 함수형 프로그래밍이 도입되고 이후에 발전함에 따라 요즘에도 많이 사용되고 있다.

2 1960년대 : 프로그래밍 언어의 다양성 중요★

1960년대에는 설계자의 흥미와 관심에 따라 많은 프로그래밍 언어가 개발되었으나 현재 이러한 언어들 중 대부분은 사라졌다. 단지 몇 개만이 프로그래밍 언어 개발에 중요한 영향을 미치고 있다.

(1) Algol 60/68

Algol 60(ALGOrithmic Language)은 알고리즘을 기술하기 위한 강력한 범용 언어를 목표로 1960년에 개발되었다. 이 언어는 후세의 현대적인 언어 개발에 매우 중요한 영향을 미치게 되는데 Pascal, C, Modula-2, Ada 같은 현대의 거의 모든 명령형 언어들은 Algol의 영향을 받아 개발되었다고 볼 수 있다. 오늘날에는 알고리즘을 기술하기 위하여 Algol 형태의 구문이 사용되고 있다.

Algol 60은 프로그래밍에 구조적 문장, begin-end 블록, 자유 양식(free format), 변수의 타입 선언, 재귀 호출, 값 전달 매개변수 등 지금은 일반화된 많은 새로운 개념을 도입하였다. 이 언어는 블록 구조 언어로 스택-기반 실행환경을 자연스럽게 도입하였는데, 이 방법은 오늘날의 언어들에서도 중요한 구현 방법이다. 그리고 이 언어는 구문을 정의하는 방법으로 Backus-Naur 형식(BNF)을 최초로 사용하였다.

Algol 60의 후속 버전인 Algol 68은 더 표현력 있고 이론적으로 완전히 일관성 있는 구조를 생성하여 Algol 60을 향상하려고 하였다. Algol 68 위원회는 언어를 정확히 기술하기 위해 엄격한 정의를 가진 새로운 표기법을 개발하였으나 이 표기법은 난해하여 실용적으로 보급되지 못했으며 너무 복잡하고 방대한 사양을 요구했기 때문에 컴파일러 구현이 어려워 결과적으로 널리 사용되지 못하였다.

(2) PL/I

초기 프로그래밍 언어 개발에 참여했던 몇몇 설계자들은, 더 일반적이고 보편적인 언어, 즉 모든 언어를 통합하는 언어를 꿈꾸기 시작했다. IBM의 PL/I 프로젝트는 이러한 목적으로 시작되었다. 이 언어는 1960년대 중반에 FORTRAN, COBOL, Algol 60의 가장 좋은 특징을 모두 결합하고 병행성과 예외처리 기능 등을 추가하여 개발되었다. 그러나 이 언어는 이제는 별로 사용하지 않는 언어가 되었다. 너무 복잡해서 컴파일러를 작성하기 어려웠고, 컴파일러는 느리고 너무 크며 신뢰할 수 없었기 때문이다. 더구나 언어 기능들 사이에 예측할 수 없는 상호작용이 많았기 때문에 배우기도 어렵고 사용하는 데 오류가 발생하기 쉬웠다. 병행성, 예외처리 같은 시대를 앞선 기능을 많이 포함하였지만 그 시대에 충분히 이해되고 활용되지 못했다. PL/I의 실패는 좋은 기능을 모두 포함하는 포괄적인 언어가 꼭 좋은 것이 아니라는 것을 보여주었다.

(3) Simula-67

1960년대에 명령형(절차형) 언어와는 전혀 다른 형태의 Simula-67이라는 프로그래밍 언어가 만들어졌다. 이 언어는 1967년에 노르웨이 컴퓨터센터에서 Nygaard와 Dahl에 의해 최초의 객체 지향 언어로 만들어졌다. 이 언어는 원래 모의실험(simulation)을 위해 설계되었고, 객체와 클래스 개념을 소개함으로써 추상화에 근본적으로 공헌하였다. 이후 개발되는 많은 객체 지향 언어에 큰 영향을 미치게 되어 객체 지향 언어의 원조가 되었다.

(4) BASIC

BASIC(Beginners All-purpose Symbolic Instruction Code) 언어가 1964년에 다트머스 대학에서 Kemeny와 Kurtz에 의해 처음으로 개발되었다. 이 언어의 원래 의도는 단순한 언어였다. 이것은 나중에 등장한 개인용 컴퓨터로 자연스럽게 이전되었고 아직도 학교, 기업, 가정에서 널리 이용되고 있다. 특히 초기 버전은 현대적 언어 구조의 결여에도 불구하고, 단순성 때문에 교육용 언어로 또 개인용 컴퓨터 응용을 위한 언어로서 널리 사용되고 있다. 이 언어는 이후 마이크로소프트사에 의해 Visual Basic 형태로 발전되었다. 이 언어는 초보자가 접근하기 쉬운 장점이 있고, 그 이유는 시각적인 개발 환경과 더불어 BASIC 언어의 연장선상에 있기 때문이다.

3 1970년대 : 단순성 및 새로운 언어의 추구 중요 ★★

(1) Pascal

1970년대 언어 설계자들은 언어 설계의 단순성과 일관성에 눈을 돌렸다. 1971년에 스위스 취리히연방 공대(ETH)의 니클라우스 비르트(Niklaus Wirth) 교수는 Pascal이라는 프로그래밍 언어를 설계했다. 이 언어는 교육용 프로그래밍 언어로 Algol의 아이디어를 작고 단순하며, 효율적이고 구조화된 언어로 세련되게 만들었다. 이 언어는 이후 교육용 언어로 매우 성공적이었으며 분리 컴파일, 적절한 문자 스트링 처리, 확장 가능한 입출력 능력 같은 기능의 결여에도 불구하고, 교육용뿐만 아니라 많은 실제적인 응용에서 호응을 얻었다.

(2) C 언어

1972년에 C 프로그래밍 언어가 벨연구소의 Dennis Ritchie에 의해 개발되었다. C 언어는 원래는 유닉스 운영체제 개발을 위해 개발된 언어인데 유닉스 운영체제의 성공과 보급에 따라 매우 대중적으로 사용되었다. 뿐만 아니라 이 언어는 이후 다른 많은 운영체제에서도 채택되어 사용할 수 있게 되었다. C 언어는 실질적으로 모든 컴퓨터 시스템에서 사용 할 수 있도록 설계된 프로그래밍 언어이다. 예를 들어, 다양한 플랫폼에서 ANSI C의 정의에 따르는 비교적 동일한 구현이 가능하다. 이런 이유와 더불어 생성된 프로그램의 높은 성능이 아직까지도 C 언어가 사랑받는 이유이며, 또한 이 언어는 운영체제 개발을 위한 언어로 개발되었기 때문에 작동하는 기계에 대해 많은 접근을 제공하므로 C 언어는 고급 언어와는 달리 '중급 언어(middle-level)'라고도 한다. C와 Pascal의 성공은 단순성과 설계의 전반적인 일관성, 소규모 사람들에 의해 설계된 결과이다.

(3) Prolog

프로그래밍 언어에 직접 수학적인 논리를 사용하기 위한 시도인 Prolog는 논리 프로그래밍 언어의 대표적인 예이다. 이 언어는 1973년 마르세유 대학교의 알랭 콜메르(Alan Colmerauer) 팀에 의해 개발된 언어로서, 논리식을 토대로 하여 개체 간의 관계에 관한 문제를 해결하기 위해 주로 사용한다. 이 언어는 p → q 형태의 술어 논리(predicate logic)를 프로그램으로, 또한 증명하는 것을 계산하는 것으로 간주하는 측면에서 새로운 계산법이라고 할 수 있다. 즉, 프로그램 자체는 사실(fact)과 논리 규칙 (logical rule) 형태로 만들고, 그 프로그램을 실행하는 처리가 증명된다. 추론 기구를 간결하게 표현할 수 있기에 인공 지능이나 계산 언어학, 특히 자연어 처리 등의 분야에서 많이 사용된다.

(4) Scheme과 ML

1970년대 후반에 기원을 둔 두 개의 새로운 함수형 언어는 Scheme과 ML이다. LISP의 한 버전인 Scheme은 1978년에 MIT(LISP의 근원지)에서 Sussman과 Steele Jr.에 의해 개발되었다. Scheme은 다른 버전보다 더 형식적이고 람다 계산에 더 가깝게 설계된 LISP 버전이라고 할 수 있다.

다른 방향에서, ML(Metalanguage) 언어는 1978년 에딘버러 대학에서 Robin Milner에 의해 개발되었다. ML은 Pascal과 가까운 구문을 가지고 또한 Pascal과 유사한 타입 검사 메커니즘을 가지면서 훨씬 유연하다는 점에서 이전의 함수형 언어와 다른 특징을 갖고 있다.

4 1980년대 : 추상 자료형과 객체 지향 중요 ★★

(1) Ada

1980년대 초 프로그래밍 언어에서 하나의 중요한 사건은 Ada의 출현이었다. 이 언어는 미국국방부의 이히비아(Ichbiah) 팀에 의해 1980년에 개발되었다. 이 언어는 추상 자료형인 패키지, 병행 혹은 병렬 프로그래밍 기능인 태스크, 예외처리 등과 같은 새롭고 흥미 있는 많은 기능을 포함하고 있다. 이 언어에 대항하는 반론이 언어의 크기와 복잡성과 관련하여 불거졌다. 그러나 그 후 미국 정부의 막강한 후원과 설계에서의 세밀함과 주도면밀함으로, 이 언어는 영향력 있는 중요한 언어로 점차 널리 사용되게 되었다.

(2) Modula-2

1980년대 초 Pascal 언어를 개발한 워스(Wirth)에 의해 Modula-2라는 새로운 언어가 개발되었다. 이 언어는 범용 절차형 언어이면서 시스템 프로그래밍 목적을 위해 작동되는 기계에 대한 접근을 허락하였고 추상 자료형인 모듈과 부분적인 병행성 기능인 코루틴 기능을 추가하였다. 그러면서도 Pascal 설계에서처럼 가능한 한 작고 단순한 언어를 유지하려고 했다. 이 언어는 이후 Modula-3와 Oberon 언어의 개발에 큰 영향을 주었다.

(3) Smalltalk

Simula67의 클래스 개념으로부터 시작된 객체 지향 프로그래밍은 1980년대를 거치면서 대중화되었다. Smalltalk 언어는 제록스사의 팔로알토연구센터(PARC)에서 앨런 케이, 댄 잉갤스, 테드 캘러, 에이들 골드버그에 의해 1980년에 개발되었다. Smalltalk은 완전히 일관적인 방법으로 객체 지향 접근 방법을 적용하기 위해 설계되었다. 그리하여 이 언어는 객체 지향 언어 중 가장 순수한 객체 지향 언어로 인정받고 있다. Smalltalk는 이후 Ruby, Objective-C, Java, Python, Scala 등의 객체 지향 언어에 영향을 주었고, 또한 최초로 GUI를 제공하는 언어였으며, 매킨토시의 그래픽 사용자 인터페이스에도 영향을 주었다.

(4) C++

1980년대 새로운 객체 지향 언어로 벨연구소에서 스트루스트럽(Stroustrup)에 의해 C++ 언어가 개발되었다. C++ 언어는 1980년에 C 언어를 확장하여 개발되었는데 특히 C 언어의 구조체를 클래스 형태로 확장하여 C 언어의 효율성을 유지하면서도 객체 지향 프로그래밍이 가능하도록 하였다. C 언어를 확장한 언어이므로 포인터와 같은 C 언어의 중요한 특징을 그대로 포함하고 있다.

5 1990년대 : 인터넷 언어와 새로운 시도 중요 ★★

(1) Python

1991년 네덜란드 CWI 연구소의 프로그래머인 귀도 반 로섬(Guido van Rossum)이 발표한 대화형 인터프리터 방식의 프로그래밍 언어로 플랫폼 독립성, 객체 지향, 동적 타입(dynamic type) 등의 특징을 갖는 언어이다. 문법이 매우 쉬워서 초보자들이 처음 프로그래밍을 배울 때 많이 사용하는 언어이다. 최근 들어 프로그래밍 입문 언어로 국내외적으로 많이 사용되고 있다. 학습용으로 좋은 언어인 동시에 실사용률과 생산성도 높은 강력한 언어로 접근성과 응용력이 좋다. 자연과학, 공학, 통계학, 사회과학 등의 다양한 응용 분야에서 많이 사용되고 있다. 특히 최근에는 빅데이터와 관련된 응용 분야에서 많이 사용되고 있다.

(2) Java

Java는 1995년에 선마이크로시스템즈의 James Gosling이 개발한 객체 지향 프로그래밍 언어이다. 처음에는 가전제품 내에 탑재해 동작하는 프로그램을 위해 개발했지만 현재 웹 애플리케이션 개발에 가장 많이 사용하는 언어이고, 뿐만 아니라 안드로이드 스마트폰과 같은 모바일 기기용 소프트웨어 개발에도 널리 사용하고 있다.

Java 개발자들은 유닉스 기반의 배경을 가지고 있었기 때문에 문법적인 특성은 C 언어와 비슷하다. Java의 가장 큰 특징은 컴파일된 코드가 플랫폼 독립적이라는 점이다. Java 컴파일러는 Java 프로그램을 바이트 코드 형태로 변환한다. 바이트 코드를 실행하기 위해서는 자바 가상머신(Java Virtual Machine, JVM)이라는 가상머신이 필요한데, 이 가상머신은 자바 바이트 코드를 어느 플랫폼에서나 동일한 형태로 실행시킨다. "Write Once, Run Anywhere!"라는 Java의 모토처럼 Java로 개발된 프로그램은 CPU나 운영체제 종류에 관계없이 JVM(Java Virtual Machine)을 설치할 수 있는 시스템에서는 어디서나 실행할 수 있는 플랫폼 독립성을 갖게 되었으며, 이 점이 웹 애플리케이션의 특성과 맞아떨어져 폭발적인 인기를 끌게 되었다.

(3) JavaScript

본래 넷스케이프사의 브렌던 아이크(Brendan Eich)에 의해 객체 기반의 스크립트 프로그래밍 언어로 개발되었다. 이 언어는 웹 브라우저 내에서 주로 사용하며, 다른 응용 프로그램의 내장 객체에도 접근할 수 있는 기능을 가지고 있고, 또한 Node.js와 같은 런타임 환경과 같이 서버 사이드 네트워크 프로그래밍에도 사용되고 있다. JavaScript는 Java와 구문이 유사한 점도 있지만, 이는 사실 두 언어 모두 C 언어의 기본 구문에 바탕을 뒀기 때문이고, Java와 JavaScript는 직접적인 연관성은 없다. 이름과 구문 외에는 Java보다 오히려 Scheme과 유사성이 더 많다.

6 2000년대 : 새로운 미래를 향하여 중요 ★★

(1) C#

마이크로소프트에서 개발한 객체 지향 프로그래밍 언어로, 닷넷 프레임워크의 한 부분으로 만들었으며 나중에 ISO(ISO/IEC/23270)의 표준으로 자리 잡았다. C++과 Java로부터 많은 영향을 받았으며 이들과 비슷한 문법을 가지고 있다. Java 프로그램의 실행을 위해서 자바 가상머신이 필요하듯이 C#은 실행을 위해서 닷넷 프레임워크가 필요하다. C#은 그 문법적인 특성이 Java와 상당히 유사하며 C#을 통하여 다룰 수 있는 닷넷 플랫폼의 기술들조차도 Java를 염두에 둔 것이 많아서 Java와 가장 많이 비교되고 있다. 성능과 관련해서는, 여전히 C/C++보다는 다소 느리다. 이는 가상머신을 사용하는 언어의 태생적인 한계점이라고 할 수 있다.

(2) Scala

객체 지향 프로그래밍 언어와 함수형 프로그래밍의 요소가 결합된 다중패러다임 프로그래밍 언어이다. 스칼라라는 이름은 "Scalable Language(확장 가능한 언어)"에서 유래된 것이다. 기존의 Java 언어가 너무 복잡하다는 단점을 극복하기 위해 2004년 스위스 로잔공대의 Martin Odersky가 처음 개발하여 배포하였다. 간결한 소스 코드를 사용하여 Java에서 구현할 수 있는 대부분의 기능을 구현할 수 있다. Scala는 자바 바이트코드를 사용하기 때문에 자바 가상머신에서 실행할 수 있고, Java 언어와 호환되어 대부분의 자바 API를 그대로 사용할 수 있다.

(3) Objective-C와 Swift

Swift는 애플의 iOS와 Mac OS를 위한 프로그래밍 언어로 2014년 애플 세계 개발자 회의(WWDC)에서 처음 소개되었다. 기존의 애플 운영체제용 언어인 Objective-C와 함께 공존할 목적으로 만들어졌다. Objective-C와 마찬가지로 LLVM으로 빌드되고 같은 런타임 시스템을 공유한다. 클로저, 다중 리턴 타입, 네임스페이스, 제네릭, 타입 유추 등 Objective-C에는 없었던 현대 프로그래밍 언어의 기능을 많이 포함하며 코드 내부에서 C나 Objective-C 코드를 섞어서 프로그래밍하거나 스크립트 언어처럼 실시간으로 상호작용하며 프로그래밍 할 수도 있다.

제 4 장 프로그래밍 언어의 설계 원칙

대부분 성공한 언어들은 설계 시 특정한 목표가 있었다. FORTRAN은 실행 효율, COBOL은 판독성, Pascal은 간결한 교육용 언어의 제공, C++는 C 언어와의 호환성과 추상화 제공이 목표였다. 그렇지만 어떤 목표로 설계된 언어가 가장 좋은 언어라고 단정하기는 쉽지 않고 모든 설계 원칙을 만족하는 언어도 있을 수 없다. 여기서는 언어 설계에 있어서 도움이 될 수 있는 몇 가지 요건에 대해 살펴본다.

(1) 효율성 중요 ★★

언어에 대한 효율성(efficiency)은 목적 코드의 효율성, 번역의 효율성, 구현 용이성, 프로그래밍 효율성 등으로 분류할 수 있다.

① 목적 코드의 효율성

목적 코드의 효율성은 번역기가 효율적인 실행 코드를 생성할 수 있어야 함을 의미한다. 여기서 번역기는 컴파일러 또는 인터프리터를 의미한다.

② 번역의 효율성

번역의 효율성은 번역기가 효율적으로 실행 코드를 생성할 수 있어야 함을 의미한다. 이는 설계된 언어가 번역기에 의해 빠르게 번역될 수 있어야 함을 뜻하는 것이다. 번역의 효율성은 신뢰성과는 상반되는 성질로, 번역기가 오류 검사를 하지 않으면 번역의 효율성은 높아지나 신뢰성은 떨어진다.

③ 구현 용이성

번역기를 효율적으로 작성할 수 있어야 함을 의미한다. 설계된 언어가 복잡하면 구현 용이성이 떨어지는데 이러한 언어의 예로 Algol 60과 Ada를 들 수 있다.

④ 프로그래밍 효율성

프로그래밍 효율성은 설계된 언어로 얼마나 빠르고 쉽게 프로그램을 작성할 수 있는가에 달렸다. 언어 구조가 간결하면 프로그래밍 효율성이 높아지는데 LISP 언어가 프로그래밍 효율성이 좋은 언어이다.

(2) 일반성 중요 ★

일반성(generality)은 특별한 경우를 피하고 밀접하게 관련 있는 개념들을 하나의 더 일반적인 것으로 결합하는 성질을 의미한다.

예를 들어, 대입 연산자(= 또는 :=)가 배열과 레코드를 비롯한 모든 데이터 타입에 적용되는 경우를 일반성이 있다고 할 수 있는데, C에서는 배열과 레코드 타입에 적용되지 않으므로 일반성이 부족하다고 할 수 있다. 반면 Ada는 모든 데이터 타입에 적용되므로 일반성이 있다고 할 수 있다. 다음은 배열에 값을 대입하는 Ada의 예이다.

```
x : array(1..3) of integer;
x := (1, 3, 5);
```

(3) 직교성 중요 ★

직교성(orthogonality)은 한 언어의 구성자가 문맥이 다르다고 다른 의미를 지녀서는 안 된다는 성질이다. 예를 들어, 매개변수 전달에 있어서 데이터 타입에 상관없이 동일한 전달 방식을 지원하는 경우를 직교성이 있다고 할 수 있다. C에서 배열은 참조 전달 방식인 반면 나머지 모든 매개변수는 값 전달 방식으로 동작하는데 이는 직교성이 부족하다고 할 수 있다.

(4) 획일성 중요 ★

획일성(uniformity)은 비슷한 것은 비슷하게 보이고 비슷한 의미를 가져야 하며, 다른 것은 다르게 보이고 다른 의미를 가져야 한다는 원칙이다. 예를 들어, C++에서 클래스 정의 뒤에는 세미콜론(;)이 반드시 있어야 하지만

```
class A {  …  };
```

함수 정의 뒤에는 세미콜론이 없어야 하는데 이는 획일성이 부족하다고 할 수 있다.

```
void f() {  …  }
```

(5) 간결성 중요 ★

간결성(simplicity)은 단어 뜻 그대로 언어가 복잡하지 않고 간결해야 함을 의미한다. 언어의 구성자 수가 적은 것과 간결한 것은 별개로, LISP와 Prolog 등은 단지 몇 개의 기본 구성자를 갖고 있지만 복잡한 실행시간 시스템을 필요로 한다. 이러한 간결성은 Pascal의 주요 설계 목표 중 하나였으며, C 언어의 특성 중 하나이기도 하다.

(6) 표현력 중요 ★

표현력(expressiveness)은 언어가 복잡한 과정이나 구조를 얼마나 쉽게 표현할 수 있는가를 의미한다. 표현력이 뛰어난 개념으로 LISP와 Algol 60 등의 재귀(recursion)가 있다. 다음은 LISP의 재귀 구조를 나타낸 예이다.

```
(defun factorial (n)
    (if (= n 0) 1 (* n (factorial (− n 1)))))
```

표현력은 간결성과 상충될 수 있는데, LISP는 표현력은 뛰어나지만 간결성이 부족한 언어에 해당된다.

(7) 확장성 중요 ★

확장성(extensibility)은 사용자가 언어에 새로운 기능을 추가할 수 있도록 하자는 성질이다. 사용자가 새로운 타입을 정의하는 것, 라이브러리에 새로운 함수를 추가하는 것, 번역기에 새로운 키워드를 추가하는 것 등을 언어의 확장성이라 할 수 있다. 확장성이 뛰어난 언어로 LISP를 들 수 있는데, 이는 적은 수의 내장 구문을 가지고 있으며 필요에 따라 연산을 추가할 수 있는 기능을 지니고 있기 때문이다.

(8) 정확성 중요 ★

정확성(preciseness)은 프로그램의 실행을 예측할 수 있도록 하는 언어에 대한 정확한 정의가 있는지를 의미한다. 언어에 대한 정확한 정의는 프로그램과 번역기의 신뢰성에 도움을 준다.

정확성을 얻기 위한 한 가지 방법은 언어 설계자가 매뉴얼 또는 보고서를 작성하는 것이다. 또 다른 방법은 ANSI(American National Standards Institute), ISO(International Organization for Standardization)와 같은 표준화 기구의 표준안을 채택하는 것인데 C, C++, Ada, LISP 등 대부분 언어에 이러한 표준안이 채택되었다.

(9) 기계 독립성 중요 ★

기계 독립성(machine independence)은 언어가 특정 기계에 의존적이지 않고 독립적인 것을 의미한다. 기계 독립성을 위한 대표적인 방법은 메모리 할당이나 기계 구조 등의 내용과는 독립적인 미리 정의된 데이터 타입을 제공하는 것이다. 그러나 사실상 대부분의 데이터 타입은 기계에 의존적이다. 정수 데이터 타입을 사용할 때 오버플로가 발생하는 것이 이러한 경우의 예라 할 수 있다.

C 언어의 표준 라이브러리 "limits.h"에서 정의하고 있는 상수인 INT_MIN, INT_MAX 등이 기계 독립성을 위한 좋은 예라 할 수 있다.

(10) 제약성 중요 ★

제약성(restrictability)은 언어에 대한 최소한의 지식과 일부 언어 구조만 알고 있더라도 프로그램을 작성할 수 있는 성질을 의미한다.

제약성을 통해 프로그래머는 언어 전체를 배우지 않아도 되고, 번역기 구현자는 언어의 일부만을 선택해서 구현해도 되는 장점을 얻을 수 있다.

(11) 보안성 중요 ★

보안성(security)은 프로그래밍 오류를 줄이고 오류 발견을 쉽게 하는 언어를 설계하는 원칙을 의미한다. 보안성은 신뢰성과 정확성에 밀접한 연관성이 있으며, 프로그래머가 범할 수 있는 오류의 수를 최소화하자는 것이다. 이 원칙으로 인해 언어 설계자들이 프로그래밍 언어에 데이터 타입, 타입 검사, 변수 선언 등을 도입하게 된 것이다.

실제예상문제

제 **1** 장 **프로그래밍 언어의 정의**

01 촘스키 계층은 무제한 문법, 문맥 의존 문법, 문맥 자유 문법, 정규 문법 4계층으로 분류한다.

01 촘스키(Chomsky)가 구분한 4가지 문법 중에서 일반적으로 프로그래밍 언어에서 구문(syntax)을 정의하는데 사용하는 문법은?

① Type 0(Unrestricted Grammar)
② Type 1(Context-Sensitive Grammar)
③ Type 2(Context-Free Grammar)
④ Type 3(Regular Grammar)

02 ④ 애플리케이션 프로그램 : OS에서 실행되는 모든 프로그램으로 특정 목적의 업무나 특정 분야의 작업을 처리하기 위해 만든 프로그램이다.
① 유틸리티 프로그램 : OS에서 제공하는 것 외에 추가적인 기능을 제공하여 컴퓨터의 작업을 편리하게 사용하는 프로그램이다.
② 시스템 프로그램 : 응용 소프트웨어를 실행하기 위한 플랫폼을 제공하고 컴퓨터 하드웨어를 동작, 접근할 수 있도록 설계된 프로그램이다.

02 사용자가 직접 작성하여 사용하는 프로그램을 보통 무엇이라 하는가?

① 유틸리티 프로그램(utility program)
② 시스템 프로그램(system program)
③ 서포트 프로그램(support program)
④ 애플리케이션 프로그램(application program)

03 프로그래밍 언어를 학습함으로써 얻는 이점으로 볼 수 있는 것은 다음과 같다.
(i) 효과적인 알고리즘을 개발할 수 있는 능력
(ii) 프로그램 작성 시 적절한 언어의 선택
(iii) 새로운 언어를 쉽게 접근

03 여러 가지 프로그래밍 언어를 학습함으로써 얻어지는 장점으로 볼 수 <u>없는</u> 것은?

① 모든 언어의 전문가가 된다.
② 언어 선택 능력이 증대된다.
③ 새로운 프로그래밍 언어의 학습이 용이해진다.
④ 현재 사용하고 있는 언어를 더욱 잘 이해하게 한다.

정답 01 ③ 02 ④ 03 ①

04 Chomsky 문법 중 생성 규칙에 제한이 <u>없는</u> 문법은?

① Type 0
② Type 1
③ Type 2
④ Type 3

04 Type 0 : 무제약 문법으로 생성규칙
  (production rule)에 아무
  런 제약을 두지 않는다.
Type 1 : 문맥 의존 문법
Type 2 : 문맥 자유 문법
Type 3 : 정규 문법

주관식 문제

01 프로그래밍 언어의 구문형식을 정의하는데 가장 일반적인 표현
방식은 무엇인지 쓰시오.

01
정답 BNF
해설 프로그래밍 언어의 구문을 서술할
  수 있는 표기법으로 BNF를 사용함

정답 04 ①

제 **2** 장　**언어번역(Compile)**

01 ④ 프리프로세서 : 컴파일러가 원시 프로그램을 처리하기 전에 사전 준비적인 계산 또는 편성을 행하는 프로그램으로 매크로 확장, 기호 변환 등의 작업을 수행하는 프로그램이다.
② 어셈블러 : 어셈블리어를 기계어 코드로 해석해 주는 언어번역 프로그램이다.
③ 링커 : 컴파일러가 만든 하나 이상의 목적 파일을 실행 프로그램으로 만든다.

01 번역기에 관한 설명으로 옳지 <u>않은</u> 것은?

① 컴파일러는 고급 언어인 원시 언어를 기계 코드인 목적 언어로 변환한다.
② 어셈블러의 경우 어셈블리 명령어와 기계 코드 간 1:1로 매핑되는 경우가 대부분이다.
③ 링커는 여러 개의 분할될 프로그램을 묶어서 로드 모듈로 변환한다.
④ 프리프로세서는 원시 언어가 고급 언어이고 목적 언어가 기계 코드에 가까운 저급 언어인 번역기이다.

02 원시 프로그램이란 개발자(사용자)가 작성한 프로그램 코드를 의미한다.

02 사용자가 작성한 프로그램, 즉 기계어로 번역되기 이전의 프로그램을 무엇이라 하는가?

① 원시 프로그램
② 목적 프로그램
③ 제어 프로그램
④ 처리 프로그램

03 ① 인터프리터는 APL, Lisp, Snobol4, Prolog, Smalltalk, Basic, Python 등의 언어로 작성된 원시 프로그램을 문장 단위로 번역하는 프로그램이다.
② 컴파일러는 FORTRAN, COBOL, Algol, C와 같은 고급 언어로 작성된 프로그램을 파일 단위로 번역하는 프로그램이다.
③ 어셈블러는 저급 언어인 어셈블리어로 작성된 원시 프로그램을 기계어로 번역하는 프로그램이다.

03 다음 중 언어번역 프로그램이 <u>아닌</u> 것은?

① 인터프리터
② 컴파일러
③ 어셈블러
④ 유틸리티 프로그램

정답　01 ④　02 ①　03 ④

04 프로그램의 구현과정에서 문법적 오류를 찾아내는 곳은?

① 프로그램의 최종 평가 과정
② 프로그램의 링크(Linking) 과정
③ 프로그램의 번역 과정
④ 프로그램의 가상 실행 과정

04 문법 오류는 컴파일 과정에서 생기는 오류이다.

05 컴파일 과정에서 프로그래머가 쓴 문장의 구조를 구분해내는 곳은 어디인가?

① 어휘 분석(Lexical Analysis)
② 구문 분석(Syntax Analysis)
③ 코드 생성(Code Generation)
④ 의미 분석(Semantic Analysis)

05 ① 어휘 분석 : 어휘항목을 식별하여 토큰 생성
③ 코드 생성 : 컴파일러에 의해 소스 코드를 목적코드 변환 생성
④ 의미 분석 : 구문분석의 결과인 파스 트리를 이용하여 실행 가능한 중간 코드 생성

06 N개의 고급 언어(High-Level Language)를 M개의 컴퓨터에 설치하려면 몇 개의 번역기가 필요한가?

① N개
② M개
③ N + M개
④ N × M개

06 컴파일러는 각각 필요하다.

07 고급 언어를 기계어로 번역하면서 상대적으로 빠른 실행을 보이는 것은?

① 컴파일러
② 인터프리터
③ 전처리기
④ 매크로프로세서

07 컴파일러는 컴파일하면 실행 파일이 생성되기 때문에 인터프리터보다 실행 시간이 빠르다.

정답 04 ③ 05 ② 06 ④ 07 ①

08 로더의 기능에는 (i) 할당(Allocation), (ii) 연결(Linking), (iii) 재배치(Relocation), (iv) 적재(Loading)가 해당된다.

08 다음 중 로더의 기능에 해당하지 않는 것은?

① 번역
② 할당
③ 연결
④ 재배치

09 기계가 직접 이해하는 언어는 기계어이다.

09 컴퓨터가 직접 처리하는 언어는?

① 기계어
② 목적어
③ 실행어
④ 어셈블리어

10 기계어는 저급 언어이며, 사람보다는 기계 중심 언어이므로 이해도가 떨어진다.

10 기계어를 사용하여 프로그래밍하는 경우에 대한 설명으로 옳지 않은 것은?

① 프로그램 작성시간이 일반적으로 길어진다.
② 고급 언어보다 프로그램의 유지보수가 편리하다.
③ 하드웨어에 대한 직접적인 제어가 가능하다.
④ 기종마다 언어의 사용형식이 다르므로 이식성이 낮다.

11 컴파일러는 목적 프로그램을 생성하고, 인터프리터는 목적 프로그램을 생성하지 않는다.

11 컴파일러와 인터프리터의 가장 큰 차이점은 무엇인가?

① 프로그램의 번역
② 프로그램의 신뢰도
③ 목적 프로그램의 생성
④ 원시 프로그램의 생성

정답 08 ① 09 ① 10 ② 11 ③

12 컴파일러에서 최적화(Optimization)란 무엇인가?

① 프로그램의 컴파일시간을 연장시키는 것이다.
② 프로그램의 수행시간을 단축시키는 것이다.
③ 프로그램의 개발시간을 단축시키는 것이다.
④ 프로그램의 수정시간을 단축시키는 것이다.

12 컴파일러 최적화(optimizing compiler) 는 컴파일러에서 출력되는 실행 프로그램 의 효율성을 최적화하는 과정을 말한다.

13 컴파일러에서 구문 분석을 할 때 주로 이용하는 자료구조는?

① Heep
② Stack
③ List
④ Tree

13 스택을 사용하는 예는 다음과 같다.
• 재귀 함수
• 구문 분석
• 후위 표기법 연산
• 문자열 역순 출력 등

정답 12 ② 13 ②

안심Touch

checkpoint 해설 & 정답

01

정답 (가) 구문 분석 단계, (나) 최적화 단계

해설 (가) 구문 분석 단계 : 어휘 분석 단계에서 전달 받은 토큰들이 문법적으로 옳은지를 검사하는 단계
(나) 최적화 단계 : 중간 코드에서 불필요한 코드를 제거하거나 더 효율적인 코드로 개선하여 중간 코드의 크기를 줄이고 실행 속도를 빠르게 하는 단계

◎ 주관식 문제

01 다음의 컴파일 단계에서 (가)와 (나)에 들어갈 용어를 순서대로 쓰시오.

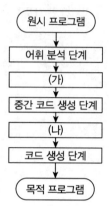

제 3 장   **프로그래밍 언어 약사(略史)**

01 제4세대 언어에 대한 설명으로 옳지 <u>않은</u> 것은?

① 자연어(Natural Language)가 같은 대화 형식으로 표현한다.

② 기계 중심(Machine oriented Language)의 언어이다.

③ 비절차 언어(Non-procedure Language)이다.

④ 인공지능(AI) 분야의 연구가 활발해지면서 등장한 초고급 언어이다.

01 기계 중심 언어는 1세대 언어의 특징이다.

4세대 언어 특징
초고급언어로 자연어에 가깝고 문제 해결형 언어(비절차적 언어), 사용자 중심 언어로 SQL, C++, Object-C, Delphi, Visual Basic, Java 등이 있다.

02 컴퓨터 언어의 발전 단계로 4세대 언어에 대한 표현 중 틀린 것은?

① 자연어(Natual Language)

② 사용자 중심 언어(User oriented Language)

③ 초고급어(Very High-level Language)

④ 절차어(Procedural Language)

02 4세대 언어는 비절차적 언어이다.

03 다음 중 컴파일 언어로만 묶은 것은?

① APL, FORTRAN, COBOL

② APL, LISP, BASIC

③ Pascal, PL/I, Ada

④ LISP, Pascal, C

03 인터프리터는 원시 코드 명령어들을 한 번에 한 줄씩 읽어서 실행하는 프로그램으로 APL, LISP, Snobol4, Prolog, Smalltalk, BASIC, Python 등이 있으며 대표적인 언어는 BASIC 이다.

정답 01 ② 02 ④ 03 ③

checkpoint 해설 & 정답

04 ① APL언어는 고급 수학용 언어
② COBOL 언어는 사무용 언어
④ SNOBOL4 언어는 텍스트 문자열 지향 언어

04 다음은 프로그램 언어와 그 언어가 해결하기 적합한 문제에 대한 설명 중 옳은 것은?

① APL 언어는 자료 처리용 프로그램 작성에 적합하다.
② COBOL 언어는 문자열 처리를 위한 프로그램 작성에 적합하다.
③ FORTRAN 언어는 과학 계산용 프로그램 작성에 적합하다.
④ SNOBOL4 언어는 수치 처리를 위한 프로그램 작성에 적합하다.

05 컴파일러는 프로그래밍 언어마다 다르기 때문에 언어별 컴파일러가 있어야 한다.

05 프로그래밍 언어의 특징에 대한 설명으로 옳지 않은 것은?

① PL/I는 과학 기술계산 및 일반 사무처리 공용 언어이다.
② 컴퓨터는 한 가지 컴파일러만 있으면 어떤 언어로 작성한 프로그램이라도 처리할 수 있다.
③ 기계어를 기호화한 어셈블리어는 기계어와 1:1로 대응한다.
④ COBOL은 파일 처리 및 데이터의 편집에 유리하며, 보고서 및 분류 기능을 가진 사무처리용 언어이다.

정답 04 ③   05 ②

✔ 주관식 문제

01 과학 계산 목적으로 설계되었으며, 오늘날 언어에서 사용되고 있는 데이터 형식에 많은 영향을 준 언어는?

02 알고리즘을 기술하기 위한 언어로 최초로 구문 정의하는 방법으로 BNF를 사용한 언어는?

03 컴퓨터 과학 교육을 위해 개발된 간단한 블록 구조 언어는?

01

정답 FORTRAN

해설 FORTRAN : 1954년 IBM 704에서 과학적인 계산을 하기 위해 시작된 컴퓨터 프로그램 언어

02

정답 Algol 60

해설 Algol 60(ALGOrithmic Language)은 알고리즘을 기술하기 위한 강력한 범용 언어를 목표로 1960년에 개발되었고, 구문을 정의하는 방법으로 Backus-Naur 형식(BNF)을 최초로 사용하였다.

03

정답 Pascal

해설 Pascal 언어는 컴퓨터 과학 교육용 프로그래밍언어로 Algol의 아이디어를 작고 단순하며, 효율적이고 구조화된 블록구조 언어로 세련되게 만들었고 강력한 타입 검사, 간단한 입출력 기능, 기본적인 데이터 구조, 배열, 편리한 제어 구조 그리고 간단하고 직접적인 메모리 운영이 특징인 언어이다.

제 **4** 장 **프로그래밍 언어의 설계 원칙**

01 좋은 프로그램이 되려면 이해하기
쉽고 유지보수가 용이해야 한다.

01 다음 중 좋은 프로그램의 기준이 <u>아닌</u> 것은?

① 문제를 의도한 대로 해결하는 것이어야 한다.

② 신뢰성이 있어야 한다.

③ 해독하기 쉽고 관리하기 쉬워야 한다.

④ 될 수 있으면 기계어로 프로그램을 작성한다.

02 ① 일반성(generality)은 특별한 경
우를 피하고 밀접하게 관련 있는
개념들을 하나의 더 일반적인 것
으로 결합하는 성질을 의미한다.

② 직교성(orthogonality)은 한 언
어의 구성자가 문맥이 다르다고
다른 의미를 지녀서는 안 된다는
성질이다.

④ 확장성(extensibility)은 사용자
가 언어에 새로운 기능을 추가할
수 있도록 하자는 성질이다.

02 프로그래밍 언어의 설계 기준 중 복잡한 과정이나 구조를 표현하는
용이함을 의미하는 것은 무엇인가?

① 일반성

② 직교성

③ 표현력

④ 확장성

03 판독성이 좋으려면 프로그램이 간단
명료하고 독립적으로 구성되어야 하
며 문법이 일관성이 있어야 한다.

03 "프로그램의 판독성이 좋다."는 의미는 무엇인가?

① 프로그램이 간결함을 의미한다.

② 문서없이 프로그램의 이해가 가능하다.

③ 번역기가 번역시간을 짧게 할 수 있다.

④ 문서없이 프로그램의 이해가 가능하다.

정답 01 ④ 02 ③ 03 ①

해설 & 정답 checkpoint

04 다음 중 주어진 문제를 해결하기 위하여 수행되어야 할 스텝 (Step)들의 나열을 정의하고 있는 용어는 무엇인가?

① 알고리즘
② 세분화
③ 결합도
④ 구조적 해석

04 알고리즘이란 문제 해결을 위한 가장 최적의 방법을 표현하는 것이다.

05 다음 중 언어의 기능을 보완해 주고 확장시켜 주는 역할을 하는 것은?

① Preprocessor
② Cross Compiler
③ Interpreter
④ Loader

05 Preprocessor는 컴파일 이전의 텍스트 파일을 처리하여 논리적 오류를 최소화하고, 프로그래밍의 단순화 및 용이성을 한 단계 높여 준 방법이다.
크로스 컴파일러(cross compiler)는 컴파일러가 실행되는 플랫폼이 아닌 다른 플랫폼에서 실행 가능한 코드를 생성할 수 있는 컴파일러이다.

06 다음 중 프로그램 언어 설계 시 고려할 사항이 <u>아닌</u> 것은?

① 구문의 명료성
② 문제 해결에 대한 적합성
③ 프로그램의 길이
④ 기계에 대한 비종속성

06 프로그램 언어 설계 시 프로그램의 길이는 고려하지 않는다.

정답 04 ① 05 ① 06 ③

안심Touch

01

정답 ① 확장성, ② 보안성, ③ 획일성

해설 ① 사용자가 새로운 타입을 정의하는 것, 라이브러리에 새로운 함수를 추가하는 것, 번역기에 새로운 키워드를 추가하는 것 등을 언어의 확장성이라 할 수 있다.
② 보안성은 신뢰성과 정확성에 밀접한 연관성이 있으며, 프로그래머가 범할 수 있는 오류의 수를 최소화하는 것이다. 이 원칙으로 인해 언어 설계자들이 프로그래밍 언어에 데이터 타입, 타입 검사, 변수 선언 등을 도입하게 된 것이다.
③ 획일성의 예를 들면 C++에서 클래스 정의 뒤에는 세미콜론(;)이 반드시 있어야 하지만, 함수 정의 뒤에는 세미콜론이 없어야 하는데 이는 획일성이 부족하다고 할 수 있다.

✅ **주관식 문제**

01 다음은 프로그래밍 언어의 설계 원칙에 대한 요건들이다. (   ) 안에 들어갈 내용을 순서대로 쓰시오.

- (①)은 사용자가 언어에 새로운 기능을 추가할 수 있도록 하자는 성질이다. 사용자가 새로운 타입을 정의하는 것, 라이브러리에 새로운 함수를 추가하는 것, 번역기에 새로운 키워드를 추가하는 것이다.
- (②)은 신뢰성과 정확성에 밀접한 연관성이 있으며, 프로그래머가 범할 수 있는 오류의 수를 최소화하는 것이다. 이 원칙으로 인해 언어 설계자들이 프로그래밍 언어에 데이터 타입, 타입 검사, 변수 선언 등을 도입하게 된 것이다.
- (③)은 비슷한 것은 비슷하게 보이고 비슷한 의미를 가져야 하며, 다른 것은 다르게 보이고 다른 의미를 가져야 한다는 원칙이다.

제2편

구문

단원 개요

이 단원에서는 프로그래밍 언어의 어휘 구조를 통해 토큰(예약어, 식별자, 리터럴, 특수기호)에 대해 알아보고, 문맥 자유 문법과 BNF 및 BNF를 사용하여 규칙을 보다 간결하게 표현한 EBNF표현법을 알아보고, BNF표현식이 맞는지 검증하는 파스 트리와 구문 형식을 정의하는 구문 도표에 대해 알아본다.

출제 경향 및 수험 대책

프로그래밍 언어의 어휘 구조인 토큰을 잘 이해하고, 문맥 자유 문법과 BNF표기법은 항상 출제되는 부분이라 자주 보고 반복적으로 학습하도록 한다. BNF표기법을 파스 트리로 표현하고, EBNF표기법을 구문 도표로 바꿀 수 있게 학습한다.

혼자 공부하기 힘드시다면 방법이 있습니다.
SD에듀의 동영상강의를 이용하시면 됩니다.
www.sdedu.co.kr ➡ 회원가입(로그인) ➡ 강의 살펴보기

제 1 장

프로그래밍 언어의 어휘 구조

프로그래밍 언어의 어휘 구조는 **프로그래밍 언어 알파벳 문자 집합**으로 구성된 단어 즉, 어휘 토큰이다. 어휘 구조는 구문 구조와 별개지만 밀접하게 관련되어 있다. 번역기는 일반적으로 어휘 분석(lexical analysis scanning) 단계에서 입력 프로그램의 일련의 문자들을 토큰으로 구분하고, 구문 분석(syntax analysis) 단계에서 이를 처리하여 구문 구조를 결정한다.

한 개 이상의 어휘 토큰을 가지고 구문적으로 허용된 프로그램의 일부 구조로 언어 구성자라 한다. 이러한 언어 구성자를 부르는 이름이 식별자라는 토큰이다.

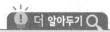

토큰(가장 낮은 단위로 어휘 항목들을 구분할 수 있는 분류 요소)

① **예약어(reserved word)** : 컴퓨터 프로그래밍 언어에서 이미 문법적인 용도로 사용되고 있기 때문에 식별자로 사용할 수 없는 단어들이다.

② **식별자(identifier)** : 데이터 항목에 이름을 부여하여 일시적으로 규정하거나, 그 데이터의 어떤 특성을 표시하기 위해서 사용하는 기호 또는 기호의 집합이다.

　ⓐ 정의 불가능 식별자 : 예약어

　ⓑ 재정의 가능 식별자 : 미리 정의되지만 재정의 가능한 식별자이다.

③ **리터럴(literal, 상수)** : 코드 상에 쓰인 값이 실행 시 그 값 그대로의 의미를 갖는다. 예를 들면, 15는 정수형 상수를 나타내고, 3.141592는 실수형 상수를 나타내며, "APPLE"은 문자열 상수를 나타낸다.

④ **특수기호** : ;(세미콜론), .(마침표), 연산 기호(+, −, *, / 등)

문맥 자유 문법과 BNF

정규 문법에서는 생성 규칙이 두 가지 면에서 제약되어 있다. 생성 규칙의 좌변은 반드시 하나의 변수이고, 우변은 반드시 특별한 형태이어야 한다. 따라서 좀 더 강력한 문법을 만들기 위해서는 이러한 제약 중 일부를 완화하여야 한다. 생성 규칙의 좌변 제약은 그대로 두고, 우변에는 어떤 문자열이든 허용함으로써, 문맥-자유 문법을 정의할 수 있다.

1 BNF 표기법 중요 ★★★

BNF(Backus-Naur Form)는 Algol의 구문을 정의하기 위해 배커스(Backus)와 나우어(Naur)가 사용한 표현법이다.

(1) BNF기호

① 메타 기호

메타 기호	의미
::=	정의
⟨⟩	비단말 기호
|	택일

② 단말/비단말 기호

기호	의미	예
단말 기호	비단말 기호 및 메타 기호가 아닌 기호	A, B, a, b, 0, 1, if, then, +, −, ...
비단말 기호	메타 기호 ⟨⟩로 묶인 기호	⟨identifier⟩, ⟨letter⟩, ⟨digit⟩, ...

③ BNF 표기법에 의한 식별자 정의는 [표 2-1]과 같다.

[표 2-1] BNF 표기법에 의한 식별자 정의

> ⟨identifier⟩ ::= ⟨letter⟩ | ⟨identifier⟩⟨letter⟩ | ⟨identifier⟩⟨digit⟩
> ⟨letter⟩ ::= A | B | ... | X | Y | Z | a | b ... | y | z
> ⟨digit⟩ ::= 0 | 1 | 2 | ... | 8 | 9

즉, 비단말 기호 ⟨identifier⟩는 비단말 기호 ⟨letter⟩이거나 ⟨identifier⟩⟨letter⟩ 또는 ⟨identifier⟩⟨digit⟩으로 정의한다. 그리고 비단말 기호 ⟨letter⟩는 A부터 Z와 a부터 z 중의 하나로 정의되고, 비단말 기호 ⟨digit⟩는 0부터 9 중의 하나로 정의된다.

(2) EBNF 기호

EBNF(Extended BNF)는 BNF에 추가적인 메타 기호를 사용하여 규칙을 보다 간결하게 표현할 수 있도록 확장된 BNF이다.

메타 기호

메타 기호	의미
[ ]	생략 가능
{ }	0번 이상 반복
( )	한정된 범위의 택일(|와 함께 쓰임)
‘ ’	메타 기호 자체를 단말 기호로 사용

㉠ 〈if〉문을 EBNF로 표현하면 다음과 같다.

> 〈if〉 ::= if 〈조건식〉 then 〈문장〉 [else 〈문장〉]

즉, 비단말 기호 〈if〉는 메타 기호 [ ]로 묶인 ‘else 〈문장〉’을 사용하여 ‘if 〈조건식〉 then 〈문장〉 else 〈문장〉’이 될 수도 있고 이를 생략하여 ‘if 〈조건식〉 then 〈문장〉’이 될 수도 있다.

㉡ 부호 없는 정수를 EBNF로 표현하면 다음과 같다.

> 〈unsigned integer〉 ::= 〈digit〉 { 〈digit〉 }

즉, 비단말 기호 〈unsigned integer〉는 메타 기호 { }로 묶인 ‘〈digit〉’를 0번 사용하여 그냥 한 자리 수인 〈digit〉가 될 수도 있고, 한 번 사용하여 두 자리 수인 〈digit〉〈digit〉가 될 수도 있으며, 두 번 사용하여 세 자리 수인 〈digit〉〈digit〉〈digit〉가 될 수도 있다.

㉢ 사칙연산을 갖는 수식을 EBNF로 표현하면 다음과 같다.

> 〈수식〉 ::= 〈수식〉 (+ | - | * | /) 〈수식〉

즉 메타 기호인 ( )로 묶인 메타 기호 |은 왼쪽과 오른쪽을 선택할 때 ( ) 안쪽만 고려하여 ‘+, -, *, /’ 중 한 가지 연산자만 사용하도록 한다. 이를 BNF 표기법으로 바꾸면 다음과 같다.

> 〈수식〉 ::= 〈수식〉 + 〈수식〉 | 〈수식〉 - 〈수식〉
> 〈수식〉 * 〈수식〉 | 〈수식〉 / 〈수식〉

㉣ BNF 규칙은 ::=을 기준으로 왼쪽 부분과 오른쪽 부분으로 구성됨을 EBNF로 표현하면 다음과 같다.

> 〈BNF 규칙〉 ::= 〈왼쪽 부분〉 ‘::=’ 〈오른쪽 부분〉

즉, 메타 기호 ::=을 ‘ ’로 묶음으로써 규칙 정의가 아닌 ‘::=’는 단말 기호로 사용된다.

㉤ 복합문(compound statement)을 BNF와 EBNF로 표현하면 다음과 같다.

ⓐ BNF 표현

〈복합문〉::= begin 〈문장 목록〉 end
〈문장 목록〉::= 〈문장〉 | 〈문장 목록〉;〈문장〉

ⓑ EBNF 표현

〈복합문〉::= begin 〈문장〉 { ;〈문장〉 } end

제 3 장 파스 트리와 모호성

1 파스 트리 중요★★

한 표현이 주어진 BNF에 의하여 작성될 수 있는지 없는지를 확인하기 위해서, 주어진 BNF를 이용하여 그 대상을 근(root)으로 하고 단말 노드들을 왼쪽에서 오른쪽으로 나열한 것이 검증하고자 하는 표현과 같이 되는 트리를 작성하게 되는데 이 트리를 **파스 트리(parse tree)**라 부른다. 주어진 표현에 대한 파스 트리가 존재하면 그 표현은 주어진 BNF에 의하여 작성되었다고 말하며, 해당 파스 트리가 존재하지 않으면 주어진 BNF에 의해 작성될 수 없다고 말한다. 예를 들면, [표 2-1]에서 기술한 식별자에 대한 BNF를 가지고 TEST1에 대한 파스 트리가 [그림 2-1]과 같이 작성될 수 있기 때문에 TEST1은 주어진 정의에 의한 식별자이다. 또한 주어진 BNF를 가지고 3A4에 대한 파스 트리는 도저히 작성되지 못하므로 3A4는 식별자가 아니다.

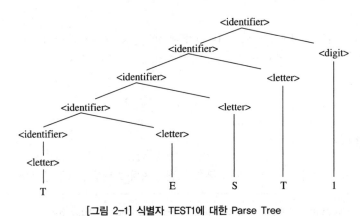

[그림 2-1] 식별자 TEST1에 대한 Parse Tree

또 한 예로써 [표 2-2]와 같은 문맥 자유 문법으로 간단한 식을 정의하자.

[표 2-2] 간단한 식의 BNF

⟨exp⟩ ::= ⟨exp⟩ − ⟨exp⟩ | ⟨exp⟩ * ⟨exp⟩ | (⟨exp⟩) | ⟨number⟩
⟨number⟩ ::= ⟨number⟩ ⟨digit⟩ | ⟨digit⟩
⟨digit⟩ ::= 0 | 1 | 2 | 3 | 4 | 5 | 6 | 7 | 8 | 9

[표 2-2]의 문법을 반영한 2 - 4 * 6에 대한 파스 트리는 다음과 같다.

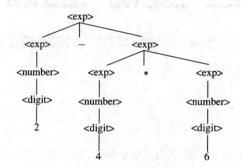

이 파스 트리에서 불필요하게 표현되어 있는 비단말 기호들을 없애면 다음과 같은 트리로 요약될 수 있다.

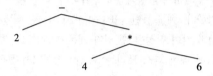

이런 트리는 파스 트리의 본질적인 구조를 나타내기 때문에 추상 구문 트리(abstract syntax tree) 혹은 단순히 구문 트리(syntax tree)라고 한다.

2 모호성 중요 ★★

[표 2-1]을 이용하여 다음과 같이 서로 다른 유도 과정을 거쳐 스트링 B33을 생성할 수 있다.

> ⟨identifier⟩ → ⟨identifier⟩ ⟨digit⟩ → ⟨identifier⟩ 3 → ⟨identifier⟩ ⟨digit⟩ 3
>   → ⟨identifier⟩ 3 3 → ⟨letter⟩ 3 3 → B 3 3
> ⟨identifier⟩ → ⟨identifier⟩ ⟨digit⟩ → ⟨identifier⟩ ⟨digit⟩ ⟨digit⟩
>   → ⟨letter⟩ ⟨digit⟩ ⟨digit⟩ → B ⟨digit⟩ ⟨digit⟩
>   → B 3 ⟨digit⟩ → B 3 3

그러나 이에 대한 파스 트리는 다음과 같이 동일하다.

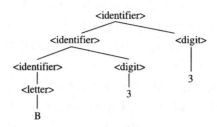

그렇지만 서로 다른 유도가 다른 파스 트리를 생성하기도 한다. 예를 들어 [표 2-2]의 문법을 가지고 스트링 '2 − 4 * 6'는 다음과 같은 2가지 유도 과정을 가지고 유도된다.

⟨exp⟩ → ⟨exp⟩ − ⟨exp⟩
　　　→ ⟨exp⟩ − ⟨exp⟩ * ⟨exp⟩ (2번째 ⟨exp⟩이 ⟨exp⟩ * ⟨exp⟩로 대치)
　　　→ ⟨number⟩ − ⟨exp⟩ * ⟨exp⟩
　　　→ …
　　　→ 2 − 4 * 6
⟨exp⟩ → ⟨exp⟩ * ⟨exp⟩
　　　→ ⟨exp⟩ − ⟨exp⟩ * ⟨exp⟩ (1번째 ⟨exp⟩이 ⟨exp⟩ − ⟨exp⟩로 대치)
　　　→ ⟨number⟩ − ⟨exp⟩ * ⟨exp⟩
　　　→ …
　　　→ 2 − 4 * 6

이 2가지 유도 과정은 다음과 같이 서로 다른 파스 트리와

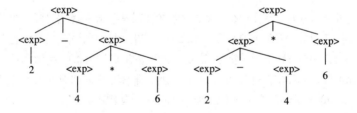

다음과 같은 2가지 서로 다른 추상 구문 트리를 만든다.

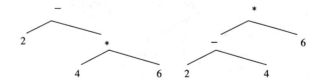

이와 같이 동일 스트링에 대해서 서로 다른 파스(또는 구문) 트리가 발생하면 이러한 문법을 모호(ambiguous)하다고 한다. 모호한 문법은 어떠한 명확한 구조를 표현하지 않기 때문에 어려움을 야기한다. 모호성을 갖는 문법을 유용하게 하려면 모호함이 없도록 문법을 개정하거나, 어떤 구조가 의미있는지를 결정할 수 있게 모호성 제거 규칙(disambiguating rule)을 기술해야 한다. 위 두 구문 트리의 의미는 서로 다르다. 즉, 왼쪽 것은 곱셈 후 뺄셈을 의미하여 그 결과 값이 −22가 되고, 오른쪽 것은 뺄셈 후 곱셈을 의미하여 그 결과 값이 −12가 된다. 이렇게 파스 트리(또는 추상 구문 트리)는 연산 순서를 정해준다. 식 '2 − 4 * 6'에 대한 일반적인 의미는 곱셈이 뺄셈보다 우선순위를 갖기에 왼쪽 트리를 택해야 된다. 이는 프로그래밍 언어의 통상적 선택이다. 곱셈이 뺄셈보다 높은 우선순위를 갖는다. 이 사실을 어떻게 표현할 수 있을까? 이 경우 문법과 별개로 모호성 제거 규칙을 기술하거나, 모호성을 갖지 않도록 문법을 개정할 수 있다. 위 예에서 문법을 개정하는 한 가지 방법은 비단말 기호(⟨term⟩)와 문법 규칙을 아래와 같이 추가한다. 그래서 파스 트리의 보다 낮은 지점에서 *가 적용되는 순위 폭포(precedence cascade)를 형성하도록 한다.

⟨exp⟩ ::= ⟨exp⟩ − ⟨exp⟩ | ⟨term⟩
⟨term⟩ ::= ⟨term⟩ * ⟨term⟩ | (⟨exp⟩) | ⟨number⟩

그러나 모호성 문제가 완전히 해결된 것은 아니다. 위 ⟨exp⟩에 대한 규칙은 아직도 '7 − 3 − 2'를 '(7 − 3) − 2' 또는 '7 − (3 − 2)'로 파싱하게 한다. 동일한 표현이 좌−결합(left-associate) 또는 우−결합(right-associate)으로 될 수 있어 다음과 같은 2가지 추상 구문이 발생된다.

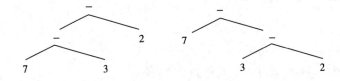

일반적으로 대부분의 언어에서는 동일 연산 순위를 갖는 연산자들은 좌−결합을 사용하여 왼쪽 트리로 해석되나, APL언어는 우−결합을 사용하여 오른쪽 트리로 해석된다. 이를 해결하려면 BNF문법에 좌 순환 규칙을 사용하여 좌−결합을 자연스럽게 지원할 수 있다. 즉, 위 문법에서 '⟨exp⟩ ::= ⟨exp⟩ − ⟨exp⟩'를 '⟨exp⟩ ::= ⟨exp⟩ − ⟨term⟩'으로 대치하면 아래 파스 트리와 같이 좌−결합으로 파싱된다. 같은 방법으로 우순환 규칙(⟨exp⟩ ::= ⟨term⟩ − ⟨exp⟩)은 우−결합 파스 트리와 결합한다.

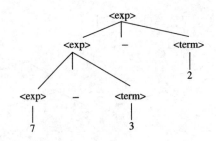

[표 2-2]의 문법에 지금까지 논의된 우선순위와 좌─결합을 동시 지원하는 문법은 [표 2-3]과 같이 될 수 있으며, 이 문법은 모호성을 갖지 않는다.

[표 2-3] [표 2-2]의 개정 문법

⟨exp⟩ ::= ⟨exp⟩ − ⟨term⟩ | ⟨exp⟩ + ⟨term⟩ | ⟨term⟩
⟨term⟩ ::= ⟨term⟩ * ⟨term⟩ | ⟨term⟩ / ⟨term⟩ | ⟨factor⟩
⟨factor⟩ ::= (⟨exp⟩) | ⟨number⟩
⟨number⟩ ::= ⟨number⟩ ⟨digit⟩ | ⟨digit⟩
⟨digit⟩ ::= 0 | 1 | 2 | 3 | 4 | 5 | 6 | 7 | 8 | 9

연산자 우선순위에 따른 수식 1 + 5 * 2에 대한 파스 트리를 표현하면 다음과 같다.

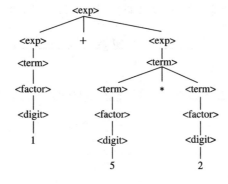

구문 도표

구문에 대한 형식 정의를 하는 방법으로 EBNF 방법 외에 구문 도표(syntax diagram)를 이용하는 방법이 있는데, 그 형태가 순서도와 비슷하다. 구문 도표는 EBNF 선언과 곧바로 대응시킬 수 있는데, 구문 도표에서 다시 정의될 대상은 네모 칸으로, 단말 기호는 원이나 타원으로 표시한다. 그리고 이들 사이를 지시선으로 연결한다. 다음은 구문 도표를 그리는 방법을 나타낸 것이다.

(1) 단말 x는 원 또는 타원 안에 x로 표기하고 다음 기호를 보기 위해 나가는 지시선을 그린다.

(2) 비단말 x는 사각형 안을 x로 쓰고 단말의 경우와 같이 지시선을 긋는다. 사각형의 내용은 그 안의 이름으로 참조할 수 있다.

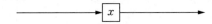

(3) $A ::= x_1 x_2 \cdots x_n$은 아래와 같은 문법 순서도로 나타낸다.
  ① X_i가 비단말 기호인 경우

  ② X_i가 단말 기호인 경우

(4) 생성 규칙 $A ::= a_1 \mid a_2 \mid \ldots \mid a_n$은 아래와 같이 나타낼 수 있다.

여기서 a_i는 위 과정 (1)부터 (3)까지의 방법을 적용하여 얻은 구조이다.

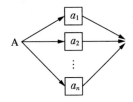

(5) EBNF $A ::= \{a\}$는 다음과 같이 표현된다.

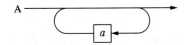

(6) EBNF $A ::= [\alpha]$는 다음과 같이 표현된다.

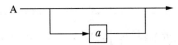

(7) EBNF $A ::= (\alpha_1 \mid \alpha_2)\beta$는 다음과 같이 표현된다.

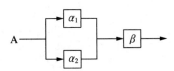

예를 들면, 다음 EBNF를 구문 도표로 바꾸어 보기로 한다.

```
A ::= x | '(' B ')'
B ::= AC
C ::= {+A}
```

여기서 x, +, (,)는 단말 기호이며, A, B, C는 비단말 기호를 나타낸다. 위 방법을 적용하여 각 비단말에 대한 도표를 그리면 다음과 같다.

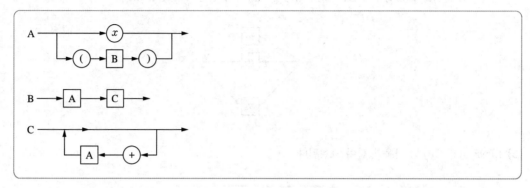

구문 도표는 EBNF표기법과 사고 방식이 유사하므로 EBNF로 작성된 문법을 쉽게 구문 도표로 바꿀 수 있다. 하나의 BNF표현을 다양한 EBNF로 표현할 수 있는 것과 마찬가지로 같은 문법을 여러 형태의 구문 도표로 표현할 수 있다.

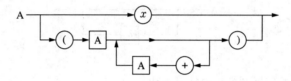

실제예상문제

제 **1** 장   **프로그래밍 언어의 어휘 구조**

01 어휘 분석의 주된 역할은 원시 프로그램을 하나의 긴 스트링으로 보고 문자 단위로 스캐닝하여 문법적으로 의미 있는 일련의 문자들로 분할해 내는 것이다. 이 때 분할된 문법적인 단위를 무엇이라고 하는가?

① Token
② Parser
③ BNF
④ Pattern

01 토큰은 문법에 있는 터미널 기호들로 구성된 문법적으로 의미 있는 최소 단위이다. 파서는 파싱을 하는 프로세서를 파서라 한다. 즉, 파서가 파싱 작업을 하는 것이다.

02 토큰 행렬이 'A + B * C'일 때 'A + (B * C)'와 같은 토큰 행렬의 트리 구조로 만드는 것을 무엇이라고 하는가?

① Lexical 분석
② 구문 분석
③ Parsing
④ 코드 생성

02 파싱은 일련의 문자열을 의미있는 토큰으로 분해하고 그것들로 이루어진 파스 트리를 만드는 과정이다.

03 다음 중 토큰의 범주에 속하지 <u>않는</u> 것은?

① 주석
② 연산자
③ 예약어
④ 상수

03 토큰의 범주에는 예약어, 식별자, 상수, 특수기호가 있다.
- 예약어 : 프로그래밍 언어 자체가 사용하는 예약어(키워드)
- 식별자 : 변수명, 함수명, 기호상수 등 미리 정의되는 언어 구성자(프로그래머가 정의)
- 리터럴(상수) : 프로그램에 부여한 값 그대로의 의미를 갖음
- 특수기호 : ";(세미콜론)", ".(마침표)", 연산 기호(+, −, * , / 등)

정답   01 ①   02 ③   03 ①

안심Touch

04 어휘 분석 단계에서 전달받은 토큰들이 문법적으로 옳은지를 검사하고, 오류가 없으면 파스 트리라 불리는 구조를 생성한다.

04 다음 중 구문 분석 단계에서 주로 하는 일은?

① 파싱
② 목적 코드의 생산
③ 코드의 최적화
④ 토큰 생성

05 어휘 분석 단계에서의 토큰의 종류
 i) 일반형태(프로그래머에 의해 결정) : 명칭(Identifier), 상수(숫자 상수, 문자열 상수)
 ii) 특수형태(언어 설계자) : 예약어, 연산자, 구분자 등

05 어휘 분석(Lexical Analysis)에서 구분되는 Token의 종류가 <u>아닌</u> 것은?

① Number
② Identifier
③ String
④ Alphabet

06 배열명, 변수명, 연산자, 특수문자 등이 토큰이 된다.

06 다음 C 프로그램 문장에서 토큰의 개수는?

> array[index] = a + b;

① 5
② 7
③ 8
④ 9

정답 04 ① 05 ④ 06 ④

07 프로그램의 구문 분석(syntax analysis)에 대한 설명으로 옳지 <u>않은</u> 것은?

① 좌파스(left parse) 또는 우파스(right parse)의 구성 여부에 따라 구문 분석 방법은 하향식(top-down) 방식과 상향식 (bottom-up) 방식으로 구분된다.

② 올바른 문장에 대해 파스 트리(parse tree) 또는 추상 구문 트리(abstract syntax tree)가 구성되면 추상 구문 트리가 파 스트리에 비해 기억 공간이 효율적이다.

③ 하향식 구문 분석 방법에서 결정적 구문 분석(deterministic syntax analysis)을 위해 FIRST, FOLLOW를 이용한다.

④ LR 파싱 방법의 종류로서 CLR, LALR, 재귀 하강(recursive -descent) 파싱 방법이 있다.

07 LR 파싱 방법의 종류 CLR, LALR, SLR 3개이며 포함관계는 아래 그림 과 같다.
[문제 하단 그림 참조]

>>>🔍

- SLR(simple LR) : 구현이 가장 쉬우나 인식능력이 가장 빈약하다.
- CLR(canonical LR) : 구현이 복잡하나 인식능력이 가장 뛰어나다.
- LALR(lookahead LR) : 구현 및 인식능력이 중간 정도이다.

정답 07 ④

안심Touch

01

정답 ① 예약어, ② 식별자, ③ 상수 또는 리터럴

해설 • 예약어 : 프로그래밍 언어 자체가 사용하는 예약어(키워드)
• 식별자 : 변수명, 함수명, 기호상수 등 미리 정의되는 언어 구성자(프로그래머가 정의)
• 리터럴(상수) : 프로그램에 부여한 값 그대로의 의미를 갖음

✅ **주관식 문제**

01 다음은 토큰에 대한 설명이다. (   )안에 들어갈 용어를 순서대로 쓰시오.

• (①)은(는) 컴퓨터 프로그래밍 언어에서 이미 문법적인 용도로 사용되고 있기 때문에 식별자로 사용할 수 없는 단어들이다.
• (②)은(는) 데이터 항목에 이름을 부여하여 일시적으로 규정하거나, 그 데이터의 어떤 특성을 표시하기 위해서 사용하는 기호 또는 기호의 집합이다.
• (③)은(는) 코드 상에 쓰인 값이 실행 시 그 값 그대로의 의미를 갖는다. 예를 들면, 15는 정수형 상수를 나타내고, 3.141592는 실수형 상수를 나타내며, "APPLE"은 문자열 상수를 나타낸다.

제 2 장 문맥 자유 문법과 BNF

01 다음 구문 중 반복을 나타내는 것은?

① A ::= {a}
② A ::= a
③ A ::= a1 | a2 | a3
④ A ::= {a1 | a2}

02 BNF 형식에 맞게 생성된 수는?

> ⟨num⟩ → ⟨num⟩ ⟨dig⟩ | ⟨dig⟩
> ⟨dig⟩ → 1 | 3 | 5 | 7 | 9

① 917
② 985
③ 972
④ 732

03 산술식을 BNF로 표현한 다음 문법에 관한 설명으로 옳지 않은 것은?

> ⟨expression⟩ ::= ⟨term⟩ | ⟨expression⟩ + ⟨term⟩
> ⟨term⟩ ::= ⟨factor⟩ | ⟨term⟩ * ⟨factor⟩
> ⟨factor⟩ ::= id

① 시작 기호(start symbol)는 ⟨expression⟩ 이다.
② ::=은 '치환'을 나타내는 기호이다.
③ | 는 '선택'을 나타내는 기호이다.
④ 비단말(nonterminal) 기호는 5개이고 단말(terminal) 기호는 2개이다.

04 ① ::=는 정의
④ { }는 반복
②·③은 BNF 기법으로 |는 선택, 〈 〉는 BNF로 비단말(다시 정의될 대상)을 의미

04 EBNF 표기법 기호 중 정의됨을 의미하는 것은?

① ::=
② |
③ 〈 〉
④ { }

05 [문제 하단 표 참조]

05 EBNF 표기법에는 해당하지만 BNF 표기법에는 해당하지 <u>않는</u> 것은 무엇인가?

① [ ]
② |
③ 〈 〉
④ :=

>>>🔍

• BNF 표기법

메타 기호	의미
::=	정의
〈〉	비단말 기호
		택일

• EBNF 표기법

메타 기호	의미
[ ]	생략 가능
{ }	0번 이상 반복
( )	한정된 범위의 택일(|와 함께 쓰임)
' '	메타 기호 자체를 단말기호로 사용

정답 04 ① 05 ①

06 다음 수식(expression)을 EBNF로 맞게 표현한 것은?

> <expression> ::= <expression> + <expression> |
> <expression> − <expression> |
> <expression> * <expression> |
> <expression> / <expression>

① <expression> ::= <expression>(+|−|*|/)<expression>
② <expression> = <expression>[+|−|*|/]<expression>
③ <expression> :: <expression>{+|−|*|/}<expression>
④ <expression> ::= expression [+|−|*|/]<expression>

06 BNF에서 | 기호는 택일이고 EBNF에서 택일은 (   )이다.

07 프로그래밍 언어의 구문(syntax) 표현에 대한 설명으로 옳지 **않은** 것은?

① 한 언어에 대한 BNF 정의는 생성 규칙(production rule)들의 집합이다.
② BNF에서 사용되는 '::=, |, ◇'와 같은 기호를 메타 기호라 한다.
③ EBNF(extended BNF)에서 0번 이상 반복되는 부분의 표현을 위해 { }를 사용한다.
④ 문법을 표현하기 위한 하나의 방법인 구문 도표(syntax diagram)는 이진 트리(binary tree) 구조를 이용한다.

07 구문 도표는 순서도와 유사하게 그림(도표)으로 구문을 표현한 것이다. [문제 하단 표 참조]

>>>

도형	의미
□ (사각형)	비단말 기호
○ (원)	단말 기호
→ (화살표)	기호 연결

정답 06① 07④

checkpoint 해설 & 정답

08 { }은 반복을 나타낸다.

08 **EBNF에서 { }를 사용하는 이유는?**

① 블록을 나타내기 위해 사용한다.
② 생략 가능한 것을 나타내기 위해 사용한다.
③ 반복되는 부분을 나타내기 위해 사용한다.
④ 선택 사항을 나타내기 위해 사용한다.

✅ **주관식 문제**

01
정답 BNF, EBNF, 구문도표

01 **문맥 자유 문법(CFG)의 표현방법 3가지가 무엇인지 기술하시오.**

정답 08 ③

제 3 장 파스 트리와 모호성

01 다음과 같은 유도 트리(Derivation Tree)가 나타내는 문장은?

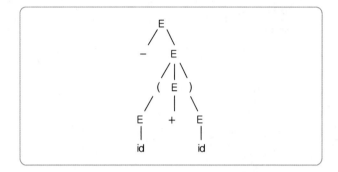

① −(id+id)

② (id+id)−

③ −(id)+id

④ −id+id

»○

E =〉 − E
E =〉 − (E)
E =〉 − (E + E)
E =〉 − (id + id)

01 유도 트리 : 문장이 유도되는 과정을 트리 형식으로 표현한 것이다.
[문제 하단 참조]

02 (A/(B+C))*D를 폴리시 접두 표시법(Polish Prefix Notation)으로 썼을 경우 옳은 것은?

① */A+BCD

② +/BCA*D

③ /+*ABCD

④ ABCD/+*

02 연산자, 왼쪽변수, 오른쪽변수 순이다.
(A/(+BC))*D → (/A+BC)*D → */A+BCD

정답 01 ① 02 ①

03 연산자, 왼쪽변수, 오른쪽변수 순이다.
(+ * 3 4 5) → (+ 3 * 4 5) →
(3 * 4 + 5)

03 Prefix Expression ‘+ * 3 4 5’가 계산된 결과는?

① 27
② 35
③ 17
④ 32

04 수식 표현 방법에는 전위 표기법
(prefix), 중위 표기법(infix), 후위 표
기법(postfix)이 있다.

04 프로그램 언어에서 수식의 구조를 컴퓨터 내부 구조로 표시하는 방법이 <u>아닌</u> 것은?

① Postfix
② Tree 구조
③ Prefix
④ Queue 구조

05 순서도는 프로그램 언어의 종류에
상관없이 약속된 기호로 표현한다.

05 순서도를 작성하는 이유를 설명한 것으로 옳지 <u>않은</u> 것은?

① 논리의 흐름을 이해하기 쉽다.
② 타인에게 프로그램의 논리를 이해시키는 데 용이하다.
③ 일정시간이 지난 후 자신의 프로그램을 이해하는 데 도움이 된다.
④ 순서도는 프로그래밍 언어에 따라 다르다.

정답 03 ③ 04 ④ 05 ④

06 다음과 같은 문법으로 주어진 수식을 계산할 때, 결과 값으로 옳은 것은?(단, 시작 심볼은 E이다)

06 [문제 하단 참조]

$$E \rightarrow T * E \mid T$$
$$T \rightarrow F - T \mid F$$
$$F \rightarrow 0 \mid 1 \mid 2 \mid 3 \mid 4 \mid 5 \mid 6 \mid 7 \mid 8 \mid 9$$

주어진 수식 : 3 - 2 * 5 - 2 - 1

① −10
② 4
③ 2
④ −5

>>>○

```
E → T * E
E → F - T * E
E → F - T * T
E → F - T * F - T
E → F - T * F - F - T
E → F - T * F - F - F
```

```
              E
            /   \
           T     *  E
          /|\        |
         F - T        T
         |   |       /|\
         3   2      F - T
                    |   /|\
                    5  F - T
                       |   |
                       2   1
```

07 S → a S | a B
1단계 : S → a B
∴ S → a B 선택
2단계 : S → a b C
∴ B → b C 적용
3단계 : S → a b a C
∴ C → a C 선택
4단계 : S → a b a a
∴ C → a 선택

07 다음의 정규 문법으로 생성되는 문장은?

> 정규 문법 G
> 1. S → a S | a B
> 2. C → a | aC
> 3. B → bC

① aaab
② abc
③ abaa
④ baba

08 〈S〉 → 〈A〉ab〈B〉b
1단계 : 〈S〉 → 〈A〉aab〈B〉b
∴ 〈A〉 → 〈A〉a 적용
2단계 : 〈S〉 → baab〈B〉b
∴ 〈A〉 → b 적용
3단계 : 〈S〉 → baabb〈B〉b
∴ 〈B〉 → b〈B〉 적용
4단계 : 〈S〉 → baabbab
∴ 〈B〉 → a 적용

08 다음의 문법에 의해서 생성되는 문장은?

> 〈S〉 → 〈A〉ab〈B〉b
> 〈A〉 → 〈A〉a | b
> 〈B〉 → b〈B〉 | a

① baabbab
② bababab
③ bbabbab
④ babbaab

정답 07 ③ 08 ①

제4장 구문 도표

01 언어 처리과정 중에서 다른 세 항목과 관련이 없는 것은?

① 어휘분석기
② 푸쉬 다운 오토마타
③ 정규 표현식
④ 유한 오토마타

02 고급 언어로 작성된 프로그램을 구문 분석하여 파서에 의하여 생성되는 결과물로 각각의 문장을 문법구조에 따라 트리 형태로 구성한 것은?

① 구조 트리
② 어휘 트리
③ 파스 트리
④ 중간 트리

03 'a + b * c'가 항상 'a + (b * c)'로 해석될 수 있도록 하는 문법으로 가장 알맞은 것은?

① E ::= E + E | E * E | id
　id ::= a | b | c
② E ::= E + F | F
　F ::= F * id | id
　id ::= a | b | c
③ E ::= F * F
　F ::= E | F + id | id
　id ::= a | b | c
④ E ::= E + E | id + id | id
　id ::= a | b | c

---

01 정규 언어 : 정규 문법, 정규 표현식, 유한 오토마타, 어휘분석기 이용, 토큰의 구조를 정의

02 구문 분석은 토큰들이 문법적으로 옳은지를 검사하고, 오류가 없으면 파스 트리라 불리는 구조를 생성한다.

03 E ::= E + F
E ::= E + F * id (∵ F ::= F * id)
E ::= F + F * id (∵ E ::= F)
E ::= id + id * id (∵ F ::= id)
E ::= a + b * c (∵ id ::= a | b | c)

정답 01② 02③ 03②

checkpoint 해설 & 정답

04 변수명, 연산자, 특수문자 등이 토큰이 된다.

04 다음 문장은 몇 개의 토큰으로 분리될 수 있는가?

> k = a + b − c;

① 4
② 5
③ 6
④ 8

05 [문제 하단 그림 참조]

05 다음은 0과 1의 덧셈과 뺄셈을 갖는 수식을 표현하는 문법을 BNF로 기술한 것이다. 연산자는 모두 좌측결합(left-associativity)을 만족하고 '+' 연산이 '−' 연산보다 우선순위가 높도록 고안된 문법은 어느 것인가?

① E ::= T − E | T
　 T ::= F + T | F
　 F ::= 0 | 1 | (E)
② E ::= T + E | T
　 T ::= F − T | F
　 F ::= 0 | 1 | (E)
③ E ::= T − E | T
　 T ::= T + F | F
　 F ::= 0 | 1 | (E)
④ E ::= E + T | T
　 T ::= T − F | F
　 F ::= 0 | 1 | (E)

»»»🔍

①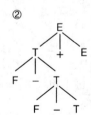

② ③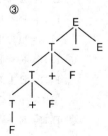

정답 04 ④ 05 ③

06 원시프로그램을 컴파일하는 과정은 몇 단계로 구분된다. 이 단계들 중 파스 트리(parse tree)라는 계층적 구조를 생성하는 단계는?

① 최적화 단계
② 어휘분석 단계
③ 구문분석 단계
④ 중간코드생성 단계

06 구문 분석은 토큰들이 문법적으로 옳은지를 검사하고, 오류가 없으면 파스 트리라 불리는 구조를 생성한다.

✅ 주관식 문제

01 다음 문법을 이용하여 스트링 baaa을 유도하는 과정을 쓰시오.

$$S \rightarrow Sa \mid b$$

01
정답 S → Sa → Saa → Saaa → baaa

02 다음 문법을 이용하여 스트링 aaacbbb을 유도하는 과정을 쓰시오.

$$S \rightarrow aSb \mid c$$

02
정답 S → aSb → aaSbb → aaaSbbb → aaacbbb

정답 06 ③

안심Touch

여기서 멈출 거예요? 끝자가 바로 눈앞에 있어요.
마지막 한 걸음까지 SD에듀가 함께할게요!

제3편

변수의 개념

단원 개요

변수를 선언하고 변수에 구체적인 값을 결정하는 바인딩, 바인딩 되는 시간에 따른 동적 바인딩과 정적 바인딩을 구분하고, 기억장소 할당과 생명 시간(lifetime)에 따른 변수의 분류와 식별자(변수 이름, 프로시저 이름, 레이블 이름)들에 대한 참조 환경과 프로그램 전반에 걸쳐 고정된 값을 갖는 식별자인 기호 상수에 대해 알아본다.

출제 경향 및 수험 대책

변수의 정의와 변수에 값이 결정되는 바인딩 시간을 잘 이해하고 선언, 블록, 영역의 개념을 정확히 파악해야 한다. 변수의 기억장소 할당과 생명 시간에 따른 변수들을 구분할 수 있어야 하고, 기호 상수의 개념과 장점을 잘 이해할 수 있게 학습한다.

혼자 공부하기 힘드시다면 방법이 있습니다.
SD에듀의 동영상강의를 이용하시면 됩니다.
www.sdedu.co.kr ➜ 회원가입(로그인) ➜ 강의 살펴보기

제 1 장 변수

명령형 프로그래밍 언어의 중요한 특징은 변수를 생성하는 것이다. 변수란 무엇이고 식별자와는 어떻게 구별이 되는가? 식별자는 변수의 한 요소(component)일 뿐이다.

변수란 실행시간 저장된 값이 변경될 수 있는 객체를 의미하는데 좀 더 확장된 정의가 요구되어 ISO 국제규격에서는 다음과 같이 정의된다.

> 변수란 데이터를 저장하거나 나중에 사용할 수 있도록 메모리에 추상화하는 것으로 변수 이름, 자료 속성들의 집합, 주소 그리고 자료값들의 4요소로 구성되는데, 주소와 자료값들의 관계는 변할 수 있다.

위에서 정의된 변수의 정의를 배런(D. W. Barron)은 다음과 같이 표현한다.

변수의 4요소에 어떤 값을 확정하는 행위가 바인딩이다. 실수, 정수 등과 같이 변수가 가질 수 있는 값의 자료형이 가장 중요한 변수 속성이다. 변수의 속성은 일반적으로 프로그래밍 과정에서는 변할 수 있으나, 번역시간에 한 번 정해지면 변할 수 없다. 이러한 속성들에 관한 사항은 선언문을 통하여 이루어지는 것이 일반적인데, 때로는 새 값을 변수에 배정할 때 묵시적으로 정의되기도 한다. 변수의 주소들이란 변수의 값이 저장될 기억장소 위치를 의미한다. 값에 따라 그 값이 필요로 하는 장소의 크기가 단일 기억장소보다 클 수도 있고 작을 수도 있다. 변수는 항상 어떤 값이 존재하여야 하며 이 값은 변할 수 있다.

배정문 'x := 3.1414592'를 수행한 후, 변수 x를 배런(D. W. Barron)의 표기법에 따라 [그림 3-1]과 같이 나타낼 수 있다. 이 때 박스의 현재 값은 원 안에 쓰여진 값으로 한다.

[그림 3-1] 변수의 4요소 표기법

바인딩

1 바인딩의 개념

바인딩(Binding)이란 프로그램의 어떤 기본 단위가 가질 수 있는 구성요소의 구체적인 값, 성격을 결정하는 것을 의미한다. 예를 들어, C 언어 상수 선언문을 알아보면 다음과 같다.

```
int num;
num = 3 * 5;
```

첫 줄에서 int라는 것은 4바이트 정수형 타입을 나타낸다. 이는 int가 4바이트 정수형으로 바인딩되어 있음을 의미하고, num은 변수명 선언으로 바인딩되는 것임을 의미한다.

두 번째 줄에서 =는 대입 연산자로, *는 곱셈 연산자로 바인딩되어 있고, 수식이 계산되어 변수 num에 15가 대입되면 변수의 값이 15로 바인딩된다. 언어 구성 요소의 속성이 결정되는 시점은 수식이 계산될 때일 수도 있고, 변수의 값이 15처럼 프로그램이 수행될 때일 수도 있다. 이처럼 바인딩이 일어나는 시점을 바인딩 시간이라 한다.

2 바인딩 시간의 종류

이름에 속성이나 값이 연결되는 시간은 언어의 정의 시간, 언어의 구현 시간, 컴파일 시간, 링크 시간, 로드 시간, 프로그램 실행 시간으로 구분할 수 있다. 일반적으로 컴파일 시간에 일어나는 정적 바인딩과, 실행 시간에 일어나는 동적 바인딩을 의미한다.

[표 3-1] 바인딩 시간의 종류

종류	의미	바인딩 시간
정적 바인딩	컴파일 시간에 결정	• 언어의 정의 시간 • 언어의 구현 시간 • 컴파일 시간 • 링크 시간 • 로드 시간
동적 바인딩	실행 시간에 결정	프로그램 실행 시간

(1) 언어 정의 시간(Language Definition Time)

언어에서 허용되는 대부분 자료 구조나 프로그램 구조 등을 확정시키는 시간이다. 대부분 언어에서 제어 흐름 구조, 기본 유형 집합, 복잡한 유형을 만드는데 사용할 수 있는 생성자 및 언어론의 많은 측면들이 언어를 설계할 때 선택된다.

㉠ int형을 정수형, float를 실수형으로 나타낸다고 정의, 혼합형 연산 허용 시 어떤 연산을 수행할 것인가 결정

(2) 언어 구현 시간(Language Implementation Time)

언어 정의 시 그 언어의 구성자들에 관한 많은 특성을 구체적으로 모두 한정하지 않고, 언어를 실제 컴퓨터에 구현할 때에 그 특성의 일부를 확정하도록 일임하고 있다.

㉠ 정수의 자릿수, 실수의 유효 숫자 개수, 수의 기계 내에서의 표기법 등

(3) 컴파일 시간(Compile Time)

원시프로그램을 번역할 때 이루어지며, Data, Stack 등 메모리에 정적으로 정의된 데이터의 레이아웃, 기계어의 상위 수준의 구성의 매핑을 선택하는 시간이다.

㉠ 고급 언어를 Obj 파일로 변환하는 과정에서 코드가 문법에 맞는지 검사(Parsing)

(4) 링크 시간(Link Time)

프로그램 내에서 사용된 라이브러리 모듈을 링크할 때 걸리는 시간이다.

(5) 로드 시간(Load Time)

프로그램을 실행하려고 메모리로 불러오는 시간이다.

㉠ 변수의 주소 결정 등

(6) 실행 시간(Run Time)

실행시간에 일어나는 바인딩으로 변수의 값을 확정하거나 변수에 기억 주소 할당 등 실행부터 종료까지 변수 값을 바인딩하는 시간이다.

㉠ 변수의 값 결정 등

제 3 장 선언, 블록, 영역

1 선언 중요 ★★

선언(declarations)이란 실행 시 사용될 자료의 속성을 언어의 번역기에게 알려주는 프로그램 문장인데, 바인딩을 제공하는 중요한 방법이다. 선언의 종류에는 명시적 선언과 묵시적 선언이 있다.

[표 3-2] 선언의 종류

선언의 종류	의미
명시적 선언	선언문을 사용하여 변수 이름을 나열하고 변수에 속성을 부여하는 방법
묵시적 선언	선언문을 사용하지 않고 기본 규칙에 의해 변수에 속성을 부여하는 방법

다음 Java 선언문은 배열 x의 생성과 소멸 시기(일반적으로 선언문을 사용한 블록이 활성화되거나 종료하는 시간), 자료형(1차원 배열), 원소의 수(10), 첨자 값의 사용 범위(0부터 9 사이의 정수), 각 원소의 자료형(정수), 그리고 참조할 배열 이름(x) 등을 한정해 주는 명시적인 선언문이다.

```
int[] x = new int[10]
```

묵시적 선언을 사용하는 언어에는 FORTRAN과 PERL이 있다. FORTRAN은 선언문 없이 변수 이름을 그냥 사용하면 그 이름이 선언된 것으로 간주한다. 특히 변수 이름이 'I', 'J', 'K', 'L', 'M', 'N'으로 시작되면 정수형 타입이 선언되고, 그렇지 않으면 실수형 타입이 선언된다. 그리고 유사한 묵시적 선언을 사용하는 PERL에서는 $로 시작되는 변수는 스칼라 타입이고, @로 시작되는 변수는 배열이고, %로 시작되는 변수는 해시 구조체이다. 따라서 $student, @student, %student는 서로 연관성이 없는 별개의 변수이다.

C와 C++에서는 선언과 정의를 구별해야 한다. 선언은 부분적인 속성을 바인딩하는 것이고, 정의는 모든 잠재적인 속성을 바인딩하는 것이다. 예를 들어, 다음의 함수 원형은 함수의 이름, 매개 변수와 반환 값의 타입만을 기술하고, 함수의 코드는 기술하지 않으므로 선언에 해당하는 것이다.

```
int max(int number1, int number2);
```

반면 다음의 함수 정의는 함수의 코드를 포함해서 모든 것을 기술하므로 정의에 해당된다.

```
int max(int number1, int number2)
{
    if(number1 > number2)
        return number1;
    else
        return number2;
}
```

2 블록 중요 ★★

일련의 문장 집합으로 자체적인 선언을 가질 수 있는 프로그램 단편을 블록(block)이라 한다. 이러한 블록 개념을 처음 도입한 언어는 Algol 60으로 'begin ~ end'로 묶어 블록을 표현한다. 다음은 Algol 60의 예이다. a, b 두 개의 블록으로 이루어진 구조로 블록 a에서는 i와 j를 선언하고 있다. 블록 b에서는 x와 y를 선언하고 있다.

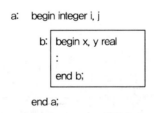

[그림 3-2] Algol 60의 블록

임의의 블록 내의 선언을 지역적(local)이라 하고, 블록 밖의 선언을 비지역적(nonlocal)이라 하는데 [그림 3-2]의 변수 i와 j는 블록 a에 대해 지역적이지만 블록 b에 대해서는 비지역적이다.
Ada에서 블록은 다음과 같이 declare로 시작하는 begin ~ end로 표현한다.

```
declare
    선언문
begin
    문장들
end;
```

단, 선언문이 없을 경우에는 declare 절을 생략하여 표현한다.

```
begin
   문장들
end;
```

다음은 블록을 사용한 Ada의 예로, 08행에서 13행까지가 블록에 해당된다.

[소스 3-1] 블록을 사용하는 Ada 예제

```
01 with TEXT_IO;
02 use TEXT_IO;
03 procedure block is
04      package INT_IO is new TEXT_IO, INTEGER_IO, (integer);
05      use INT_IO;
06 begin
07      put("befor block");
08      declare
09          x : integer := 1;
10      begin
11          put("block");
12          put(x);
13      end;
14      put("behind block");
15  end block;
```

C 기반 언어의 블록은 복합문이라 하는데 중괄호로 묶어 표현한다. 다음 C에는 2개의 블록으로 된 구조로, 하나는 function 본체를 나타내는 블록이고 다른 하나는 function 본체 안에 내포된 블록이다.

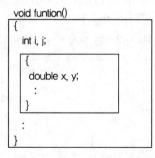

[그림 3-3] C 언어의 블록

3 영역 중요 ★★

일반적으로 영역(scope)이란 식별자의 영역을 의미하여, 프로그램에서 사용하는 식별자(변수, 상수, 레이블, 자료형, 부프로그램의 이름)가 이름의 효력을 나타낼 수 있는 범위를 의미한다. 그렇지만, 원래 영역이란 좀 더 넓은 의미로 사용되는 선언 영역을 의미하여 국제규격은 프로그램에서 어떤 선언이 유효한 부분이라고 정의한다.

보다 구체적으로 말하면, 한 식별자의 영역이란 그 이름의 사용이 허락되고 있는 프로그램 범위를 말한다. 또한, 변수의 이름과 깊게 관련되어 있으며, 영역 개념과 밀접한 관련이 있으면서도 구별되어야 할 용어로는 변수 수명(lifetime)이 있다.

이 수명이란 실행 시간에 그 이름에 관련된 값을 보유할 기억장소가 배정된 시간을 의미하고, 변수의 영역과 수명은 프로그래밍 언어에서 필수적인 과제로 인식되었다.

다음 C 언어 예에서 변수 x, y의 영역은 선언된 지점부터 function() 함수 끝까지이다.

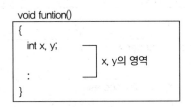

[그림 3-4] C 언어 함수의 영역

영역은 정적 영역과 동적 영역으로 구분할 수 있다. 이들에 대해 살펴보자.

(1) 정적 영역

ALGOL 60에서 처음 도입한 정적 영역(static scope)은 현재 대부분의 언어에서 사용되고 있다. 정적 영역은 이름에 해당하는 변수를 찾을 때 외향적인 구조를 따르는데, 자신을 포함하고 있는 블록에서 선언되었는지 살펴보고, 아니면 그 바깥쪽 블록에서 선언되었는지를 살펴본다.

[소스 3-2]의 Algol 60 프로그램을 살펴보자. 여기에는 a, b, c, d라는 네 개의 블록을 가지는 단위 프로그램으로 되어 있다. 각 블록은 변수들에 대한 선언문을 가지고 있는데, 블록 a에서는 i, j가 정수형 변수로 x, y는 실수형 변수로 선언된 것을 볼 수 있다. 블록 b는 두 개의 정수형 매개 변수와 논리형으로 선언된 지역 변수 i를 가지는 test라는 프로시저를 내포하고 있다.

줄 번호 05에서는 변수 x, i, j, y를 사용한 배정문이 있는데, 이 프로시저 test에서의 i는 지역 변수로 선언되었기 때문에 배정문의 i는 블록 a에서 선언된 정수형이 아닌 논리형 변수로 취급된다. 여기서 x, j, y는 test에서 정의되지 않았고 이러한 변수들은 자유 변수(free variable)로 간주된다. 그렇다면 이 자유 변수들 x, j, y는 어디에서 선언된 변수들을 사용할 것인가? Algol 60은 모든 자유 변수들에 대하여 현 블록을 내포하고 있는 가장 안쪽의 바깥쪽 블록을 조사하고, 그 블록도 해당 이름들이 선언되어 있지 않으면, 또 다음 바깥쪽의 블록을 조사하는 작업을 반복하여 찾아서 영역을 결정하는 정적 영역을 따른다.

해당 이름이 발견되거나 또는 프로그램의 가장 외부 블록까지 조사하여 이름이 선언되지 않았다는 것을 알 때까지 계속한다. 후자의 경우 변수는 선언되지 않은 것으로서 오류로 판명될 것이며, 전자의 경우는 이른바 정적 영역 규칙을 사용하여 그 정의된 내용을 찾은 것이다. 이는 번역 시 프로그램 문장만을 조사하여 변수 정의된 상태를 결정할 수 있기 때문에 정적(static)이라고 부른다.

[소스 3-2] 블록 관계를 보이는 ALGOL 60 예제

```
01    a:     begin integer i, j; real x, y;
02           b:    procedure test(integer a, b)
03                    begin boolean i;
04                    ...
05                    x := i * j +y
06                    ...
07                    end b;
08           ...
09
10           c:    begin integer x, y; real i, j;
11                    ...
12                    d:    begin boolean j;
13                            ...
14                            call test(x,y)
15                            ...
16                            end d;
17                    ...
18                 end c;
19    end a;
```

(2) 동적 영역

APL, SNOBOL 4, 그리고 LISP 초기 버전에서 적용된 것이 동적 영역(dynamic scope)이다. 동적 영역은 이름에 해당하는 변수를 찾을 때 외향적인 구조에 기반하지 않고, 부프로그램들의 호출 순서에 기반한다. 먼저 자신을 포함하고 있는 블록에서 선언되었는지를 보고, 아니면 자신을 포함한 블록(부프로그램)을 호출한 문장을 포함하고 있는 블록에서 선언된 것인지를 조사한다. 이러한 과정은 해당 변수를 찾을 때까지 계속된다. 따라서 동적 영역을 적용하는 언어의 변수에 대한 영역은 실행 시간에 결정된다. 이제 APL 예를 가지고 이름의 영역을 살펴보자. 이 경우 한 이름의 영역은 프로그램의 정적 구조와는 관계없이 전적으로 실행 시간 블록이 호출된 순서에 따른다.

APL은 주프로그램에서 배정문 왼쪽에 사용된 변수는 묵시적 선언으로 간주되며 전역 변수가 되어 [표 3-3]에서 X, Y, Z는 전역 변수이다. [표 3-3]에서 SUB 2가 실행되어 부프로그램 SUB가 호출된 경우 부프로그램 SUB에서의 비지역 변수 X와 Z는 주프로그램에서 선언된 전역 변수이며, Y는 지역 변수이다. 이 경우 프로그램 SUB에서 함수 부프로그램 FUN을 호출한다면 FUN에서의 비지역 변수 Y는 부프로그램 SUB에서도 반환되고 난 후에 주프로그램에서 함수 부프로그램 FUN을 호출을 한 경우에는 비지역 변수 Y는 주프로그램에서 선언된 전역 변수 Y가 된다.

그러므로 APL과 같은 동적 영역 규칙을 따르는 프로그래밍 언어에서는 블록 프로그램이 호출되는 순서에 따라 변수의 영역이 한정된다. 즉, 가장 최근의 호출 순서(most recently initiated)에 따른다.

[표 3-3] APL 프로그램의 구조 예

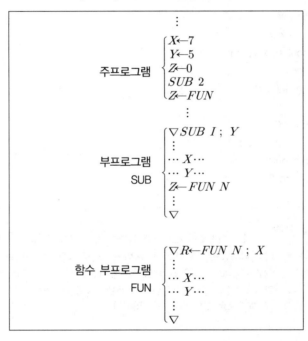

目 예제 3-1

C++ 예제의 결과 값과 변수 x의 영역은 어디까지인지 기술하시오.

```
01   #include <iostream.h>
02   using std::cout;
03   using std::endl;
05   int x;
06   void funtion(void)
07   {
08     double x;
09     x = 3.14;
10     cout << x << endl;
11   }
12   int main(void)
13   {
14     x = 20;
15     cout << x << endl;
16     funtion();
17     return 0;
18   }
```

[풀이]
05행의 x의 영역은 선언된 지점부터 프로그램 끝까지이고, 08행의 x의 영역은 선언된 지점부터 11행까지이다. 특히 지역 변수인 08행의 x에 대비해 05행의 x는 전역 변수라 한다. 09행의 x는 funtion 함수 내에서 지역적으로 선언된 08행의 x에 해당된다. 그리고 14행의 x는 main 함수에서 지역적으로 선언된 x가 없으므로 전역 변수인 05행의 x에 해당된다. 15행의 결과값으로 20이 출력되고, 10행의 결과값으로 3.140000가 출력된다.

[출력값]
20
3.140000

제 4 장

동적 바인딩

동적 바인딩이란 실행 시간(Run-Time) 중에 일어나거나 프로그램 실행 과정에서 변경되는 것으로 객체지향 프로그래밍에서는 상속 관계가 있는 객체에 대한 멤버 함수 호출에 대해 대응되는 멤버 함수가 동적으로 결정되는 것을 의미한다.

다음은 고등학교 학생 성적을 관리하는 학생 클래스로, 이름, 컴퓨터성적, 국어성적의 멤버 변수와 이름알아내기(), 평균알아내기()의 멤버 함수(또는 메소드)로 구성된다.

학생
이름
컴퓨터성적
국어성적
이름알아내기( )
평균알아내기( )

[그림 3-5] 학생 클래스

그런데 1학년과 2학년은 추가적으로 이수해야 할 과목이 생겨서 다음과 같이 학년 클래스를 상속하는 1학년, 2학년, 3학년 파생 클래스를 생성한다. 1학년 클래스는 수학성적이, 2학년 클래스는 과학성적과 도덕성적이 추가된다.

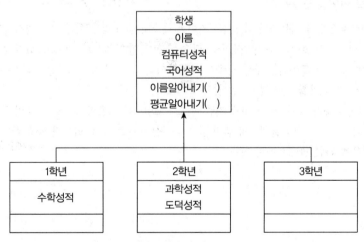

[그림 3-6] 학생 클래스를 상속하는 파생 클래스

그런데 1학년과 2학년 파생 클래스는 학생 클래스의 평균알아내기()의 연산과는 차이가 있으므로 1학년과 2학년 클래스에 평균알아내기() 함수를 새롭게 정의한다.

[그림 3-7] 1학년과 2학년 클래스에 평균알아내기() 함수 정의

이때 1학년 또는 2학년 클래스의 객체에 대해 평균알아내기() 함수를 호출하면 파생 클래스에서 새롭게 정의된 함수가 동작하고, 3학년 클래스의 객체에 대해 평균알아내기() 함수를 호출하면 기반 클래스에서 정의된 함수가 동작한다. 이와 같이 상속 관계가 있는 객체에 대해 멤버 함수를 호출했을 때 동작하게 될 멤버 함수가 동적으로 결정되는 개념을 동적 바인딩(dynamic binding)이라 한다.

C++에서는 동적 바인딩을 적용하기 위해서는 virtual로 멤버 함수를 선언해야 하는 반면, Java는 기본적으로 동적 바인딩이 적용된다. 그러면 C++와 Java에서의 동적 바인딩에 대해 살펴보자.

(1) C++의 동적 바인딩 중요 ★★

C++에서 동적 바인딩을 적용하기 위해서는 기반 클래스의 멤버 함수 이름 앞에 명시적으로 'virtual'을 써야 한다. 이와 같이 동적으로 바인딩하는 함수를 가상 함수(virtual function)라 한다.

C++에서 기반 클래스 포인터는 파생 클래스 객체를 가리킬 수 있으므로 학생 클래스는 포인터를 이용해서 파생 클래스 객체를 가리킬 수 있다.

이와 같이 실제 객체가 파생 클래스라도 기반 클래스 포인터를 사용할 경우에는 멤버 함수를 기반 클래스에서 찾는다. 그러나 기반 클래스의 멤버 함수가 가상 함수로 되어 있으면 파생 클래스에서 먼저 찾고, 없을 경우에 기반 클래스에서 찾는다.

그러면 다음과 같은 구조에 대해 생각해 보자.

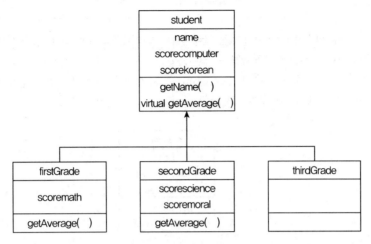

[그림 3-8] 동적 바인딩을 사용하는 C++ 구조

이러한 구조에서 다음을 실행하면 기반 클래스인 student 포인터 st1이 파생 클래스인 firstGrade 클래스 객체를 가리킨다.

student *st1 = new firstGrade("aaa", 80, 70, 60);

여기서 다음을 호출하면 파생 클래스인 firstGrade에서 getAverage()를 먼저 찾는다. getAverage()가 firstGrade에 있으므로 firstGrade의 getAverage() 멤버 함수가 동작한다.

st1 -> getAverage()

반면 다음은 st2가 thirdGrade 클래스 객체를 가리킨다.

student *st2 = new thirdGrade("bbb", 90, 90);

여기서 다음을 호출하면 파생 클래스인 thirdGrade에서 getAverage()를 먼저 찾는데, 찾을 수 없으므로 기반 클래스인 student의 getAverage() 멤버 함수가 동작한다.

st2 -> getAverage()

특히 순수 가상 함수(pure virtual function)라는 것이 있는데, 기반 클래스에서 선언된 가상 함수지만 어떤 정의도 갖지 않는 함수이다. 따라서 모든 파생 클래스는 이 함수를 정의하고 있어야 한다. C++에서는 순수 가상 함수를 다음과 같은 형식으로 나타낸다.

> virtual 타입 멤버함수이름() = 0;

이러한 순수 가상 함수가 하나 이상 있는 클래스를 추상 클래스(abstract class)라 한다. 추상 클래스는 완성된 것이 아니기 때문에 객체화될 수 없다.

다음은 순수 가상 함수를 사용한 예로, thirdGrade에 영어성적인 scoreenglish와 국사 성적인 scorehistory 멤버 데이터가 추가되고 getAverage()가 재정의된 구조이다.

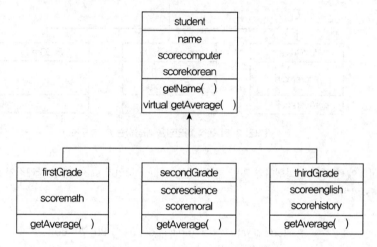

[그림 3-9] 순수 가상 함수를 사용하는 C++ 구조

다음은 이러한 클래스 구조를 C++로 구현한 코드이다.

[소스 3-3] C++로 구현한 동적 바인딩 예제

```cpp
class student {
private:
  char *name;
protected:
  int scorecomputer;
  int scorekorean;
public:
  student(char *na, int computer, int korean) {
    name = new char[strlen(na)+1];
strcpy(name, na);
    scorecomputer = computer;
    scorekorean = korean;
  }
```

```
  ~student() {
    delete []name;
  }
  char* getName() {
    return name;
  }
  virtual int getAverage() = 0;
};

class firstGrade : public student {
private:
  int scoremath;
public:
  firstGrade(char *na, int computer, int korean, int math) :
  student(na, computer, korean) {
    scoremath = math;
  }
  int getAverage() {
    return (scorecomputer + scorekorean + scoremath) / 3;
  }
};
class secondGrade : public student {
private:
  int scorescience;
  int scoremoral;
public:
    secondGrade(char *na, int computer, int korean, int science, int moral) :
  student(na, computer, korean) {
    scorescience = science;
    scoremoral = moral;
  }
  int getAverage() {
  return (scorecomputer + scorekorean + scorescience + scoremoral) / 4;
  }
};
class thirdGrade : public student {
private:
    int scoreenglish;
  int scorehistory;
public:
```

```
      thirdGrade(char *na, int computer, int korean, int english, int history) :
      student(na, computer, korean) {
        scoreenglish = english;
        scorehistory = history;
      }
   int getAverage() {
      return (scorecomputer + scorekorean + scoreenglish +scorehistory) / 4;
      }
   };
```

다음은 이러한 구조 하에 5명의 학생을 관리하기 위해 student 클래스 포인터 배열 set을 선언한 문장이다.

```
                        student *set [5];
```

그리고 다음은 firstGrade 객체를 생성하고 이를 set[0]이 가리키게 하는 문장이다.

```
               set[0] = new firstGrade("aaa", 80, 70, 70);
```

그리고 set[0]이 가리키는 객체의 평균을 얻기 위한 코드는 다음과 같다. getAverage()는 순수 가상함수이고 실제 객체가 firstGrade 클래스이므로 firstGrade 클래스의 getAverage() 멤버 함수가 동작한다.

```
                    set[0] -> getAverage()
```

(2) Java의 동적 바인딩 중요 ★★

동적 바인딩을 위해 virtual로 정의해야 하는 C++와는 달리 Java의 멤버 함수는 기본적으로 동적 바인딩이 적용된다. 그러면 다음과 같은 구조의 예를 통해 살펴보자.

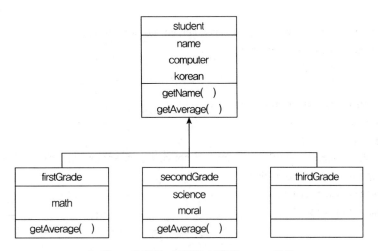

[그림 3-10] 동적 바인딩을 사용하는 Java 구조

다음은 이러한 클래스 구조를 Java로 구현한 코드로, 기반 클래스에서 정의된 getAverage()를 파생 클래스인 firstGrade와 secondGrade에서 재정의한다.

[소스 3-4] Java로 구현한 동적 바인딩 예제

```java
class student {
  private String name;
  protected int computer;
  protected int korean;
  public student(){
  }
  public student(String name, int computer, int korean) {
    this.name = name;
    this.computer = computer;
    this.korean = korean;
  }
  public String getName() {
    return name;
  }
  public int getAverage() {
    return (computer + korean) / 2;
  }
}
class firstGrade extends student {
  private int math;
```

```
public firstGrade(String name, int computer, int korean, int math) {
super(name, computer, korean);
   this.math = math;
   }
class secondGrade extends student {
   private int science;
   private int moral;
   public secondGrade(String name, int computer, int korean, int science, int moral) {
   super(name, computer, korean);
   this.science = science;
   this.moral = moral;
   }

public int getAverage() {
   return (computer + korean + science + moral) / 4;
   }
}
class thirdGrade extends student {
   public thirdGrade(String name, int computer, int korean) {
   super(name, computer, korean);
   }
}
```

이러한 구조 하에 5명의 학생을 관리하기 위해 student 클래스 배열 set을 선언한 문장은 다음과 같다.

```
student[] set = new student [5];
```

Java는 기반 클래스를 이용해서 파생 클래스 객체를 생성할 수 있다. 다음은 그 예로, B가 A의 파생 클래스일 때 기반 클래스 A를 이용해서 파생 클래스 B 객체를 생성하는 문장이다.

```
A obj = new B();
```

다음은 이러한 특징을 이용하여 파생 클래스 객체를 생성하는 문장이다.

```
set[0] = new firstGrade("aaa", 80, 70, 70);
```

이러한 set[0]의 평균을 얻기 위한 코드는 다음과 같은데, 동적 바인딩이 적용되어 firstGrade 클래스의 getAverage()가 동작한다.

set[0].getAverage()

다음은 set[3]의 선언이다.

set[3] = new thirdGrade("ddd", 90, 90);

반면 위와 같이 선언된 set[3]에 대한 getAverage() 호출은 기반 클래스인 student의 getAverage()가 동작한다.

set[3].getAverage()

제 5 장 기억장소와 생명 시간(lifetime)

기억장소 할당이란 변수의 값을 기억시킬 기억장소를 할당(allocation)하면 변수의 메모리 위치가 바인딩되고 변수의 필요성이 없어지면 할당된 기억장소가 반납되는 것을 의미한다.

생명 시간(lifetime)은 변수의 값과 기억장소가 바인딩되어 있는 시간, 생명 시간에 따른 변수 분류는 정적 변수, 스택 변수, 명시적 힙변수, 묵시적 힙변수로 구분된다.

(1) 정적 변수(static variable) 중요 ★

기억장소가 실행 이전에 바인딩되어 실행종료 때까지 유지되는 변수이며, 실행시간 전체에 걸친 생명 시간을 가진다. 해당 단위 프로그램이 실행중이 아닌 동안에도 바인딩이 유지되고, C/C++, Java에서는 static을 변수 선언 앞에 붙이면 정적 변수로 선언된다. 전역 변수도 정적 변수로 볼 수 있다.

① 장점

프로그램 실행 중 기억장소 위치가 변하지 않으면 바로 접근 가능하고 할당과 반납이 필요 없기 때문에 실행시간이 단축된다.

② 단점

변수 위치가 메모리상에 고정되어 있기 때문에 순환 프로시저 작성이 불가능하고 변수들 간에 기억장소를 공유할 수 없어서 기억장소 관리가 비효율적이다.

(2) 스택 변수(stack variable) 중요 ★

스택 변수는 함수 내에 선언된 지역 변수들을 위한 공간이다. 지역 변수는 필요한 공간의 크기를 컴파일할 때 확정하고, 함수를 호출할 때 그에 해당하는 지역 변수를 위한 공간을 확보하며 해당 함수의 실행이 끝나게 되면 지역 변수의 공간을 자동으로 해제한다.

① 장점

기억장소를 빠르게 접근할 수 있고, 변수는 명시적으로 할당 해제할 필요가 없고, 블록 범위 내에서는 단 하나의 이름만 존재해야 하므로 함수(또는 블록)마다 같은 이름의 변수로 선언하여 사용할 수 있다. 순환 프로시저 작성이 가능하다.

② 단점

실행 시 기억장소를 관리하기 위한 시간이 필요하고, 스택지역에 변수를 할당함으로 인한 POP, PUSH 연산이 필요하여 연산 처리시간이 소요된다. 다른 함수에서 특정 함수의 변수로 접근할 때 까다롭다.

(3) 명시적 힙(heap) 변수 중요 ★

프로그래머가 필요에 따라 명령어를 써서 생성, 소멸시키고 메모리의 힙 영역에 할당된다. 동적 메모리 변수를 사용하려면 포인터를 사용하여 접근한다. C 언어는 malloc(), free() 함수를 사용하여 메모리를 할당 및 소멸시키고, C++, Pascal, Ada 언어는 new, delete 명령어를 사용하여 메모리를 할당 및 소멸 시킨다.

① 장점

동적 자료구조에 적합하고 트리구조, 리스트구조에 유용하다. 메모리 크기에 제한 없고, 메모리 공간을 효율적으로 사용할 수 있다.

② 단점

포인터의 직접적인 컨트롤로 인해 예외처리가 확실하지 않을 경우 예상치 못한 문제가 많이 발생한다.

(4) 묵시적 힙(heap) 변수 중요 ★

변수에 값이 부여될 때 힙(heap)의 기억장소가 할당되며 APL, Perl에서 지원한다.

① 장점

프로그램의 융통성이 증가한다.

② 단점

동적 속성 처리를 위한 실행시간이 증가하고, 컴파일러의 오류처리능력이 저하된다.

안심Touch

제 6 장 참조 환경(referencing environment)

문장의 참조 환경(referencing environment)은 프로그램에서 명령문에 접근할 수 있는 식별자(변수 이름, 프로시저 이름, 레이블 이름)들의 집합에 대한 정보이다.

(1) 정적 범위 규칙 언어의 참조 환경 중요 ★

① **지역 변수** : 현재 블록에서 선언된 변수, 형식 매개변수
② **비지역 변수** : 현재 블록에서 사용되나 바깥 블록에서 선언된 변수
③ **전역 변수** : 모든 블록에서 사용 가능한 변수

(2) 동적 범위 규칙 언어의 참조 환경 중요 ★

① 식별자의 영역이 실행시간에 확정
② 식별자의 사용 영역이 프로그램의 실행 순서에 의해 결정
③ 인터프리터 언어에서 주로 사용

(3) Algol 중요 ★

① **own 변수** : 정적 할당
② **own 이외의 변수** : 동적 할당(recursion 허용)
③ 변수의 크기가 실행 시, 할당 후 고정

(4) PL/I의 변수 선언(명시적) 중요 ★

① **STATIC** : 정적 할당
② **AUTOMATIC** : 동적 할당(스택 기반)
③ **CONTROLLED** : 동적 할당(힙 기반) – ALLOCATE, FREE

(5) C, C++, Java 중요 ★

① **static** : 정적 할당
② **auto** : 동적 할당(스택 기반), default임
③ **힙 기억장소 할당** : C(malloc, free), C++(new delete), Java(new)

더 알아두기

- 자유 변수(free variable) : 현재 블록에서 선언되지 않고 사용되는 변수
- 영역 구멍(hole-in-scope) : 내포된 블록 사이에 동일 지역 변수를 선언하면, 바깥 블록의 지역 변수는 내부 블록 구간에서 사용할 수 없는 현상
- 정적 할당만을 사용하는 프로그램 : Fortran 77, Cobol, BASIC
- 스택을 사용하는 프로그램 : Algol, Pascal, C, PL/I, Ada, Java
- 힙을 사용하는 프로그램 : LISP
- 인터프리터 언어(동적할당) : APL, LISP, Snobol4, Prolog, Smalltalk, BASIC, Python
- 정적 할당과 동적할당 겸용하는 프로그램 : PL/I, Algol, C, C++, Java

제 7 장

기호 상수

기호 상수(Symbolic constants)는 프로그램 전반에 걸쳐 고정된 값을 가지는 식별자로, 변수와는 달리 값이 변경될 수 없다. 기호 상수를 사용하면 판독성과 프로그램의 신뢰성을 증진시킬 수 있는데, 먼저 판독성을 향상시키는 예를 살펴보자.

다음 C 언어 예에서는 상수 3.141592를 사용하고 있다.

```
area = 5 * 5 * 3.141592;
```

3.14159 대신에 기호 상수 PI를 사용하여 다음과 같이 나타내면 판독성이 향상된다.

```
const double PI = 3.141592;
area = 5 * 5 * pi;
```

다음으로 프로그램의 신뢰성을 향상시키는 예를 살펴보자.

다음 C 언어 예에서는 학생 수를 의미하는 상수 100이 배열 첨자, for 문 등 여러 곳에서 사용되고 있다. 만약 학생 수가 200으로 변경되면 학생 수를 의미하는 100을 모두 200으로 변경해야 한다. 그러나 이는 불편한 작업이고, 또한 학생 수를 의미하지 않는 100을 200으로 변경하는 실수를 범할 수도 있다.

```
int score[100];
int sum=0;
double average;
        ⋮
for (i=0; i<100; i++) {
        ⋮
}
average = sum / 100;
```

이러한 경우 학생 수를 의미하는 상수 100 대신에 기호 상수 NUMBER를 사용하여 다음과 같이 나타내면 이러한 불편함이 해소되어 프로그램의 신뢰성을 높일 수 있다.

```
const int NUMBER = 100;
int sum=0;
double average;
int score[NUMBER];
        ⋮
for (i=0; i<NUMBER; i++) {
        ⋮
}
average = sum / NUMBER;
```

학생 수가 200으로 변경되더라도 기호 상수를 선언하는 문장만 수정하면 된다.

```
const int NUMBER = 200;
```

Ada는 다음과 같이 constant를 사용하여 기호 상수를 선언한다.

```
constant integer := 100;
```

Java는 다음과 같이 final을 사용하여 기호 상수를 선언한다.

```
final int number = 100;
```

C 언어와는 달리 Ada, C++, Java는 기호 상수에 값을 동적으로 바인딩하는 것을 허용한다. 예를 들어, 다음 선언문은 C 언어에서는 불가능하지만 C++에서는 가능하다.

```
const int current = (int) time (0);
```

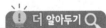 더 알아두기

기호 상수의 장점
① 프로그램 가독성이 높아진다.
② 값을 쉽게 변경할 수 있다.

제 **1** 장 **변수**

01 L-value는 = 할당 연산자의 좌변을
뜻하며 데이터를 보관할 기억장소를
지정한다.

01 다음 중 L-value를 갖지 <u>못하는</u> 것은?

① 상수 100.2
② pointer y
③ 변수 X
④ 배열 Z(i)

02 연산자는 원하는 연산 수행을 하고
수행 결과를 반환한다.

02 다음 중 변수의 속성이 <u>아닌</u> 것은?

① 이름
② 주소
③ 연산자
④ 크기

03 번역시간에 결정되는 내용은 변수의
자료형과 크기 및 값 산술식 계산 등
이다.

03 다음 중 프로그램 번역시간에 결정되는 내용이 <u>아닌</u> 것은?

① 변수의 데이터형과 차지하는 기억장소의 크기가 결정된다.
② 변수의 초기화에 의해서 변수가 가지고 있는 실제 값이 결정
된다.
③ 기억장소에서 지역 변수의 위치가 결정된다.
④ 연산자의 수행 내용이 결정된다.

정답 01 ① 02 ③ 03 ③

04 비지역 변수를 참조하기 위한 고려사항이 <u>아닌</u> 것은?

① 활성 레코드
② 디스플레이 1차원 가변 배열
③ 정적 링크
④ 동적 링크

05 자바에서의 변수에 대한 설명으로 틀린 것은?

① 변수는 하나의 값만 저장할 수 있다.
② 변수는 선언 시에 사용한 타입의 값만 저장할 수 있다.
③ 변수는 변수가 선언된 블록({ }) 안에서만 사용 가능하다.
④ 변수는 초기값이 저장되지 않은 상태에서 읽을 수 있다.

04 비지역 변수 참조 방법
• 정적 체인 사용 기법 : 모든 활성화 레코드의 정적 링크를 할당, 비지역 변수에 대한 참조 시 정적 체인을 따라 검색해서 먼저 발견된 변수를 참조
• 디스플레이 사용 기법 : 비지역 변수들의 자료값에 대한 참조 시간을 줄이기 위한 구현 기법

05 변수는 ① 하나의 값만 저장, ② 선언한 타입의 값만 저장, ③ 선언된 블록에서만 사용가능하다.

✔ **주관식 문제**

01 변수의 구성요소 4가지를 기술하시오.

01
정답 변수명, 자료 속성들의 집합, 주소, 자료값

해설 변수란 데이터를 저장하거나 나중에 사용할 수 있도록 메모리에 추상화하는 것으로 변수 이름, 자료 속성들의 집합, 주소 그리고 자료값 4가지 요소로 구성된다.

정답 04 ④   05 ④

안심Touch

01 선언문은 실행 시 사용될 자료 속성을 해당 컴파일러에게 전달해주는 프로그램 문장으로, 주기억장치 사용과 접근방법의 효율성, 주기억장치 관리의 효율성, 정적 형 검사를 목적으로 한다.

02 • 정적 링크 : 작성된 프로그램의 정적 내포 관계에 있는 활성화 레코드를 가리키는 포인터
• 정적 체인 : 현재 활성화 레코드로부터 연결된 정적 링크의 순서

03 순서제어 구조는 언어 정의 시간에 결정되고, 언어 정의 시간에 바인딩을 최소화하면 효율적이고 호환적인 바인딩이 된다.

제 2 장 바인딩

01 선언문(Declaration)은 바인딩을 발생시키는 데 있어 중요한 도구이다. 즉, 프로그램 실행 시 사용할 자료의 속성을 해당 언어의 번역기(Compiler)에게 알려주는 역할을 한다. 다음 중 프로그래밍 언어에서 선언문의 사용 목적에 부합하지 <u>않는</u> 것은?

① 실행 속도를 향상시키기 위해
② 주기억장치 접근방법의 효율성 제고를 위해
③ 주기억장치 사용효율을 높이기 위해
④ 정적 형 검사를 위해

02 정적 체인방법에서 활성화 레코드(activation record)의 정적 링크(static link)는 무엇을 나타내는가?

① 호출 프로시저의 활성화 레코드에 대한 포인터
② 정적 내포 관계상 바로 위쪽 프로시저의 활성화 레코드에 대한 포인터
③ 히프(heap)에 할당된 변수에 대한 포인터
④ 스택(stack)에 위치한 포인터

03 다음 중 바인딩에 대한 설명으로 옳은 것은?

① 프로그램 언어 정의 시간에 발생하는 바인딩을 최소화하면 기계에 종속적인 프로그램 언어가 된다.
② 프로그램 언어 정의 시간에 발생하는 바인딩을 최소화하면 그 프로그램 언어는 호환성이 떨어지게 된다.
③ 프로그램 언어에 사용할 수 있는 순서제어의 구조는 프로그램 구현 시간에 의해 결정된다.
④ 프로그램 언어 정의 시간에 발생하는 바인딩은 최소화하는 것이 좋다.

정답 01① 02② 03④

04 다음 중 바인딩(Binding)과 관계가 <u>없는</u> 것은?

① 변수의 정수형
② 변수의 자료표현
③ 변수의 이름 변경
④ 변수에 대한 기억장소 할당

04 바인딩이란 변수, 배열, 절차 등의 명칭, 식별자와 그 값을 연결시키는 것을 의미한다.

05 다음 중 Binding이 되는 시기는 언제인가?

① Compile 시간
② Load 시간
③ Linkage Edit 시간
④ Retry 시간

05 바인딩 시간은 정적 바인딩과 동적 바인딩으로 구분된다.
• 정적 바인딩 : 번역 시간(컴파일 언어)
• 동적 바인딩 : 실행 시간(인터프리터 언어)

06 다음 중 바인딩과 관련해 옳게 서술된 것은?

① 번역 시간 바인딩을 위주로 하는 프로그램 언어로 작성된 프로그램은 실행 시간 바인딩을 위주로 하는 프로그램 언어로 작성된 프로그램보다 실행 효율이 나쁘다.
② 실행 시간 바인딩을 위주로 하는 프로그램 언어는 번역 시간 바인딩을 위주로 하는 프로그램 언어보다 유연성이 나쁘다.
③ 프로그램의 효율적 실행을 목표로 하는 프로그램 언어는 바인딩을 주로 번역 시간에 수행한다.
④ 하나의 프로그램 언어가 프로그램 언어의 효율성과 유연성을 동시에 갖추기 쉽다.

06 정적 바인딩하는 프로그램은 동적 바인딩보다 프로그램을 효율적으로 실행하는 것이다.

정답 04 ③   05 ①   06 ③

07 정적 바인딩 시간의 종류에는 언어 정의 시간, 언어 구현 시간, 컴파일 시간, 링크 시간, 로드 시간이 있다.

07 다음 중 정적 바인딩이 이루어지는 시간이 <u>아닌</u> 것은?

① 언어 정의 시간

② 언어 구현 시간

③ 링크 시간

④ 프로그램 호출 시간

 주관식 문제

01

정답 바인딩이란 자료 객체가 가질 수 있는 여러 가지 속성 중에서 필요한 속성을 결정하여 부여해 주는 것을 의미한다. 바인딩 시간이란 그러한 바인딩이 이루어지는 시점을 말하는 것으로, 실행시간에 일어나는 바인딩, 프로그램 번역시간에 일어나는 바인딩, 언어를 정의하고 설계할 때 발생하는 바인딩, 정의된 언어를 각 기계에서 사용할 수 있도록 구현하는 과정에서 발생하는 바인딩 등이 있다.

01 바인딩(binding)의 정의와 바인딩 시간(binding time)에 대해서 설명하시오.

정답 07 ④

제 3 장 선언, 블록, 영역

01 프로그램 언어에서는 형을 선언함으로써 여러 가지 장점이 있다. 다음 중 형 선언의 장점이 <u>아닌</u> 것은?

① 형의 변환시간이 적게 든다.
② 좀 더 다양한 자료구조의 표현이 가능하다.
③ 프로그램이 실행하는 동안 좀 더 효율적인 주기억장치의 관리가 가능하다.
④ 정적 형 검사(Static Type Checking)가 가능하다.

02 범위 규칙(Scope Rule)에 대한 설명으로 옳은 것은?

① SNOBOL 언어는 정적 범위 규칙을 적용한다.
② 같은 블록 내에서 같은 변수가 여러 번 선언될 수 있다.
③ 변수나 상수들이 유용하게 정의되는 범위를 결정하는 법칙이다.
④ 선언된 모든 변수는 어느 블록에서나 접근이 가능하다.

03 블록구조를 통한 영역 개념을 사용하는 이유로서 적합하지 <u>않은</u> 것은?

① 프로그램 구성을 단계적으로 세분화할 수 있다.
② 운영체제에서 페이징 기법을 사용할 때 큰 작업공간이 요구된다.
③ 프로그램의 지역성을 높여준다.
④ 연산 시 묵시적 매개 변수들을 사용할 수 있어 효율적이다.

04 선언문을 전혀 사용하지 <u>않는</u> 언어는?

① LISP
② COBOL
③ C
④ FORTRAN

---

01 자료형 선언 시 사용될 자료 속성을 해당 컴파일러에게 전달해주고 주기억장치 사용과 접근방법의 효율성, 주기억장치 관리의 효율성, 정적 형 검사를 한다.

02 범위의 규칙 정의는 변수가 유효하게 정의되는 범위를 정하는 것으로 정적 영역 규칙과 동적 영역 규칙이 있다.
- 정적 영역 규칙(Static Scope Rule)
  (i) 지역 변수 – 현재 블록에서 선언된 변수, 함수의 형식 매개변수
  (ii) 비지역 변수 – 현재 블록에서 사용되나 바깥 블록에서 선언된 변수
  (iii) 전역 변수 – 모든 블록에서 사용 가능한 변수
- 동적 영역 규칙(Dynamic Scope Rule)
  (i) 식별자의 영역이 실행시간에 확정
  (ii) 식별자의 사용 영역이 컴파일러가 아닌, 프로그램의 실행 순서에 의해 결정
  (iii) 인터프리터 언어에서 주로 사용

03 블록 구조를 통한 영역의 개념의 장점
  (i) 변수를 사용할 프로그램 근처에 선언하기 때문에 지역성(locality)을 높여준다.
  (ii) 지역성은 크기가 작은 기억장소를 요구하므로 페이지 기법을 사용하는 경우 작은 작업공간이 요구된다.
  (iii) 표준 패키지를 사용자 프로그램에 결합시켜 하나의 프로그램을 만들기 쉽다.
  (iv) 프로그램의 구성을 단계적으로 세분화하는데 도움이 된다.

04 선언문을 사용하지 않는 언어들 : APL, LISP, SNOBOL, JavaScript, PHP 등

정답 01 ① 02 ③ 03 ② 04 ①

제 4 장 동적 바인딩

01
- 정적 바인딩 : 실행의 효율성이 좋으나 융통성이 없다.
- 동적 바인딩 : 실행의 효율성이 부족하나 융통성이 있다.

01 바인딩에 관한 설명으로 옳지 <u>않은</u> 것은?

① 프로그램을 실행할 때 메모리의 절대 주소(absolute address)는 로더(Loader)에 의해 바인딩된다.

② 바인딩이 발생하는 시점에 따라 실행시간, 번역시간, 로드시간, 언어의 구현시간, 언어의 정의시간 등으로 구분할 수 있다.

③ 동적 바인딩이 정적 바인딩에 비해 융통성(flexibility)은 떨어지지만 효율성(efficiency) 측면에서 더 낫다.

④ 컴파일 시간에 변수 이름은 자신의 타입(type)과 바인딩된다.

02
- 정적 바인딩 : 실행의 효율성이 좋고, 번역 시간에 바인딩된다.
- 동적 바인딩 : 실행의 융통성이 있고, 실행 시간에 바인딩된다.

02 동적 바인딩에 대한 설명으로 옳은 것은?

① 실행 중에 일어난다.

② 융통성이 없다.

③ 전역 변수가 해당된다.

④ FORTRAN에서 사용되는 모든 변수에 해당된다.

03 정적 바인딩 시간의 종류에는 언어 정의 시간, 언어 구현 시간, 컴파일 시간, 링크 시간, 로드 시간이 있다.
동적 바인딩 시간은 실행 시간(Run-Time) 중에 일어나거나 프로그램 실행 과정에서 변경되는 것이다.

03 다음 중 동적 바인딩에 해당하지 <u>않는</u> 것은?

① 프로그램 호출 시간

② 언어 정의 시간

③ 실행 시간 중 객체 사용 시점

④ 모듈의 기동 시간

정답 01 ③ 02 ① 03 ②

✓ 주관식 문제

01   정적 바인딩과 동적 바인딩의 차이점은 무엇인가?

01

정답 정적 바인딩은 컴파일 시간에 바인
딩되고, 동적 바인딩은 실행 시간에
바인딩된다.

checkpoint 해설 & 정답

제 5 장 기억장소와 생명 시간(lifetime)

01 APL, SNOBOL, LISP는 인터프리터 방식의 언어이므로 실행 시 바인딩 된다.

01 APL, SNOBOL, LISP에서의 식별자의 기억장소 할당과 관련 있는 것은?

① 적재 시간
② 실행 시간
③ 컴파일 시간
④ Linkage 시간

02 재귀함수는 동일한 함수를 호출될 때마다 메모리가 계속 임시저장 메 모리인 스택에 할당된다.
메모리 공간에는 4가지 영역이 존재 한다.
• 정적 할당 영역 : 코드(code) 영역, 데이터(data) 영역
• 동적 할당 영역 : 스택(stack) 영역, 힙(heap) 영역

02 기억장소 관리에 대한 설명으로 옳지 **않은** 것은?

① 포트란 같은 언어는 프로그램을 로딩할 때 기억장소를 배정한다.
② 되부름(Recursive Call)을 위해서는 정적 배정이 좋다.
③ 포트란 프로그램은 컴파일할 때 변수의 저장 장소를 배정한다.
④ 파스칼 프로그램은 블록이 실행될 때 기억장소를 배정한다.

03 • 명칭 동일성 : 형의 이름이 동일하 여야 동일한 유형으로 간주
• 구조 동일성 : 자료의 구성요소가 같으면 동일한 유형으로 간주
• 선언 동일성 : 재선언에 의해 원래 의 선언과 동일한 구조로 되는 형

03 데이터를 위한 기억장소의 구성을 기준으로 데이터형의 동일성 을 규정한 것을 무엇이라 하는가?

① 선언 동일성
② 구조 동일성
③ 의미 동일성
④ 명칭 동일성

✓ **주관식 문제**

01
정답 변수의 생명 시간(lifetime)은 변수 의 값과 기억장소가 바인딩되어 있 는 시간이다.

01 변수의 lifetime이란 무엇인가?

정답 01 ② 02 ② 03 ②

제6장 참조 환경(referencing environment)

01 다음 중 참조 타입에 대한 설명으로 옳지 <u>않은</u> 것은?

① 참조 타입에는 배열, 열거, 클래스, 인터페이스가 있다.
② 참조 타입 변수의 메모리 생성 위치는 스택이다.
③ 참조 타입에서 ==, != 연산자는 객체 번지를 비교한다.
④ 참조 타입은 null 값으로 초기화할 수 없다.

> **01** 참조 타입은 null 값으로 초기화할 수 있다. null 값은 힙 영역의 객체를 참조하지 않는다는 뜻이다.

02 자바에서 메모리 사용에 대한 설명으로 틀린 것은?

① 로컬 변수는 스택 영역에 생성되며 실행 블록이 끝나면 소멸된다.
② 메소드 코드나 상수, 열거 상수는 정적(메소드) 영역에 생성된다.
③ 참조되지 않는 객체는 프로그램에서 직접 소멸 코드를 작성하는 것이 좋다.
④ 배열 및 객체는 힙 영역에서 생성된다.

> **02** 자바는 객체에 대한 소멸 권한을 주지 않는다. 참조되지 않는 객체는 Garbage Collector에서 자동으로 제거한다.

03 String 타입에 대한 설명으로 틀린 것은?

① String은 클래스이므로 참조 타입이다.
② String 타입의 문자열 비교는 ==을 사용해야 한다.
③ 동일한 문자열 리터럴을 저장하는 변수는 동일한 String 객체를 참조한다.
④ new String("문자열")은 문자열이 동일하더라도 다른 String 객체를 생성한다.

> **03** String 타입의 문자열 비교는 .equals()를 사용해야 한다. 문자열은 동일하더라도 객체가 다른 경우가 있기 때문이다.

> **정답** 01④ 02③ 03②

안심Touch

checkpoint 해설 & 정답

04 boolean 타입 배열의 초기값은 false이다.

04 배열의 기본 초기값에 대한 설명으로 틀린 것은?

① 정수 타입 배열 항목의 기본 초기값은 0이다.
② 실수 타입 배열 항목의 기본 초기값은 0.0f 또는 0.0이다.
③ boolean 타입 배열 항목의 기본 초기값은 true이다.
④ 참조 타입 배열 항목의 기본 초기값은 null이다.

주관식 문제

01

[정답] 전역 변수

[해설] 정적 범위 규칙 언어의 참조 환경
① 지역 변수 : 현재 블록에서 선언된 변수, 형식 매개변수
② 비지역 변수 : 현재 블록에서 사용되나 바깥 블록에서 선언된 변수
③ 전역 변수 : 모든 블록에서 사용 가능한 변수

01 모든 블록에서 사용 가능한 변수를 가리키는 용어는 무엇인지 쓰시오.

[정답] 04 ③

제 7 장 기호 상수

01 final 키워드에 대한 설명으로 옳지 <u>않은</u> 것은?

① final 클래스는 부모 클래스로 사용할 수 있다.
② final 필드는 값이 저장된 후에는 변경할 수 없다.
③ final 메소드는 재정의(오버라이딩)를 할 수 없다.
④ static final 필드는 상수를 말한다.

> **01** 클래스를 선언할 때 final 키워드를 class 앞에 붙이게 되면 이 클래스는 최종적인 클래스이므로 상속할 수 없는 클래스가 된다.

02 final 필드와 상수(static final)에 대한 설명으로 <u>틀린</u> 것은?

① final 필드와 상수는 초기값이 저장되면 값을 변경할 수 없다.
② final 필드와 상수는 생성자에서 초기화될 수 있다.
③ 상수의 이름은 대문자로 작성하는 것이 관례이다.
④ 상수는 객체 생성 없이 클래스를 통해 사용할 수 있다.

> **02** 상수는 static final 필드이기 때문에 상수 정적 블록에서 초기화를 준다. 생성자에서 초기화할 수 없다.

03 C 언어 기호 상수의 장점 및 사용법이 <u>아닌</u> 것은?

① 소스 코드의 가독성을 높이는 역할을 한다.
② 소스 코드의 수정이 용이하다.
③ #define 지시자를 이용하여 기호 상수를 정의한다.
④ #include 지시자를 이용하여 기호 상수를 정의한다.

> **03** 기호 상수의 장점은 프로그램의 가독성을 높이고, 데이터 수정이 용이하다는 것이다.

✔ 주관식 문제

01 C 언어로 PI 식별자에 3.141592값을 대입하는 문장을 기술하시오.

> **01**
> 정답 #define PI 3.141592,
> const double PI = 3.141592;

정답 01 ① 02 ② 03 ④

여기서 멈출 거예요? 근지가 바로 눈앞에 있어요.
마지막 한 걸음까지 SD에듀가 함께할게요!

제4편

자료형

단원 개요

자료형은 자료의 한 속성으로써 컴퓨터와 프로그래머에게 어떤 종류의 자료를 다루고 있는지 알려주며 기본 자료형들과 구조적 자료형들이 있다. 특별한 목적의 작업을 수행하기 위해 독립적으로 설계된 코드의 집합인 함수, 실행 중에 발생 가능한 타입 오류를 미리 검사하는 타입 검사와 서로 다른 자료형 연산식에서 자동으로 형 변환되는 묵시적 형 변환과 명시적 형 변환을 알아본다.

출제 경향 및 수험 대책

언어별 기본 자료형, 구조적인 자료형 선언과 사용방법을 이해하고, 함수의 정의와 함수 호출하는 방법과 실행 중에 발생 가능한 타입 오류를 검사하는 타입 검사, 포인터의 개념과 포인터의 장단점을 잘 이해할 수 있게 학습한다.

혼자 공부하기 힘드시다면 방법이 있습니다.
SD에듀의 동영상강의를 이용하시면 됩니다.
www.sdedu.co.kr ➔ 회원가입(로그인) ➔ 강의 살펴보기

제 1 장 자료형 및 형 정보

프로그래머는 다양한 자료형을 사용할 수 있다. 모든 언어가 지원하는 공통적인 기본 자료형들(정수, 실수, 부울값, 문자 등)이 있으며 또한 몇몇 구조적 자료형들(포인터, 배열, 구조체, 함수 등)이 존재한다. 자료형은 선언된 타입의 변수가 가질 수 있는 값들의 집합과 그 값들에 대한 연산의 집합이다. 따라서 int형 타입의 변수 x가 가질 수 있는 값은 $-2,147,483,648 \sim +2,147,483,647$까지이고, 정수들의 집합과 float형 타입의 변수 f가 가질 수 있는 값은 $-3.4 \times 10^{38} \sim +3.4 \times 10^{38}$까지이며, 실수들의 집합들은 이에 대한 $+$, $-$, $*$, $/$, $\%$ 등의 연산을 할 수 있다.

부울(boolean) 자료형은 true와 false의 두 가지 값과 이에 대한 논리연산(and, or, not)을 가진다.

흔히 컴퓨터의 자료형은 값을 저장하기 위한 메모리의 크기가 고정되어 있기 때문에 표현 가능한 값의 범위가 유한하다. 이것은 특히 숫자 자료형에서 문제가 될 수 있다. 그러나 예외도 있는데, Smalltalk는 기본적으로 무한한 분수를 표현할 수 있으며 Haskell의 Integer 자료형은 정수를 표현하는 범위가 무한하므로 산술 계산을 더욱 정확하게 나타낼 수 있도록 해준다. Java도 비슷한 요소를 가지고 있으며, BigInteger 클래스가 이를 구현하고 있다.

그러나 일반적으로 정수 하나를 저장하기 위하여 고정된 크기의 메모리를 사용하므로 산술 연산은 유효한 범위를 벗어나는 값을 계산할 수 없다. 고정된 크기의 정수를 가지고 10^{20}을 계산하면 반환값은 64비트 정수의 한계를 벗어난다.

제 2 장

기본 자료형

프로그래밍 언어의 기본 타입은 흔히 현재 컴퓨터들에서 사용 가능한 데이터 타입과 일치한다. [표 4-1]은 C, Ada, Java에서 사용 가능한 기본 타입을 정리하고 있다.

[표 4-1] C, Ada, Java의 기본 타입

자료형	C	Ada	Java
바이트			byte
정수	short, int, long	integer	short, int, long
실수	float, double	float, decimal	float, double
문자	char	character	char
부울		boolean	boolean

예를 들어 Java에서 바이트는 명시적인 하나의 타입으로 사용되며 Java의 byte 타입은 $2^8 = 256$개의 서로 다른 2진값을 표현할 수 있다. Java의 short 값은 2바이트, int 값은 4바이트, long 값은 8바이트의 메모리 공간을 사용한다.

대부분의 프로그래밍 언어에서 실수는 요구되는 값의 정밀도나 범위에 따라 단정도(single precieion) 또는 배정도(double precision) 형식(C의 경우 float double)의 부동 소수점 실수값으로 표현된다. 현재의 32비트 컴퓨터에서 float 값은 4바이트 메모리를 사용하며, double은 8바이트 메모리를 사용한다.

IEEE 형식의 부동 소수점 값은 소수점 왼쪽에 하나의 0이 아닌 숫자를 가진 이진수와 적절한 2의 지수승 지수값의 곱으로 표현되는 과학 표기법을 사용한다.

예를 들어 10진수 123.45는 10진수 과학 표기법은 1.2345×10^2이다. 컴퓨터는 숫자 표현을 위하여 10진수가 아닌 2진수를 사용하나, 똑같은 원칙을 따른다. 계산 시에 실수는 소수점 왼쪽에 하나의 1을 가진 2진 실수값과 적절한 2의 지수승 값으로 저장된다. 이전의 기계들은 IEEE 형식을 따르지는 않았지만, 역시 과학 표기법의 형태를 사용하였다.

10진 실수 3.375를 이진 과학 표기법으로 표현하는 문제를 보자. 2진수로의 변환은 정수 부분과 분수 부분을 나누어서 각각을 따로 수행한다. 3.375의 정수 부분은 3으로 2진수 11_2가 된다. 분수 부분인 0.375는 $0.375 = 0.25 + 0.125 = 2^{-2} + 2^{-3} = 0.011_2$이므로 0.011_2가 된다.

따라서 3.375의 과학 표기법은 다음과 같다.

$$3.375_{10} = 11.011_2 = 1.1011_2 \times 2^1$$

1980년 이후의 컴퓨터들은 부동 소수점 값을 표현하기 위하여 IEEE 754 표준을 사용한다. 이 표준은 [그림 4-1]과 같이 요약된다.

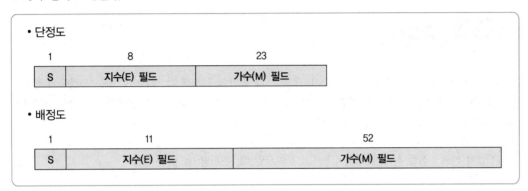

[그림 4-1] IEEE 745 부동 소수점 수 표현

부호(sign)는 양수와 음수를 판단하는 방법으로, 왼쪽 비트를 MSB(Most Significant Bit)라고 하는데, 이 비트를 보고 0이면 양수, 1이면 음수로 판단한다.

제 3 장

집합 및 함수, 포인터

제 1 절 곱집합 중요 ★

곱집합(product set) 또는 데카르트(Descartes) 곱은 각 집합의 원소를 각 성분으로 하는 튜플들의 집합이다. 예를 들어, 두 집합 A, B의 곱집합 $A \times B$는 $\{(a,b) \mid a \in A \land b \in B\}$ 이다. 곱집합은 집합의 다양체에서의 직접곱이며, 집합의 범주에서의 곱이다.

> 곱집합의 정의 : 집합 A, B에 대하여 $a \in A$, $b \in B$일 때, 순서쌍 (a, b)의 집합
> $A \times B = \{(a, b) \mid a \in A \land b \in B\}$
> $\mid A \times B \mid = \mid A \mid \bullet \mid B \mid$

📋 예제 4-1

집합 A, B가 각각 A = {1, 2}, B = {a, b, c}일 때, $A \times B$와 그 기수, $B \times A$와 그 기수를 구하시오.

[풀이]
곱집합 $A \times B = \{(1,a), (1,b), (1,c), (2,a), (2,b), (2,c)\}$ 이고,
기수는 $\mid A \mid = 2$, $\mid B \mid = 3$ $\therefore \mid A \times B \mid = \mid A \mid \bullet \mid B \mid = 2 \times 3 = 6$

곱집합 $B \times A = \{(a,1), (a,2), (b,1), (b,2), (c,1), (c,2)\}$ 이고,
기수는 $\mid B \mid = 3$, $\mid A \mid = 2$ $\therefore \mid B \times A \mid = \mid B \mid \bullet \mid A \mid = 3 \times 2 = 6$

📄 예제 4-2

A = {x, y}, B = {1, 2, 3}, 그리고 C = {a, b}라 할 경우 다음 질문에 답하시오.
(1) A × B를 구하시오.
(2) (A × B) × C를 구하시오.
(3) A × B × C를 구하시오.

[풀이]
(1) A × B = {(x, 1), (x, 2), (x, 3), (y, 1), (y, 2), (y, 3)}

(2) A와 B의 데카르트 곱은 하나의 집합이다. 그래서 그것이 다른 데카르트 곱으로 만드는 집합들 중의 하나로 사용될 수 있다. 이것은 (A × B) × C에 대한 경우다. (A × B) × C는 한 원소 자체가 순서쌍이다.
   (A × B) × C = {(u, v) | u ∈ A × B and v ∈ C}
   데카르트 곱의 정의에 의해
   = {((x, 1), a), ((x, 1), b), ((x, 2), a), ((x, 2), b), ((x, 3), a), ((x, 3), b), ((y, 1), a),
   ((y, 1), b), ((y, 2), a), (y, 2), b), ((y, 3), a), ((y, 3), b)}

(3) A × B × C는 3-순서짝들의 집합이다.
   A × B × C = {(u, v,w) | u ∈ A, v ∈ B, and w ∈ C}
   데카르트 곱의 정의에 의해
   = {(x, 1, a), (x, 1, b), (x, 2, a), (x, 2, b), (x, 3, a), (x, 3, b), (y, 1, a), (y, 1, b),
   (y, 2, a), (y, 2, b), (y, 3, a), (y, 3, b)}.

제 2 절 합집합 중요 ★

두 집합 A, B의 합집합 A∪B는, A에 속하거나 B에 속하는 원소들로 이루어진 집합이다.

정의 : $A \cup B = \{x \mid x \in A \vee x \in B\}$ 여기서 '∨'는 '또는'을 뜻한다.
다른 말로, x가 A∪B에 속할 필요충분조건은 'x∈A 또는 x∈B'라 할 수 있다.

📋 예제 4-3

집합 A, B, C를 보고 다음 물음에 답하시오.

A = {a, b, c}, B = {e, f, g, h}, C = {c, d, e}

(1) A∪B
(2) A∪C
(3) A∪B∪C

[풀이]

(1) A∪B는 집합 A에만 속하거나, 집합 B에만 속하거나, 집합 A, B 모두에 속하는 원소들로 구성되는데 집합 A와 집합 B 사이에 중복되는 원소는 없다.
∴ $A \cup B = \{a,\ b,\ c,\ d,\ e,\ f,\ g,\ h\}$ 이다.

(2) A∪C는 집합 A에만 속하거나, 집합 C에만 속하거나, 집합 A, C 모두에 속하는 원소들로 구성되는데 집합 A와 집합 C 사이에 중복되는 원소(c, d)는 한 번만 쓴다.
∴ $A \cup C = \{a,\ b,\ c,\ d,\ e\}$ 이다.

(3) A∪B∪C는 집합 A, B, C 각각에 속하는 모든 원소들로 구성된다. 단, 중복되는 원소(c, d, e)는 한 번만 쓴다.
∴ $A \cup B \cup C = \{a,\ b,\ c,\ d,\ e,\ f,\ g,\ h\}$ 이다.

제 **3** 절   **멱집합** 중요 ★

멱집합(power set)은 주어진 집합의 모든 부분집합들로 구성된 집합이다.
공집합(ϕ)은 모든 부분집합($\phi \subseteq A$)이고, 집합 자기 자신도 부분집합($A \subseteq A$)이어서 멱집합의 원소 중에는 공집합(ϕ)과 집합 자기 자신이 포함된다.

정의 : n개의 원소를 갖는 집합 A에 대하여 집합 A의 가능한 모든 부분집합을 원소로 갖는 집합

$P(A) = \{B \mid B \subseteq A\}$
$|P(A)| = 2^n$

공집합의 멱집합은 공집합을 원소로 가지는 한 원소집합이다.

$$P(\phi) = \phi$$

두 원소 {a, b}의 부분집합들은 다음과 같다.

- ϕ
- {a}
- {b}
- {a, b}

따라서 그 멱집합은 $P(\{a,b\}) = \{\phi,\ \{a\},\ \{b\},\ \{a,\ b\}\}$이다.

세 원소 집합 {a, b, c}의 부분집합들은 다음과 같다.

- ϕ
- {a}
- {b}
- {c}
- {a, b}
- {a, c}
- {b, c}
- {a, b, c}

따라서 그 멱집합은
$P(\{a,b,c\}) = \{\phi,\ \{a\},\ \{b\},\ \{c\},\ \{a,\ b\},\ \{a,\ c\},\ \{b,\ c\},\ \{a,\ b,\ c\}\}$이다.

📋 예제 4-4

다음 집합에 대하여 멱집합의 기수를 구하시오.

(1) A = {1, 2, 3}

(2) B = {ϕ, {ϕ}}

[풀이]

(1) 집합 A에 포함된 원소 1, 2, 3에 의해 만들어질 수 있는 부분집합 외에도 공집합(ϕ)과 집합 자체도 부분집합이 된다.

$\therefore P(A) = \{\phi, \{1\}, \{2\}, \{3\}, \{1, 2\}, \{1, 3\}, \{2, 3\}, \{1, 2, 3\}\}$

$|P(A)| = 2^3 = 8$

(2) 집합 B의 경우 공집합(ϕ)과 공집합을 원소로 하는 집합({ϕ})이 집합 B의 원소이다. 집합 간 포함관계 정리에 의해 공집합(ϕ), 공집합을 원소로 갖는 부분집합({ϕ}), 공집합을 원소로 하는 집합{ϕ}을 원소로 갖는 부분집합({{ϕ}}), 그리고 집합 B 자체({ϕ, {ϕ}})가 멱집합 P(B)의 원소가 된다.

$\therefore P(B) = \{\phi, \{\phi\}, \{\{\phi\}\}, \{\phi, \{\phi\}\}\}$

$|P(B)| = 2^2 = 4$

📋 예제 4-5

$2^A = \{X | X \subset A\}$ 라고 정의할 때 옳지 <u>않은</u> 것은?

① $A \in 2^A$

② $\{A\} \subset 2^A$

③ $\{\phi\} \subset 2^A$

④ $\{\phi\} \in 2^A$

[풀이]

$2^A = \{\phi, A, \cdots\}$

$\phi \in 2^A, A \in 2^A, \phi \subset 2^A, \{\phi\} \subset 2^A, \{A\} \subset 2^A$이다.

따라서 ④이 $\{\phi\} \in 2^A$이 아니고 $\{\phi\} \subset 2^A$이다.

제 4 절   함수 중요 ★★

함수(function)란 하나의 특별한 목적의 작업을 수행하기 위해 독립적으로 설계된 코드의 집합으로 정의할 수 있다.

(1) 함수 사용의 장점

① **코드 모듈화** : 함수를 기능별로 작성하여 비슷한 기능들만 모을 수 있다.
② **코드 재사용성** : 작성한 함수는 언제든지 다시 사용할 수 있다.
③ **코드 수정 용이** : 오류나 에러 수정이 쉽다.
④ **코드 간략화** : 반복되고 중복되는 문장을 함수화함으로써 소스코드를 간결하게 한다.
⑤ **코드 논리화** : 코드의 일정 부분을 별도의 논리적 개념으로 독립화할 수 있다.

(2) 함수의 정의

C에서의 사용자 정의 함수는 다음과 같다.

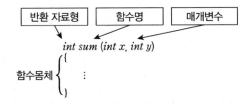

① **반환 자료형(return type)** : 함수가 모든 작업을 마치고 반환하는 데이터 타입을 기술한다.
② **함수명** : 함수를 호출하기 위한 이름을 정의한다.
③ **매개 변수** : 함수 호출 시에 전달되는 인수의 값을 저장할 변수들을 나열한다.
④ **함수 몸체** : 함수의 고유 기능을 수행하는 명령문의 집합이다.

📄 예제 4-6

C에서 매개변수 x, y에 10, 20을 전달하여 두 수의 합을 구하는 결과값을 리턴받는 함수와 호출하는 프로그램을 작성하시오.

[풀이]

```
#include <stdio.h>
int sum(int x, int y);  // sum 함수의 원형 선언
int main()
{
    int x = 10, y = 20, result;
    result = sum(x, y);
    printf("두 수의 합은 : %d \n", result);
}

int sum(int x, int y)
{
    return (x + y);
}
```

〈결과값〉
두 수의 합은 : 30

📄 예제 4-7

C에서 매개변수 x, y에 10, 20을 전달하여 둘 중 최댓값을 구하는 max 함수를 작성하시오.

[풀이]

```
int max(int x, int y) {
    if( x > y)
        return x;
    else
        return y;
}
```

(3) 매개변수

일반적으로 함수 호출에서 사용된 매개변수는 실매개변수(actual parameter) 혹은 인수(argument)라고도 한다. 예를 들어 다음과 같이 max 함수 호출에서 사용된 a, b는 실매개변수 혹은 인수이다.

```
c = max(a,b);        // 함수 호출 인수를 실매개변수 혹은 실인수
```

반면에 다음과 같이 함수 정의에서 사용된 매개변수는 형식 매개변수(formal parameter)라고 한다.

```
int max(int x, int y) {         // 함수 정의 인수를 형식매개변수 혹은 가인수
    if( x > y)
            return x;
    else
            return y;
}
```

예를 들어, 위 max 함수 정의에서 사용된 매개변수 x와 y는 형식 매개변수이다. 함수 호출이 일어나면 인수의 값을 매개변수에 전달하는 것처럼 인수와 매개변수를 서로 대응시키는 것이 필요한데 이러한 것을 매개변수 전달(parameter calling)이라고 한다. 지금까지 고안된 매개변수 전달방법은 여러 가지가 있으며 언어마다 다른 매개변수 전달방법을 채택하고 있다. 매개변수 전달방법은 제5편 제5장에 자세히 설명되어 있다.

제 5 절   재귀함수 중요 ★★

재귀함수는 실행 시간 스택을 이용하여 자연스럽게 구현할 수 있다. 실행 시간 스택에 재귀함수의 각 호출마다 하나의 활성 레코드를 생성하여 실행 중인 함수의 상태를 기록한다. 최근에 대부분 언어(C, C++, Java, Ada)는 재귀함수를 허용할 뿐 아니라, 많은 언어들(Scheme. Haskell, Prolog)이 핵심적인 제어 구조로서 계기 함수를 채용한다. 음이 아닌 정수 n의 계승함수를 계산하는 C++ 재귀함수를 작성해보자.

```
int factorial(int n)
{
   if (n < 2)
     return 1;
   else
    return n * factorial(n-1);
}
```

어떤 함수가 factorial(n)을 호출한다고 가정하자. 여기서 n은 3이다. 그러면 [그림 4-2]의 호출 트리에 나타난 것처럼 재귀 호출로 factorial(2)와 factorial(1)을 계산하고자 할 것이다. 최초의 호출이 변수를 이용하기 때문에 그 값은 키보드로부터 입력될 수도 있는데, 이런 경우에 컴파일러는 주어진 재귀 함수가 얼마나 많은 활성 레코드를 동시에 가지게 될 것인지를 미리 알 수 없다.

해법은 함수를 호출할 때마다 스택에 활성 레코드를 동적으로 할당(push)하고 함수가 복귀할 때마다 스택에서 활성 레코드를 반납하여 제거(pop)하는 것이다.

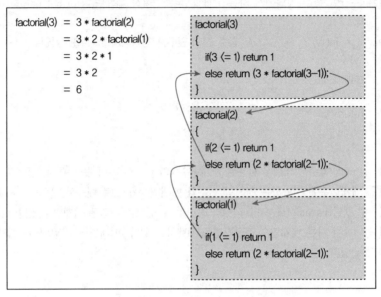

[그림 4-2] factorial(3)에 대한 호출 트리

제 6 절 　 포인터와 포인터 장단점 중요 ★★

포인터는 메모리 주소나 참조를 나타내는 값이다. 포인터를 사용하여 다른 타입들과는 다르게 메모리를 한 단계 간접적으로 참조할 수 있다. 포인터는 C, C++. Ada, Perl 등에서 사용된다. C는 두 개의 포인터 연산을 제공한다. 주소 연산자(단항 연산자 &)는 변수 인수를 받아서 해당 변수의 주소를 돌려주며, 참조 연산자(단항 연산자 *)는 참조할 주소를 받아서 해당 주소에 저장된 값을 반환한다. 포인터의 용도를 설명하기 위하여 C/C++의 Node를 사용하여 정의된 연결 리스트를 살펴보자.

```
struct Node {
    int key;
    struct Node* next;
};
struct Node* head;
```

여기에서 Node는 정수 key와 Node에 대한 포인터 next의 쌍이다. 따라서 Node는 재귀적인 자료구조가 된다. 포인터 head는 리스트 내의 첫 번째 노드를 가리킨다. [그림 4-3]은 연결 리스트의 예를 제시하고 있다.

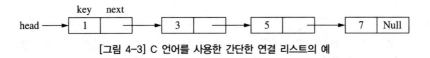

[그림 4-3] C 언어를 사용한 간단한 연결 리스트의 예

포인터를 사용하는 프로그램은 오류를 더 많이 가지는 경향이 있기 때문에 포인터는 신뢰성 있는 소프트웨어 개발을 어렵게 하는 것으로 흔히 간주된다. 특히 몇몇 언어들(예를 들어 C)은 포인터를 사용한 동적 자료구조의 할당과 반환을 프로그래머가 명시적으로 수행하도록 요구하고 있다. 이러한 방식의 동적 메모리 관리(dynamic memory management)는 대부분의 프로그래머들이 수행하지 못할 정도로 복잡하다. 포인터는 C에서 특히 문제를 많이 일으키는데, 이는 배열에 대한 참조와 포인터가 동일한 것으로 간주되기 때문이다. 예를 들어, [그림 4-4]에서 주어진 두 개의 함수는 의미적으로 동일하다.

이렇게 C에서는 배열 첨자 i와 a의 1번째 원소의 포인터 참조 사이에 실제적인 구분이 전혀 없다. 프로그램의 명확성에 있어, 배열 형식의 접근이 포인터 연산보다 오류를 덜 발생시키는 경향이 있기 때문에 더 선호된다.

```
float sum(float a[], int n)
{
    int i;
    float s = 0.0;
    for (i = 0; i < n; i++)
        s += a[i];
}
```

```
float sum(float *a, int n)
{
    int i;
    float s = 0.0;
    for (i = 0; i < n; i++)
        s += *(a+i);
}
```

[그림 4-4] C/C++에서 배열과 포인터의 동등성

⚡ 더 알아두기 Q

포인터의 장·단점

(1) 포인터의 장점
- 메모리 주소를 참조하여 배열과 같은 연속된 데이터에 접근과 조작이 용이하다.
- 동적 할당된 메모리 영역(힙 영역)에 접근과 조작이 용이하다.
- 한 함수에서 다른 함수로 배열이나 문자열을 편리하게 보낼 수 있다.
- 복잡한 자료구조를 효율적으로 처리한다.
- 배열로 생성할 수 없는 데이터를 생성한다.
- 메모리 공간을 효율적으로 사용한다.
- call by reference에 의한 전역 변수의 사용을 억제한다.

(2) 포인터의 단점
- 포인터 변수는 주소를 직접적으로 제어하기 때문에 예외처리가 확실하지 않을 경우 예상치 못한 문제가 많이 발생한다.
- 선언만 하고 초기화를 하지 않을 경우 정확하지 않은 주소를 가리키고 있기 때문에 사용에 주의해야 한다.
- 오류를 범하기 쉽고 기교적인 프로그램이 되기 쉽다.
- 프로그램의 이해 및 오류 찾기가 어렵다.
- 메모리 절대 번지 접근 시 시스템 오류를 초래한다.

제 4 장

타입 오류(type error)와 타입 검사(type checking)

1 타입 오류(type error) 중요 ★★

문법에는 맞지만 제대로 실행될 수 없는 프로그램들이 많이 있다. 이러한 프로그램들은 프로그램의 겉모양은 문법에 맞지만 그 속내용을 들여다보면 무언가 잘못되어 제대로 실행될 수 없는 프로그램들이다. 프로그램의 속내용에는 여러 종류의 잘못이 있겠지만 여기에서 다룰 내용은 수식이나 문장 등이 타입에 맞지 않게 잘못 사용되는 것으로 이를 타입 오류(type error)라고 한다.

타입 오류(type error)는 프로그램 실행 중에 수식, 문장, 함수 등의 프로그램 구성요소가 타입에 맞지 않게 잘못 사용되어 발생하는 오류이다. 예를 들면 다음 프로그램들은 타입이 잘못 사용된 것들이다. [예제 4-8]은 정수형 타입에 논리부정(!) 연산을 적용하고 있으므로 타입 오류이다.

📄 예제 4-8

```
>> int x = 1;
>> x = !x + 2;
```

[예제 4-9]와 같이 대화형 방식으로 사용할 때 [예제 4-8] 문장은 논리형에 정수값을 대입하므로 타입 오류이다. [예제 4-8] 문장은 정수형과 논리형을 더하고 있으므로 타입 오류이다.

📄 예제 4-9

```
>> int x = 1;
>> bool y = true;
>> y = x;            (1)
>> x = x + y;        (2)
```

[예제 4-10]은 if 문의 else 부분에서 정수형과 논리형을 더하고 있으므로 실행 중에 타입 오류가 발생할 수 있다. 그러나 이 프로그램은 만약 if 문의 조건이 항상 참이면 then 부분만 실행되어 타입 오류가 발생하지 않을 수도 있다. 따라서 이 프로그램은 실행 중에 반드시 타입 오류가 발생하는 것은 아니라는 점을 주의하자.

📄 **예제 4-10**

```
let int x = 1, bool y = true; in
  if (...) then x = x + 1;
  else x = x + y;
end;
```

[예제 4-11]의 함수 정의에서 함수 sign의 리턴 타입은 bool로 선언되었는데 본체에서 실제로 리턴하는 타입은 int 타입의 값(0 또는 1)으로 서로 일치하지 않으므로 타입 오류이다.

📄 **예제 4-11**

```
fun bool sign(int x)
  if (x>0) then return 1;
  else return 0;
```

[예제 4-12]는 대화형으로 함수를 정의해서 사용하고 있는데 함수 square를 호출할 때 사용하는 인수와 함수의 선언된 매개변수의 타입이 일치하지 않으므로 타입 오류이다.

📄 **예제 4-12**

```
>> bool y = true;
>> fun int square(int x)
      return x*x;
>> print square(y);
```

타입 오류가 발생할 수 있는 프로그램을 실행시키는 것은 프로그램의 안전한 실행이라는 측면에서 좋지 않다. 특히 안전에 민감한 안전 필수 소프트웨어(safety critical software)의 경우 프로그램 실행 중 오류는 매우 심각한 문제가 된다.

2 타입 검사의 필요성 중요★★

실행 전에 프로그램을 미리 검사해서 실행 중에 발생 가능한 타입 오류를 모두 찾아낼 수 있다면 실행 중에 일어나는 타입 오류를 예방할 수 있을 것이다. 타입 검사는 이렇게 오류를 미리 검사해서 타입 오류가 발생할 가능성이 있는 프로그램은 아예 실행시키지 않고 타입 안전한 프로그램만 실행시킴으로써 프로그램 실행의 안전성을 확보하는 기술이라고 할 수 있다.

타입 검사는 타입 정보를 이용하여 실행 중에 발생 가능한 타입 오류를 미리 검사하는 것이다. 미리 검사할 수 있는 오류에는 여러 종류가 있다. 가장 간단한 것이 이미 배운 구문 오류(syntax error)이고 여기서 다루려고 하는 오류는 타입 오류이다. 여기서는 수식, 함수, 문장과 같은 프로그램 구성요소가 데이터 타입에 맞게 올바르게 사용되고 있는지 미리 검사하려고 하는데 이런 검사를 타입 검사(type checking)라고 한다.

(1) 구문 검사(syntax analysis)

프로그램이 구문법(syntax grammar)에 맞는지 검사하는 1세대 기술로 1970년대에 활발하게 연구 개발되었다. 이제는 모든 언어에 적용되고 있다.

(2) 타입 검사(type checking)

프로그램 구성요소가 데이터 타입에 맞게 올바르게 사용되고 있는지 검사하는 2세대 기술로 1990년대부터 활발하게 연구 개발되었다. 주요 현대 프로그래밍 언어들은 안전한 타입 시스템 및 타입 검사를 갖추고 있다. 안전한 타입 시스템을 갖춘 대표적인 언어로는 ML, Haskell, Java 등이 있다.

타입 검사는 언어에 따라 엄격하게 할 수도 있고 관대하게 할 수도 있다. 프로그램 실행 전에 타입 검사를 엄격하게(strict) 하면 할수록 실행시간 타입 오류를 보다 확실하게 예방할 수 있을 것이다. 엄격한 타입 규칙을 적용하여 (가능한 모든) 타입 오류를 찾아 낼 수 있는 언어를 강한 타입 언어(strongly typed language)라고 한다. 예를 들어, Java, ML, C#, Python 등은 강한 타입 언어의 대표적인 예이다. 느슨한 타입 규칙을 적용하는 언어는 약한 타입 언어(weakly typed language)라고 한다. 예를 들어, C/C++, PHP, Perl, Java Script 등은 약한 타입 언어의 예이다. 약한 타입 언어에서는 타입 규칙이 엄격하지 않으므로 타입 규칙을 적용하여 타입 검사를 하더라도 이 검사를 통과한 프로그램의 실행 중에 타입 오류가 발생할 수 있다.

이제 지금까지 논의된 내용들을 정리해 보자. 작성한 모든 프로그램 중에 문법에 맞는 프로그램만 생각해 보자. 이중에 실행 중 타입 오류가 없는 프로그램들이 있을 것이다. 그러나 실행 중 타입 오류가 있는지 없는지는 실행 전에 이를 정확히 알 수는 없다. 예를 들어 [예제 4-8]은 if문의 조건에 따라 실행 중에 타입 오류가 발생할 수도 있고 그렇지 않을 수도 있으므로 실행 전에 이를 정확히 판별할 수는 없다. 그러나 이 프로그램은 실행 중 타입 오류가 발생할 가능성을 가지고 있다. 따라서 만약 엄격한 타입 검사를 한다면 이러한 프로그램은 타입 검사를 통과하지 못하도록 할 것이다. 이렇게 엄격하게 타입 검사를 하여 실행 중 타입 오류가 발생할 가능성을 원천적으로 차단할 수 있는 타입 시스템을 안전한 타입 시스템(Safe type system)이라고 한다.

어떤 타입 시스템이 안전하다는 것은 이 타입 시스템의 타입 검사를 오류 없이 통과한 프로그램은 실행 중에 타입 오류를 일으키지 않을 것이 보장된다는 의미이다. 안전한 타입 시스템으로 타입 검사를 한다고 가정하면 타입 검사를 통과한 프로그램은 실행 중 타입 오류가 없음을 보장할 수 있다. 이들 사이의 집합 관계를 정리하면 다음과 같다.

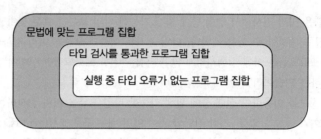

[그림 4-5] 안전한 타입 시스템으로 타입 검사

(3) 타입 검사의 종류

타입 검사의 기본 아이디어는 프로그램 내의 변수나 함수의 선언된 타입 정보를 이용해서 프로그램에서 변수, 수식, 문장 등과 같은 프로그램의 구성요소가 타입에 맞게 올바르게 사용되고 있는지 미리 검사하는 것이다. 이러한 검사를 실행 전에 하면 정적 타입 검사(static type checking)라고 한다.

정적 타입 검사는 프로그램 내에 선언된 변수나 함수의 타입 정보를 이용해서 프로그램의 구성요소(변수, 수식, 문장 등)가 타입에 맞게 올바르게 사용되고 있는지를 컴파일 시간에 검사하는 것이다.

정적 타입 검사를 통해 프로그램의 구성요소가 타입에 맞지 않게 잘못 사용되는 경우는 없는지 미리 검사하여 타입 오류가 발견되면 오류 메시지를 출력한다. 이러한 과정을 거쳐 프로그램을 실행하는 것은 앞서 강조한 것처럼 프로그램 안전성을 위해 매우 중요하다. 현대 프로그래밍 언어에서 정적 타입 검사는 매우 중요한 부분이며 정적 타입 검사를 하는 대표적인 언어로는 C, C++, Java, Pascal, ML, Haskell 등을 들 수 있다.

실행 시간에 타입 검사를 하는 동적 타입 언어도 있는데 컴파일을 하지 않고 인터프리터에 의해 수행하는 Lisp, Scheme, Perl, Python, JavaScript 등의 언어가 여기에 해당된다.

제 5 장

형 변환

1 묵시적 형 변환(implicit type conversion) 중요 ★★

C/C++, Java와 같은 언어에서는 이항연산에서 두 피연산자의 자료형이 서로 다를 경우에는 표현 범위가 작은 쪽에서 큰 쪽으로 자동으로 자료형을 변환한 후 연산한다. 자동으로 형을 변환하는 것을 묵시적 형 변환(implicit type conversion) 또는 자동 형(automatic type conversion)이라고 한다.

표현 범위가 더 넓은 쪽으로 변환하는 것을 상향 변환(promotion) 또는 확대 변환(widening conversion)이라고 하는데, Java에서 자동 형 변환은 거의 대부분 확대 변환이다. 예를 들어, 다음 코드에서 정수형 상수 99의 값으로부터 자동으로 double형 상수 99.0이 생성되어 y에 저장된다.

```
double y = 99;
```

Java를 중심으로 수치 자료형에 대해 확대 변환 순서를 적으면 다음과 같다.

```
byte(1) < short(2) < int(4) < long(8)        // 정수형
float(4) < double(8)                         // 실수형
```

위에서 각 자료형의 옆의 숫자는 각 자료형의 자료가 차지하는 바이트 수를 나타낸다. 가령, byte에서 short로의 변환은 안전하다. 왜냐하면 byte 값은 1바이트에 저장되고 short 값은 2바이트에 저장되기 때문에 어떠한 정보도 손실되지 않는다. 작은 정수형에서 큰 정수형으로, 작은 부동 소수점형에서 큰 부동 소수점형으로의 확대 변환은 그 수치 값을 정확히 보존한다.

확대 변환이 값의 크기에 관한 한 어떠한 정보도 손실하지 않지만, 부동 소수점 값을 생성하는 확대 변환은 정확도를 손실할 수 있다. 예를 들어 int나 long을 float로, 혹은 long을 double로 변환시킬 때, 유효 숫자 중 일부가 소실될 수 있다.

확대 변환의 반대되는 개념으로 축소 변환이 있는데, 축소 변환(narrowing conversion)이란 표현 범위가 더 작은 자료형으로 변환하는 것을 말한다. 예컨대 int를 short로, double을 float로 형 변환하는 것을 들 수 있다. 축소 변환이 꼭 필요한 경우의 대표적인 예로 대입 연산을 들 수 있는데, 대입 연산 시 발생되는 형 변환을 특별히 대입 변환(assignment conversion)이라고 한다. 대입 변환의 경우에도 확대 변환인 경우에만 자동으로 수행되며 축소 변환인 경우에는 자동으로 수행되지 않는다. 다만 예외적으로 int 상수에 대해서만 자동으로 축소 변환이 수행될 수 있다. 구체적으로 말해서 int 상수를 byte나 short, char에 대입할 때 정보 손실이 일어나지 않는다면 자동으로 대입 변환을 수행한다. 대입 변환의 예를 살펴보자.

```
byte b = 123;              // 축소 변환
short s = 456;             // 축소 변환
int i = s;                 // 확대 변환
byte b2 = 456;             // 오류 : byte 범위 밖
short s2 = i;              // 오류
```

이 코드에서 변수 b, s, i는 각각 byte, short, int 형이다. 그러나 123, 456은 모두 int 상수이다. 따라서 b에 123을 저장하거나 s에 456을 저장하려면 축소 변환을 수행해야 한다. 이때, 축소 변환은 int 상수에 대한 것이고 축소 변환에 의해 정보 손실이 없으므로 모두 자동으로 형 변환된다. i에 s를 저장하면 자동으로 확대 변환이 수행된다.

그 이후에 나타난 대입 연산은 이 규정에 위배된다. 변수 b2는 byte 형이고 표현 범위는 −128에서 +127까지이다. 따라서 int 상수 456을 저장할 수 없으며 b2에 456을 저장하는 것은 오류가 된다. 그리고 short 변수 s2에 int 변수 i 값을 대입하는 것은 변수에 관한 축소 변환이므로 오류가 된다. 우변이 크기가 작은 int 상수인 경우에만 허용된다는 점을 유의하자.

2 명시적 형 변환(explicit type conversion) 중요 ★★

묵시적 형 변환은 자동으로 자료형을 변환하지만 축소 형 변환에는 제한이 있다. 정보가 손실될 수 있기 때문이다. 강제적으로 축소 형 변환을 수행하려면 어떻게 해야 할까? 이때는 캐스트 연산자를 이용하여 축소 형 변환하면 된다.

형 변환 연산자는 타입 캐스팅 연산자(type casting operator)라고 하는데 간단히 캐스트(cast)라고도 한다. Java의 캐스트는 괄호 안에 타입 이름이 명시된 형태로서, 수식에 의해 계산된 값을 명시된 자료형의 값으로 변환한다.

```
(자료형) (수식)
```

정보 손실의 우려가 있는데도 불구하고 형 변환을 하려면 형 변환 연산자를 사용하면 된다. 그러나 정보 손실이 발생되는 것은 감수해야 한다. 타입 캐스팅 연산자 사용 예를 보면 다음과 같다.

```
byte b2 = (byte) 456;          // 캐스팅 : 정보 손실
short s2 = (short) b2;          // 캐스팅 : 정보 손실 없음
int i2 = (int) 3.14;           // 캐스팅 : 정보 손실
```

b2는 byte 타입 변수이고 456은 int 타입 상수지만 캐스트 (byte)로 인해 축소 변환이 가능하다. s2와 i2에 대한 대입 연산도 마찬가지로 각각 캐스트 (short)와 (int)를 이용하여 변환할 수 있다. 형 변환 연산자를 이용하여 축소 변환을 수행할 때에는 정보 손실이 일어날 수 있다는 점에 주의해야 한다. 위 예에서 b2와 i2에 대입할 때 정보 손실이 발생한다. 정수형 값에서 정보 손실이 발생할 경우에는 하위 비트만 취한다. 정수 456은 이진수로 1 1100 1000인데 하위 8비트만 취하면 1100 1000이 되고, 이는 2의 보수로 절댓값이 0011 1000인 음수이다. 따라서 b2에는 −56이 저장된다. 부동 소수점형 상수를 정수형으로 축소 변환할 때에는 소수점 이하가 절사되는 방식으로 변환된다. 따라서 double 상수 3.14를 int 형으로 변환할 때 소수점 이하 0.14가 절사되어 3이 저장된다. 음수일 때도 마찬가지다. 따라서 −3.14를 int 형으로 변환하면 −3으로 변환된다.

제 6 장 형의 구현

프로그래밍 컴파일러에 의해서 해석되는 자료형태를 기본 자료형이라고 한다. 자바 언어의 기본 자료형들은 다음과 같다.

자료형	Type	크기	표현 범위
논리형	boolean	1바이트	true, false
문자형	char	2바이트	유니코드 문자열(0 ~ 65,535)
정수형	byte	1바이트	−127 ~ +128
	short	2바이트	−32,768 ~ +32,767
	int	4바이트	−2,147,483,648 ~ +2,147,483,647
	long	8바이트	−9,223,372,036,854,775,808 ~ +9,223,372,036,854,775,807
실수형	float	4바이트	−3.4E38 ~ +3.4E38
	double	8바이트	−1.7E308 ~ +1.7E308

① 논리형인 boolean의 기본값은 false이며 참과 거짓을 저장하는 타입으로 논리 구현에 주로 사용되며 true, false 두가지 값만 표현하므로 가장 크기가 작다.

② 문자형 char는 2byte의 유니코드 문자를 입력하는 자료형으로 사용법은 다음과 같다.

> char 변수명 = '값';

③ 정수형 byte형은 1byte, short형은 2byte, int형은 자바에서 정수 연산을 하기 위한 기본 타입으로 4byte, long형은 8byte로 정수 수치가 큰 데이터를 다루는 프로그램(은행 및 우주와 관련된 프로그램)에서 주로 사용하고 long 형의 변수 초기화할 때는 정수값 뒤에 알파벳 L을 붙여서 long 타입(즉, 8byte)의 정수 데이터임을 알려주어야 한다. 만일 정수값이 int의 값의 저장 범위를 넘는 정수에서 L을 붙이지 않는다면 컴파일 에러가 발생한다.

> long l = 2147483648; // 컴파일 에러 발생 long l = 2147483648L;

④ 실수형 float형은 4byte, double형은 8byte 실수를 가수와 지수 형식으로 저장하는 부동 소수점 방식으로 저장된다. 가수를 표현하는 데 있어 double형이 float형보다 표현 가능 범위가 더 크므로 double형이 보다 정밀하게 표현할 수 있다. 자바에서 실수의 기본 타입은 double형이므로 float형에는 알파벳 F를 붙여서 float형임을 명시해주어야 한다.

제 2 절 구조적 자료형 중요 ★★★

기본 자료형이나 다른 데이터형으로부터 또는 프로그래머에 의해 유도되어 구조화된 자료형으로 문자열, 배열, 포인터, 구조체, 리스트 등이 있다.

(1) 문자열을 사용하기 위해 String 객체를 선언하고 정의한다.

선언 및 정의 방법은 다음과 같다.

```
• 방법1 : String str1;
         str1 = "string1";
• 방법2 : String str2 = "string2";
• 방법3 : String str3 = new String("string3");
• 방법4 : String str4 = new String;
         str4 = "string";
```

(2) 배열형

동일한 자료형(Data Type)의 데이터를 연속된 공간에 저장하기 위한 자료구조이다. 즉, 연관된 데이터를 묶어 그룹화한다.

① 장점

연관된 데이터를 저장하기 위한 변수의 선언을 줄여주며, 반복문 등을 이용하여 계산과 같은 과정을 쉽게 처리할 수 있다.

② 배열 선언 및 초기화

```
• 방법1
int [] score = {90, 88, 94};  // 정수형 배열선언과 동시에 초기값 대입
• 방법2
int [] score = new int[3];    // 크기가 3인 배열 생성
score[0] = 90;
score[1] = 88;
score[2] = 94;
```

(3) 구조체(또는 레코드)

구조체는 자료형이 같은 배열과는 달리 서로 다른 자료형 변수들을 하나로 묶어서 사용하는 자료형이다.

① 장점

통계자료나 성적 등과 같이 관련 있는 서로 다른 자료형을 묶어서 처리하고, 프로그램의 관리와 구현이 용이하고, 특히 정렬하는 경우 구조체 단위로 처리하면 간단하다.

② 구조체 선언 및 사용법

```
struct Person {                        // 구조체 정의
        char name[20];                 // 구조체 멤버 1
        int age;                       // 구조체 멤버 2
        char address[100];             // 구조체 멤버 3
    };
struct Person p1;                      // 구조체 변수 선언
p1.age = 28;                           // 구조체 멤버 age에 28 대입
```

[소스 4-1] C로 구현한 구조체 예제

```
#define _CRT_SECURE_NO_WARNINGS
#include <stdio.h>
#include <string.h>                    // strcpy 함수가 선언된 헤더 파일
struct Person {                        // 구조체 정의
    char name[20];                     // 구조체 멤버
    int age;                           // 구조체 멤버
    char address[100];                 // 구조체 멤버
};

int main()
{
    struct Person p1;                  // 구조체 변수 선언
    strcpy(p1.name, "홍길동");          // 점으로 구조체 멤버에 접근하여 값 할당
    p1.age = 28;
    strcpy(p1.address, "서울시 강남구 반포동");

    printf("이름: %s \n", p1.name);     // 이름: 홍길동
    printf("나이: %d \n", p1.age);      // 나이: 28
    printf("주소: %s \n", p1.address);  // 주소: 서울시 강남구 반포동

    return 0;
}
```

(4) 포인터

포인터는 주소를 저장하는 변수이다. 기존의 변수는 데이터를 저장하는 데 반하여 포인터는 메모리 공간의 주소를 저장한다. 포인터 변수가 주소를 저장하려면 변수의 주소를 알아야 하는데 변수 이름 앞에 & 연산자를 붙이면 해당 변수의 시작 주소를 반환한다. 더 나아가서 포인터 변수가 저장하는 변수의 주소에 저장된 값을 참조하려면 * 연산자를 사용한다.

[소스 4-2] C로 구현한 포인터 예제

```
#include <stdio.h>
int main()
{
    int *p;                          // 포인터 변수 선언
    int a = 10;                      // 정수형 변수에 10 대입
    p = &a;                          // 포인터 변수에 a의 주소 대입
    printf("a의 주소 출력 : %X \n", p);   // a의 주소 출력
    printf("a의 값 출력 : %d \n", *p);    // a의 값 출력
}
```

제 1 장 자료형 및 형 정보

01 자료 사용의 융통성은 실행 시 속성이 바인딩되어야 한다.

01 자료형에 관한 특성이 컴파일 시간에 확정되었을 때의 특징이 <u>아닌</u> 것은?

① 신뢰성의 증가
② 프로그램의 판독성 증가
③ 유지보수의 용이
④ 자료 사용의 융통성

02 배열의 구성 : 배열명, 자료형, 첨자 정의

02 배열에 대한 자료 명세표를 구성하는 항목에 포함되지 <u>않는</u> 것은?

① 첨자의 하한값
② 자료형
③ 한 원소의 길이
④ 원소값의 비트열

03 프로그래밍 언어에서 자료형(data type)을 사용하는 목적으로 가장 거리가 먼 것은?

① 번역기가 자료형 정보를 이용하여 기억장소를 효율적으로 할당할 수 있다.

② 데이터와 이에 적용되는 연산의 적합성을 분석함으로써, 프로그램에 내재한 오류를 번역 시에 미리 검출할 수 있다.

③ 프로그램을 동적으로 재구성하여 그 결과값을 미리 알 수 있게 됨으로써, 신속한 프로그램 완성이 가능하다.

④ 사용자 정의 자료형(user-defined data type)을 사용하게 되면, 프로그램의 신뢰성(reliability)과 가독성(readability)을 향상시킬 수 있다.

03 자료형을 선언하면 변수에 알맞은 크기의 저장공간을 할당받아 효율적이며 저장공간에 맞는 데이터를 할당하고, 사용자 정의 자료형을 사용하면 가독성을 향상시킨다.

❤ 주관식 문제

01 프로그래밍 언어에서 실수치, 정수, 불린 등의 여러 종류의 데이터를 식별하는 분류를 무엇이라 하는가?

01
정답 자료형

02 다음 설명에서 괄호 안에 들어갈 적절한 용어를 쓰시오.

> 자료형에 대한 검사는 컴파일 시간에 하는 정적형 검사와 실행시간에 하는 ( )(이)가 있다.

02
정답 동적형 검사

정답 03 ③

안심Touch

checkpoint 해설 & 정답

제 2 장 기본 자료형

01 기본 데이터형에는 정수·실수·문자·논리형 등이 있다.

01 다음 중 기본 데이터형이 <u>아닌</u> 것은?

① 실수형
② 정수형
③ 레코드형
④ 논리형

02 부동 소수점 형은 고정 소수점 형보다 표현할 수 있는 수의 범위가 광장히 넓고 정밀도가 좋지만, 연산속도가 정수나 고정 소수점 형보다 느리고, 실수를 정확히 표현하지 못해 약간의 오차가 발생한다.

02 부동 소수점 형에 대한 설명으로 <u>잘못된</u> 것은?

① 정수 산술 연산과는 달리 오차가 발생할 수 있다.
② 정수보다 훨씬 큰 범위의 숫자를 표현할 수 있다.
③ 일반적으로 정수 계산보다 빠르다.
④ float는 32비트로 실수를 표현한다.

03 자료형이 다르면 각각 변수를 따로 선언해야 한다.

03 다음의 변수를 선언하는 문장 중에서 옳지 <u>않은</u> 것은?

① int x, y;
② int x = 10, y = 20;
③ int x = 10, short y = 20;
④ float x = 10.0, y = 20.0;

정답 01 ③ 02 ③ 03 ③

04 다음 중 자바의 기본형(primitive type)이 <u>아닌</u> 것은?

① int   ② Byte
③ double   ④ boolean

>>>◯

분류 \ 크기(byte)	1	2	4	8
정수형	byte	short	int	long
실수형			float	double
논리형	boolean			
문자형		char		

05 다음은 연산식에서의 타입 변환 내용이다. 컴파일 에러가 발생하는 것은?

```
byte byteValue = 10;
float floatValue = 10.5f;
double doubleValue = 10.5;
```

① byte result = byteValue + byteValue;
② int result = 5 + byteValue;
③ float result = 5 + floatValue;
④ double result = 5 + doubleValue;

✔ 주관식 문제

01 C 언어 기본 자료형 정수형, 실수형, 문자형의 종류를 각각 기술하시오.

04 [문제 하단 표 참조]

05 byteValue + byteValue;
→ int + int형으로 계산되어 int형 변수에 대입한다.

01
정답 ・정수형 : short, int, long
・실수형 : float, double
・문자형 : char

정답 04 ② 05 ①

안심Touch

제 3 장 집합 및 함수, 포인터

01 포인터 장점
- 메모리에 직접 접근이 가능
- 구조화된 자료를 만들어 효율적 운영이 가능
- Call by reference 방식 이용 가능
- 배열, 구조체 등의 복잡한 자료 구조와 함수에 쉽게 접근
- 메모리 동적 할당이 가능(힙이라는 메모리에 생성)

01 다음 중 포인터와 관련된 개념이 <u>아닌</u> 것은?

① 순환적 데이터 구조
② 정적 할당
③ 힙(heap)
④ 가비지(garbage)

02 허상 참조란 환경에서 할당해제 했지만 프로그램에서 여전히 사용 가능한 장소를 말한다.

02 프로그램에서 포인터 변수가 할당해제(free)된 메모리 영역을 가리키는 현상은?

① 허상 참조(dangling reference)
② 메모리 누수(memory leak)
③ 쓰레기 수집(garbage collection)
④ 힙 오버플로우(heap overflow)

03 만약 n의 주소가 1000번지일 경우 *p++는 *(p++)와 같아 주소가 증가된 1004번지 값이다.

03 다음 문장이 실행되었다고 가정할 경우 다른 문장들과 실행 결과가 <u>다른</u> 것은?

```
int n = 10;
int *p = &n;
```

① n = n + 1;
② n++;
③ *p++;
④ *p = *p + 1;

정답 01 ② 02 ① 03 ③

04 int a[] = {10, 20, 30, 40, 50}으로 정의되었다고 가정할 경우
    *(a + 2)의 값은?

① 10

② 20

③ 30

④ 40

04 *(a + 2)는 a[2]와 같은 표현이다.

✅ 주관식 문제

01 프로그래밍언어에서 변수의 메모리 공간 주소를 가리키는 변수
    를 무엇이라 하는가?

01
정답 포인터

정답 04 ③

01 엄격한 타입 언어(strongly typed language)는 모든 타입 오류를 찾을 수 있는 반면, 약한 타입 언어(weakly typed language)는 프로그램의 실행 중에 타입 오류가 발생할 수 있다. 실행 시간에 타입 검사를 하는 동적 타입 언어는 컴파일하지 않고 인터프리터를 수행하는 Python, Javascript, Lisp 등의 언어들이다.

02 정적 타입 검사의 장점은 모든 변수의 타입을 검사하기 때문에 신뢰성이 있고 컴파일 시에 타입이 결정되기 때문에 실행 속도가 빠르지만, 매번 코드의 변수 형을 결정해야 하는 단점이 있다.

제 4 장 타입 오류(type error)와 타입 검사(type checking)

01 타입(type)에 대한 설명으로 옳지 <u>않은</u> 것은?

① 모든 변수의 타입을 검사하여 오류를 찾아낼 수 있는 경우 엄격한 타입(strongly typed)의 언어라고 한다.

② 변수의 타입이 실행 이전에 결정되어 고정되는 경우 정적 타입 검사(static type checking)라고 한다.

③ 동적으로 타입이 결정되는 프로그래밍 언어(dynamically typed language)에서 변수는 사용 이전에 명시적으로 선언되어야 한다.

④ 타입 제약이 약한 프로그래밍 언어(weakly typed language)일수록 프로그램 오류 발견이 실행 시까지 늦어질 가능성이 높다.

02 프로그래밍 언어에서 정적 타입 검사(static type checking)를 수행함으로써 얻을 수 있는 장점으로 옳지 <u>않은</u> 것은?

① 가독성(readability)

② 신뢰성(reliability)

③ 메모리 사용 유연성(flexibility)

④ 실행시간 효율성(efficiency)

03 자료형에 대한 동적 형 검사는 언제 수행되는가?

① 언어의 정의 시간
② 언어의 구현 시간
③ 컴파일 시간
④ 실행 시간

03 동적 변수의 형 검사는 실행 시간에 수행한다.

◆ **주관식 문제**

01 수식, 함수, 문장과 같은 프로그램 구성요소가 데이터 타입에 맞게 올바르게 사용되고 있는지 미리 검사하려고 하는데 이런 검사를 무엇이라 하는가?

01
정답 타입 검사

정답 03 ④

제 5 장 형 변환

01
- loosely typed : 서로 다른 형을 갖는 변수 간의 연산을 허용
- strong typed : 모든 형 오류가 정적으로 발견

01 C 언어를 약형화(loosely typed) 언어라고 말하는 근거는?

① 비트 연산이 가능하다.
② 연산 결과에 대한 오버플로우를 검사하지 않는다.
③ 서로 다른 형을 갖는 변수 간의 연산을 허용한다.
④ 변수에 대한 선언을 생략해도 된다.

02 short형의 표현 숫자 범위는 −32768 ~ 32767, char형의 숫자 표현 범위는 0 ~ 655360이므로 short형 숫자 범위보다 큰 값을 대입하면 오류가 난다.

02 다음은 자동 타입 변환에 대한 내용이다. 컴파일 에러가 발생하는 것은?

```
byte byteValue = 10;
char charValue = 'A';
```

① int intValue = byteValue;
② int intValue = charValue;
③ short shortValue = charValue;
④ double doubleValue = byteValue;

03 명시적인 형 변환은 캐스트 연산자를 사용하여 형을 변환하는 반면, 묵시적인 형 변환은 컴파일러가 자동으로 변경한다.

03 다음 중 묵시적 형 변환에 대한 설명으로 옳은 것은?

① 캐스트(cast) 명령어 사용
② 컴파일러에서 자동으로 수행
③ 명령문으로 요구한 형으로 변환
④ 프로그래머가 명시함

정답 01 ③ 02 ③ 03 ②

✅ **주관식 문제**

01 다음 실행 결과를 쓰시오.

```
int main()
{
  int a;
  double f = 3.6, d = 4.7;
  a = f + d;
  printf("a = %d  \n", a);
}
```

01

정답 a = 8

해설 a는 정수형 변수이기 때문에 묵시적인 형 변환되어 a에는 8이 기억된다.

제 **6** 장 **형의 구현**

01 자료처리의 최소 단위는 기본항목
(필드)이며 기본항목들이 모여 레코
드가 되고, 레코드들이 모여 파일이
되며, 파일들이 모여 데이터베이스
가 된다.

01 자료처리에서 사용되는 용어로 File과 Record가 있다. 이에 대한
설명으로 **틀린** 것은?

① File은 Record의 모임이다.
② Record는 최소 Data의 단위이다.
③ 집단항목은 기본항목, 집단항목의 모임이다.
④ 기본항목은 최소 Data의 단위이다.

02 문자열은 참조 타입으로 기본 타입
인 문자로 변환할 수 없다.

02 다음은 강제 타입 변환(Casting)에 대한 내용이다. 컴파일 에러가
발생하는 것은?

```
int intValue = 10;
double doubleValue = 10.5;
char charValue = 'A';
String strValue = "A";
```

① double var = (double)intValue;
② byte var = (byte)intValue;
③ int var = (int)doubleValue;
④ char vardouble = (char)strValue;

정답 01② 02④

03 다음 설명에서 괄호 안에 들어갈 내용을 순서대로 고른 것은?

> (가)의 각 원소의 이름은 고유한 이름이 없고 원소의 위치에 따라 정해지므로 순서를 바꿀 수 없으나, (나)(은)는 각 원소마다 고유한 이름으로 구별할 수 있다.

	(가)	(나)
①	리스트	배열
②	리스트	레코드
③	배열	리스트
④	배열	레코드

03 배열은 첨자를 사용해서 변수를 구분하고, 구조체는 각 멤버의 고유한 이름이 부여된다.

04 다음과 같은 구조체 정의가 있는 경우 틀린 문장은 어느 것인가?

```
struct STU {
char name[30];
int id;
  } s;
```

① s.id = 100;
② struct STU t;
③ s -> id = 200;
④ struct STU a[10];

04 구조체 변수의 멤버를 참조할 때는 '구조체명.멤버명'으로 참조하고, 구조체 포인터 변수일 경우에는 '구조체명 -> 멤버명'으로 참조한다.

05 다음 중 배열에 대한 설명으로 옳지 <u>않은</u> 것은?

① 배열은 인덱스와 원소값의 쌍으로 구성된다.
② 배열의 순서는 원소값이 저장되는 물리적인 위치와 아주 밀접한 상관이 있다.
③ 배열의 인덱스값을 이용해서 원소값에 직접 접근한다.
④ 배열의 각 원소값의 의미적인 순서는 인덱스의 순서와 일치한다.

05 배열은 순서를 갖는 원소들로 물리적인 순서가 인덱스 순서와 일치하는 자료구조로 배열의 인덱스 값을 이용해서 값에 접근한다.

정답 03④ 04③ 05④

06 포인터 변수는 동적 변수에 접근이
가능하며, void * 변수는 그 어떤 타
입의 객체를 가리킬 수 있는 포인터
로 변수 생성 후 변수값은 어떤 값이
들어있는지 모르기 때문에 반드시
변수에 값을 대입시켜야 한다.

06 C와 C++ 언어의 포인터형(pointer type)에 대한 설명으로 옳지
않은 것은?

① 포인터 변수는 힙-동적(heap-dynamic) 변수에 대한 접근을
제공할 수 있다.
② 허상 포인터(dangling pointer)는 할당된 기억장소가 이미 회
수된 힙-동적(heap-dynamic) 변수에 대한 참조를 포함한다.
③ '*' 연산자는 역참조 연산을 의미하며, '&' 연산자는 변수의
주소를 반환한다.
④ void * 타입으로 정의된 변수는 null 값을 가지며 가비지 포인
터(garbage pointer)를 생성한다.

01
정답 ㉠ 배열, ㉡ 구조체

💡 **주관식 문제**

01 다음 설명에서 괄호 안에 들어갈 적절한 용어를 순서대로 쓰시오.

> 동일한 자료형(Data Type)의 데이터를 연속된 공간에 저장하
> 기 위한 자료구조를 (㉠)(이)라 하고, 서로 다른 자료형
> 변수들을 하나로 묶어서 사용하는 자료구조를 (㉡)(이)
> 라 한다.

정답 06 ④

제5편

식 계산과 제어

단원 개요

연산자, 피연산자, 괄호, 함수 호출 등으로 구성된 산술식과 참과 거짓에 따라 분기하는 조건문(if문, if~else문, switch문), 조건이 만족되면 특정 부분을 반복하는 반복문(for문, while문), 조건없이 분기하는 무조건 분기문(goto 문), 한 프로그램 안에서 반복적으로 실행되거나 여러 프로그램에서 공통적으로 실행되는 부프로그램에 대해 알아본다.

출제 경향 및 수험 대책

산술식 구성하는 요소, 산술식의 부수효과, 연산자 우선순위를 이해하고, 조건에 따라 분기하는 조건문, 조건이 참일 반복하는 반복문을 통해 구조적 프로그램 구현에 대해 이해할 수 있고, 부프로그램 정의 및 호출 시 다양한 매개변수 전달방법을 정확하게 구현할 수 있도록 학습한다.

혼자 공부하기 힘드시다면 방법이 있습니다.
SD에듀의 동영상강의를 이용하시면 됩니다.
www.sdedu.co.kr ➜ 회원가입(로그인) ➜ 강의 살펴보기

제 1 장 식

식은 계산을 표현하는 기본적인 수단으로, 연산자, 피연산자, 괄호, 함수 호출 등으로 구성된다.

연산자는 일반적으로 한 개의 피연산자를 갖는 단항 연산자와 두 개의 피 연산자를 갖는 이항 연산자로 구분하는데 C 기반 언어에서는 다음 예와 같은 세 개의 피연산자를 갖는 삼항 연산자도 사용한다.

> (n % 2) ? "홀수" : "짝수";

대부분의 이항 연산자는 다음과 같이 피연산자들 사이에 위치한다.

> x + y

그러나 LISP은 다음과 같이 연산자가 피연산자들 보다 앞에 위치한다.

> (+ x y)

연산자가 피연산자들 사이에 위치하는 표기법을 중위 표기법(infix notation)이라 하고, 연산자가 피연산자들보다 앞에 위치하는 표기법을 전위 표기법(prefix notation)이라 한다. 그리고 연산자가 피연산자들보다 뒤에 위치하는 표기법을 후위 표기법(postfix notation)이라 한다.

[표 5-1] 표기법 비교

표기법	수식	결과 값
중위 표기법	3 + 5 * 7	3 + 5 * 7
전위 표기법	3 + 5 * 7	+ 3 * 5 7
후위 표기법	3 + 5 * 7	3 5 7 * +

식의 평가 순서에 대해 연산자와 피연산자로 구분해서 살펴보자.

1 연산자 우선 순서 중요 ★★

여러 개의 연산자로 이루어진 식에서는 연산자 평가 순서가 중요하다. 어떤 연산자가 먼저 평가되느냐에 따라 연산 결과가 달라지기 때문이다. 연산자 평가 순서는 우선순위, 결합 규칙, 그리고 괄호에 의해 결정된다.

x, y, z가 1, 2, 3의 값을 갖는다고 할 때 다음 식을 생각해 보자.

> x + y * z

왼쪽에서 오른쪽으로 평가되면 x + y가 먼저 평가되어 3이 되고, 그 후 3 * z가 평가되어 결과는 9가 된다. 만약 오른쪽에서 왼쪽으로 평가되면 y * z가 먼저 평가되어 6이 되고, 그 후 에 x + 6이 평가되어 결과는 7이 된다. 평가되는 순서에 따라 전혀 다른 결과를 얻게 되는 것이다.

그래서 모든 프로그래밍 언어는 일반 대수법칙과 같이 연산자들에 우선순위를 부여하여 높은 우선순위의 연산자가 먼저 평가되도록 하고 있다. 대부분 명령형 프로그래밍 언어의 연산자 우선순위는 거의 동일하다. 지수 연산자가 가장 높은 우선순위를 가지며, 다음에 곱셈과 나눗셈, 그 다음에 덧셈과 뺄셈의 순이다. [표 5-2]는 몇 개 언어에서의 우선순위를 나타낸 것이다.

[표 5-2] 연산자 우선순위

Fortran	C	Ada	우선순위
**	++, ──, !		↑ 높음
*, /	*, /, %	**	
+, −	+, −	*, /, mod, rem	
.EQ., .NE., .LT., .LE., .GT., .G.	〈, 〈=, 〉, 〉=	+, −, not	
.NOT.	!=, ==	=, /=, 〈=, 〉, 〉=	↓ 낮음
.AND.	&&	and, or, not	
.OR.	||		

+에 비해 *의 우선순위가 높으므로 다음 식에서 y * z 연산이 먼저 평가된다.

> x + y * z

FORTRAN과 Ada의 **는 지수 연산자이므로 우선순위가 가장 높다. x, y, z가 2, 3, 4의 값을 갖는다고 할 때, 다음 식은 **, *, + 순으로 평가되어 결과는 164가 된다.

> x + y ** z * x

그러면 다음과 같이 같은 우선순위의 연산자가 여러 개 있는 경우를 생각해 보자. x가 1, y 가 2, 그리고 z가 3의 값을 갖는다고 하자.

$$x - y + z$$

왼쪽에 위치한 −가 먼저 평가되면 결과는 2가 되는 반면에 오른쪽에 위치한 +가 먼저 평가되면 결과는 −4가 된다.

같은 우선순위의 연산자라 하더라도 평가되는 위치에 따라 전혀 다른 결과를 가져올 수 있다. 이러한 경우를 대비해서 프로그래밍 언어는 결합 규칙을 정해놓고 있다. 왼쪽에서부터 오른쪽으로 평가하는 것을 '좌 결합 규칙'이라 하고, 오른쪽에서부터 왼쪽으로 평가하는 것을 '우 결합 규칙'이라 한다. 대부분 언어는 지수 연산자를 제외한 연산자에 대해서는 좌 결합 규칙을 적용하고, 지수 연산자는 우 결합 규칙을 적용한다. 그러므로 앞의 식은 좌 결합 규칙이 적용되어 결과는 2가 된다.

FORTRAN에서 지수 연산자는 우 결합 규칙을 적용한다. 그러므로 다음 식은 y ** z가 먼저 평가된다.

$$x ** y ** z$$

반면 Ada에서 지수 연산자는 결합 규칙을 갖지 않는다. 그러므로 Ada에서의 다음 식에서는 컴파일 오류가 발생하는데 이유는 어떤 연산자가 먼저 평가될지 모르기 때문이다.

$$x ** y ** z$$

이러한 경우에는 괄호를 사용하여 다음과 같이 순서를 명확히 정해주어야 한다.

$$(x ** y) ** z \text{ 또는 } x ** (y ** z)$$

괄호를 이용하면 우선순위와 결합 규칙에 관계없이 괄호 안의 연산이 먼저 평가된다. 곱셈이 덧셈보다 우선순위가 높지만, 다음 식에서는 괄호 안의 덧셈이 먼저 평가된다.

$$x * (y + z)$$

모든 연산자의 평가 순서를 괄호로 표현하면 우선순위나 결합 규칙을 기억할 필요가 없다는 장점이 있다. 그러나 식의 작성을 지루하게 하고 판독성을 떨어뜨리는 단점이 있다. APL이라는 언어는 우선순위를 두지 않고 평가 순서를 결정할 때 괄호를 이용하도록 하고 있다.

두 개의 피연산자 값을 비교하는 관계 연산자는 [표 5-2]에서 확인할 수 있듯이 일반적으로 산술 연산자에 비해 우선순위가 낮다. 그리고 and, or, not 등의 불린 연산자 역시 일반적으로 산술 연산자에 비해 우선순위가 낮다.

2 부수효과(또는 부작용) 중요 ★

함수가 결과값 이외에 다른 상태를 변경시킬 때 부작용이 있다고 말한다. 예를 들어, 함수가 전역 변수나 정적 변수를 수정하거나, 인자로 넘어온 것들 중 하나를 변경하거나 화면이나 파일에 데이터를 쓰거나, 다른 부작용이 있는 함수에서 데이터를 읽어오는 경우가 있다. 부작용은 프로그램의 동작을 이해하기 어렵게 한다.

[소스 5-1] 부수효과 예제

```c
#include <stdio.h>
int x = 15;
int function(void)
{
  x = 20;
  return 30;
}
int main(void)
{
  printf("%d \n", x + function());
  return 0;
}
```

수식 x + function()에서 왼쪽 피연산자인 x가 먼저 평가되면 x가 15가 되고, function() 함수가 호출되어 30이 반환되고 최종적으로 45가 출력된다.

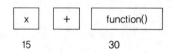

반면 오른쪽 피연산인 function() 함수가 호출되어 x = 20이 되고, function() 함수는 30이 반환되고, 그 후 왼쪽 피연산자인 x가 평가되는데 이때 x값은 20이다. 최종적으로 50이 출력된다.

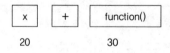

function() 함수에서 x의 값을 변경하기 때문에 이러한 일들이 발생하는데 이를 함수의 부작용이라 한다.

3 단락회로 평가 중요★

식의 단락회로 평가란 모든 피연산자와 연산자를 평가하지 않고서도 식의 결과가 결정되는 것을 의미한다.
다음 불린 식도 x의 값에 관계없이 true가 된다.

> true or x

그리고 다음 불린 식도 x의 값에 관계없이 false가 된다.

> false and x

이와 같이 식의 값을 계산하는 중에 식의 나머지 부분을 평가하지 않고도 결과가 결정되어 계산을 중지하는
것을 단락회로 평가라 한다.
다음 C 식을 보면, 10 <= ch && ch <= 20 에서 ch의 값이 5일 경우 첫 번째 조건이 거짓이기 때문에 두
번째 조건식은 평가하지 않는다.

📄 예제 5-1

다음 문장을 실행 후 ch의 값은 얼마인가?

```
int ch = 5;
if( ch )= 10 && ch++ <= 20 )
    printf("ch = %d \n", ch);
else
    printf("ch = %d \n", ch);
```

[풀이]
ch가 5이므로 첫 번째 조건이 거짓이기 때문에 두 번째 조건은 수행하지 않는다. 따라서 출력값은
5가 된다. 만약, ch가 15일 경우 첫 번째 조건을 만족하므로 두 번째 조건을 수행하여 ch값이
증가되어 16이 된다.

Pascal의 and, or은 단락회로 평가를 지원하지 않으나 C, C++, Java의 &&, ||는 단락회로 평가를 지원한다.
Ada는 단락회로 평가를 지원하는 연산자 외 지원하지 않는 연산자를 구분하는데, and then과 or else 연산
자는 단락회로 평가를 지원하고, and와 or 연산자는 단락회로 평가를 지원하지 않는다. 다음은 단락회로
평가를 하는 and then을 이용한 Ada의 예이다.

```
while (index <= lastindex) and then (data(index) /= key) loop
    index = index + 1;
end loop;
```

4 중복 연산자 중요 ★

일반적으로 산술 연산자는 두 가지 이상의 목적으로 사용된다. 예를 들어 +는 정수 덧셈과 부동 소수점 덧셈에 사용되는데 정수 덧셈과 부동 소수점 덧셈은 실제 수행되는 내용에는 차이가 있다. 또한 Java와 같은 언어에는 +가 문자열을 연결하는 데 사용되기도 한다.

```
10 + 20;
1.2 + 3.14;
"Hello" + "world"
```

이와 같이 하나의 기호가 두 가지 이상의 목적으로 사용되는 연산자를 중복 연산자(overloaded operator)라 한다. 정수 덧셈과 부동 소수점 덧셈에 같은 기호인 +를 사용해도 어떤 혼란도 일으키지 않고 신뢰성도 떨어뜨리지 않는다. 만약 이들 연산을 위해 다음과 같이 서로 다른 기호를 사용한다면 오히려 혼란스러워질 것이다.

```
10 +@ 20;
1.2 +# 3.14;
"Hello" +? "world"
```

번역기는 피연산자의 데이터 타입에 따라 목적을 구분한다. 예를 들어 5 + 7과 같이 피연산자 타입이 정수라면 정수 덧셈을 하고, 5.2 + 7.3과 같이 피연산자 타입이 부동 소수점이라면 부동 소수점 덧셈을 하게 된다.
C++와 Ada는 프로그래머가 중복 연산자를 직접 정의해서 사용할 수도 있다. 프로그래머가 분수 곱셈을 하는 함수를 작성하고 함수의 이름을 *라 하면 *는 분수 곱셈을 하는 데도 사용할 수 있게 된다. 만약 A와 B가 분수 타입의 변수라면 A * B는 분수 곱셈을 하게 된다.
다음은 중복 연산자 +에 대한 C++ 예제로, 11행~13행이 +연산을 하는 함수 +를 정의하는 부분이고, 17행이 중복 연산자 +를 이용해서 계산하는 부분이다.

[소스 5-2] 사용자가 정의한 중복 연산자 +를 사용하는 C++ 예제

```
01    #include〈iostream〉
02    #include〈string〉
03    using namespace std;
04    class A {
05        int a;
06    public:
07        A(int a) { this-〉a = a; }
08        void setA(int a) { this-〉a = a; }
09        int getA()const { return a; }
10    };
11    int operator+(const A& aa, int data) {
12        return aa.getA() + data;
13    }
14    void main() {
15        cout 〈〈 5 + 9 〈〈 endl;     // 14
16        A aa(20);
17        cout 〈〈 aa + 5 〈〈 endl;    // 25
18    }
```

〈결과값〉
14
25

제 2 장 조건문

조건문(conditional)이란 프로그래머가 명시한 조건이 참인지 거짓인지에 따라 둘 또는 그 이상의 실행 경로 중에서 하나를 선택할 수 있는 문장이다. 조건문은 조건이 참이냐 거짓이냐에 따라 선택하는 if 문과 조건에 따라 여러 경로 중 하나를 선택하는 switch~case 문으로 구분할 수 있다.

1 양자택일 문 중요 ★★

if 문은 조건이 참이냐 거짓이냐에 따라 실행되는 문장을 달리하고자 할 때 사용하는 것으로, FORTRAN에서 다음과 같은 두 가지 형태의 if 문을 처음 도입했다.

```
IF(조건식) L1, L2
IF(조건식) L1, L2, L3
```

첫 번째 if 문은 조건이 참이면 레이블 L1로 분기하고, 거짓이면 레이블 L2로 분기한다. 그리고 두 번째 if 문은 조건의 값이 음수이면 레이블 L1로, 0이면 레이블 L2로, 그리고 양수이면 레이블 L3으로 분기한다. 이후 버전에서는 첫 번째 if 문은 사라지고 다음과 같은 if 문이 새롭게 도입되었는데 식이 참이면 문장을 실행하고 거짓이면 문장을 실행하지 않는다.

```
IF(조건식) 문장
```

다음은 사용 예이다.

```
IF( I .GT, 10) K = 20
```

이 if 문은 참인 경우에 한 문장만 실행 가능하고 둘 이상의 문장은 불가능하다. 때문에 조건식이 참인 경우에 실행될 문장이 여러 개인 경우에는 다음과 같이 GO TO 문을 사용해야 하는 불편함이 있다.

```
10 IF(조건식) GO TO 20
    문장1
    문장2
    GO TO 10
20 문장3
```

이후 버전인 FORTRAN 77은 이러한 문제를 보완하여 다음과 같은 형식의 블록 if 문을 추가하였다.

```
10 IF(조건식) THEN
       문장들
    ELSE
       문장들
    ENDIF
```

THEN 다음에 나오는 문장들을 then 절이라 하고 ELSE 절 다음에 나오는 문장들을 else 절이라 하는데, 조건이 참이면 then 절을 실행하고 거짓이면 else 절을 실행한다. 다음은 그 예이다.

```
10 IF(L .GT. M) THEN
     ISUM = ISUM + L
     LCNT = LCNT + 1
   ELSE
     ISUM = ISUM + M
     MCNT = MCNT + 1
   ENDIF
```

대부분의 언어는 if 문을 제공한다. 다음은 C의 if 구조인데 else 이하는 옵션에 해당된다.

```
10 if(조건식)
    문장
   else
    문장2;
```

다음과 같은 C 예는 else가 첫 번째 if와 연결되는 것인지 두 번째 if와 연결되는 것인지 모호하다.

```
if(조건식1)
   if(조건식2)
     문장1;
   else
     문장2;
```

이러한 모호성을 허상 else(dangling else) 문제라 하는데, Pascal과 C에서는 "else는 이미 연결된 else가 없는 가장 가까운 if와 결합한다."라는 규칙을 적용하고 있다. 그러므로 앞 예제의 else는 두 번째 if와 연결된다. 만약 첫 번째 if와 연결을 시키려면 다음과 같이 블록으로 두 번째 if 문을 묶으면 된다.

```
if(조건식1) {
    if(조건식2)
        문장1;
    } else
        문장2;
```

다음 예제에서 if 절은 널(null)이고, 처리해야 할 문장이 else 절에 있다. 즉 strcmp(name, "korea")가 참인 경우에는 아무런 처리를 하지 않고 거짓인 경우에 /* 처리해야 할 문장 */ 을 처리하게 되어있는데 바람직한 구조가 아니다.

```
if ( strcmp (name, "korea"))
    ;
else
  /* 처리해야 할 문장 */
```

다음과 같이 if 조건을 부정으로 하고, 처리해야 할 문장을 if 절로 옮기며, else 절을 지우는 것이 바람직한 코딩 방법이다. 즉 if 절에 의미 있는 문장을 놓는 것이 바람직하다.

```
if ( ! strcmp (name, "korea")) {
    /* 처리해야 할 문장 */
}
```

else의 오른쪽에 또 다른 if 문을 놓을 수 있는데 C의 형식은 다음과 같다. 조건식1이 참이면 문장1을, 조건식1이 거짓이고 조건식2가 참이면 문장2를, 조건식1과 조건식2가 모두 거짓이면 문장3을 실행한다. 물론 문장에는 복합문이 올 수 있다.

```
if(조건식1)
    문장1;
else if(조건식2)
    문장2,
else
    문장3;
```

Ada의 if 문 형식은 다음과 같은데, FORTRAN과 유사하게 if 문 끝에 end if가 위치한다. then 절과 else 절에는 단일 문장뿐만 아니라 둘 이상의 문장도 위치할 수 있다.

```
if 조건식 then
    문장들
else
    문장들
end if:
```

Ada 역시 else의 오른쪽에 또 다른 if 문을 놓을 수 있다.

```
if 조건식1 then 문장들
else if 조건식2 then 문장들
        else 문장들
     end if:
end if:
```

여기서 if 구조의 끝을 의미하는 end if를 if의 개수만큼 마지막 부분에 나타내야만 한다. 이러한 불편함은 else if 대신에 새로운 예약어 elsif를 사용하면 해결되는데, 중첩된 if의 끝을 의미하는 end if는 쓰지 않는다. 다음은 사용 형식으로, 앞의 경우보다 간소화된 것을 알 수 있다.

```
if 조건식1 then 문장들
elsif 조건식2 then 문장들
        else 문장들
end if:
```

2 다자택일 문 중요 ★★

case 문과 switch 문은 조건에 따라 여러 경로 중 하나를 선택할 때 사용하는데 ALGOL W에서 처음 도입되었으며 형식은 다음과 같다. 조건의 값이 1이면 문장1이, 2면 문장2, …, n이면 문장n이 선택되어 실행된다.

```
case 조건식 of
begin
문장1; 문장2; …; 문장n
end
```

C 언어와 Java는 switch 문을 이용하는데 그 형식은 다음과 같다. 조건식의 값이 상수1이면 문장들1, 문장들2, …, 문장들n이 실행되고, 상수2이면 문장들2, …, 문장들n이 실행된다. 일치하는 상수가 없을 경우에는 문장들n이 실행되는데 default가 없으면 아무 일도 하지 않고 switch 구조를 빠져나온다. 물론 상수1, 상수2, …는 서로 달라야 한다.

```
switch(조건식) {
    case 상수1:  문장들1
    case 상수2:  문장들2
        ⋮
    default: 문장들n
}
```

만약 식의 값이 상수1일 때 문장들1만 실행되고, 상수2일 때 문장들2만 실행되고, … 일치하는 상수가 없을 때 문장들n이 실행되게 하고 싶으면 다음과 같이 break를 사용하면 된다. switch 구조에서 break를 만나면 switch 구조를 벗어난다.

```
switch(조건식) {
    case 상수1:  문장들1; break;
    case 상수2:  문장들2; break;
        ⋮
    default: 문장들n
}
```

Ada의 case 문은 ALGOL W의 case 문을 기반으로 하는데 형식은 다음과 같다. 여기서 when others는 생략이 가능하다. Ada는 C와는 달리 선택리스트들이 조건식에서 나타날 수 있는 결과를 모두 포함하고 있어야 한다. 만약 모든 결과를 선택리스트에 나타낼 수 없으면 others를 이용하면 된다.

```
case 조건식 is
    when 선택리스트1 => 문장들1
    when 선택리스트2 => 문장들2
        ⋮
    when others => 문장들n
end case:
```

C/C++/Java의 switch는 상수만 가능했으나 Ada의 case는 상수는 물론이고 3 | 5 | 7과 같은 상수들의 나열, 90..100과 같은 범위도 가능하다는 장점이 있다.
만약 일치하는 선택리스트가 없을 때 아무 작업도 실행하고 싶지 않다면 다음과 같이 null을 others 부분에 놓으면 된다.

```
case 조건식 is
        ⋮
  when others => null
end case:
```

다음은 Ada의 case 문의 사용 예로, score가 0~100 사이의 값을 갖는 scoreRange 타입이므로 others 절을 사용하지 않았다. 만약 score가 integer 타입이라면 others 절을 사용해야 한다.

[소스 5-3] case문을 사용하는 Ada 예제

```
01    with TEXT_IO;
02    use TEXT_IO;
03    procedure caseGrade is
04      package INT_IO is new TEXT_IO.INTEGER_IO (integer);
05      use INT_IO;
06      subtype scoreRange is integer range 0..100;
07      score: scoreRange;
08      grade: character;
09    begin
10      put("score: ");
11      get(score);
12      case score is
13        when 90..100 => grade := 'A';
14        when 80..89 => grade := 'B';
15        when 70..79 => grade := 'C';
16        when 60..69 => grade := 'D';
17        when 0..59 => grade := 'E';
18      end case;
19      put(grade);
20    end caseGrade;
```

〈결과값〉
score: 85
B

제 3 장 반복문(iterative Statement)

반복문은 프로그램 소스 코드 내에서 특정한 부분의 코드가 반복적으로 수행될 수 있도록 하는 구문이다. FORTRAN의 DO 문이 반복문의 효시라 할 수 있는데, 최근 언어에서는 반복문을 크게 while 문과 for 문으로 구분한다.

1 FORTRAN의 DO 문 중요 ★★★

FORTRAN의 DO 문의 형식은 다음과 같다. 변수가 초기값을 갖고 한 번씩 반복할 때마다 증가값만큼 증가되면서 종료값보다 작거나 같은 동안 문장들을 실행한다. 증가값은 생략할 수 있는데, 생략하면 반복할 때마다 변수의 값은 1씩 증가된다.

```
        DO 레이블 변수 = 초기값, 종료값 [, 증가값]
        문장들
   레이블 CONTINUE
```

다음 예는 I가 1의 초기값을 갖고 반복할 때마다 1씩 증가되면서 5보다 작거나 같은 때 문장들을 실행한다.

```
        DO 10 I=1, 5
        문장들
   10 CONTINUE
```

다음 예에서는 증가값 2가 있으므로 I 값은 반복할 때마다 2씩 증가된다.

```
        DO 10 I=1, 5, 2
        문장들
   10 CONTINUE
```

2 while 문 중요 ★★

C/C++/Java의 while 문 형식은 다음과 같은데, 조건식이 참인 동안 문장을 반복해서 실행한다. while 문을 만나면 먼저 조건식을 평가하는데 거짓이면 문장을 실행하지 않고 while 구조를 종료한다. 그러나 식이 참이면 문장을 실행하고 다시 조건식을 평가한다. 이러한 동작은 조건식이 참인 동안 반복된다.

```
while(조건식)
  문장:
```

이에 대한 EBNF는 다음과 같다.

$$\langle while \rangle \rightarrow \text{while } (\langle exp \rangle) \langle statement \rangle$$

C/C++/Java의 while 문 형식의 문장에는 복합문이 올 수 있다.

```
while(조건식) {
  문장1;
  문장2;
    ⋮
}
```

Ada의 while 문 형식은 다음과 같은데, loop와 함께 표현한다.

```
while 조건식 loop
  문장들
end loop;
```

다음은 while 문을 이용해서 1부터 10까지의 합을 구하는 Ada 예제이다.

[소스 5-4] while문을 사용하는 Ada 예제

```
01      with TEXT_IO;
02      use TEXT_IO;
03      procedure sum is
04        package INT_IO is new TEXT_IO.INTEGER_IO (integer);
05        use INT_IO;
06        index, result: integer;
07      begin
08        index := 1;
09        result := 0;
10        while index <= 10 loop
11          result := result + index;
12          index := index + 1;
13        end loop;
14        put(result);                          〈결과값〉
15      end sum;                                 55
```

살펴본 while 문은 조건식이 시작부터 거짓이면 반복 문장은 한 번도 실행되지 않는다. 반복 문장을 적어도 한 번은 실행되도록 하는 반복문이 있는데, 바로 C/C++/Java의 do~while 문이다. do~while 문을 만나면 먼저 문장을 실행하고, 마지막 부분에서 종료 조건식을 평가한다. 조건식이 참이면 반복하고, 거짓이면 do~while 구조를 종료한다.

```
do
 문장;
while(조건식);
```

이 do~while 문을 while 문으로 나타내면 다음과 같다.

```
문장;
 while(조건식)
  문장;
```

while 문에서와 마찬가지로 do 문의 문장에도 복합문이 올 수 있다.

```
do {
  문장1;
  문장2;
     ⋮
} while(조건식);
```

do 문에서는 반복 문장이 단일 문장일지라도 중괄호로 묶는 것이 while 문과의 혼란을 피할 수 있다.

```
do {
  문장;
} while(조건식);
```

while과 do~while 구조는 반복의 종료 지점을 시작 혹은 끝에 명시하고 있는데, 반복 내의 임의의 지점에서 종료하는 것이 필요할 때가 있다. 이러한 경우에 사용하는 것이 C/C++/Java에서는 break이고, Ada에서는 exit이다.

그러나 시작(혹은 끝) 부분의 종료 지점과 내부 종료 지점을 동시에 사용하는 것은 프로그램 구조를 복잡하게 한다. 그러므로 내부 종료 지점을 사용할 경우에는 시작(혹은 끝) 종료 지점이 없는 구조를 사용하는 것이 바람직하다. C의 경우에는 다음과 같이 무한 반복 종료 조건식을 1로 하면 된다.

```
while(1) {            // while(조건식)
     ⋮
  if(⋯) break;
     ⋮
}
```

그리고 Ada에서는 다음과 같이 while 부분을 생략하고 exit를 사용하면 같은 효과를 낼 수 있다.

```
loop
     ⋮
   exit when ⋯;
     ⋮
end loop;
```

3 for 문 중요 ★★★

C/C++/Java의 for 문 형식은 다음과 같다. 첫 번째 초기식, 두 번째 조건식이고, 세 번째는 증감식을 나타 낸다. 또, 증감식은 문장 실행 후에 평가되는데 흔히 반복 변수의 값을 변환할 때 사용된다. for 문을 만나면 먼저 초기식, 그 후에 조건식을 비교하고, 참이면 문장을 실행하고 거짓이면 for 구조를 종료한다. 문장을 실행하면 증감식을 실행하고 다시 조건식을 평가한다. 이러한 동작은 조건식이 참인 동안 반복된다. 문장에 는 단일 문장과 복합문이 올 수 있다.

```
for(초기식; 조건식; 증감식){
    문장;
}
```

C/C++/Java의 for 문 형식에서 초기식, 조건식, 증감식은 옵션에 해당한다. 그러므로 모두 생략하여 다음 과 같이 나타낼 수도 있는데 무한 반복인 상태가 된다.

```
for( ; ; )
문장:
```

다음은 for에 대한 EBNF 표기이다.

$$\langle for \rangle \rightarrow for\ ([\langle exp \rangle];[\langle exp \rangle];[\langle exp \rangle])\ \langle statement \rangle$$

for 구조를 while을 이용해서 나타내면 다음과 같다.

```
초기식;
while(조건식){
    문장;
    증감식;
}
```

다음 예에서 볼 수 있듯이 for 문은 반복 변수를 사용해서 임의의 횟수만큼 반복할 때 주로 사용한다.

```
for( i = 0 ; i < size ; i++)
    sum = sum + data[i];
```

C++, Java, 그리고 C 최근 버전은 다음과 같이 for 구조 내에서 변수를 선언할 수 있는데, 이 변수 i는 for 구조 내에서만 사용할 수 있는 지역 변수이다.

```
for( int i = 0 ; i < size ; i++)
    sum = sum + data[i];
```

Ada for 문의 형식은 다음과 같다. 변수가 범위의 하한을 갖고 시작하여 상한 값이 될 때까지 반복하고, 반복할 때마다 변수의 값은 1씩 증가한다. 범위는 1..10과 같이 정수 또는 열거 타입의 부분 범위이고, reverse를 사용하면 범위의 값이 역순으로 변수에 배정된다.

```
for 변수 in [reverse] 범위 loop
문장들
end loop;
```

다음 예를 보자. 반복 변수 i는 처음에 1을 갖고 한 번씩 반복할 때마다 1씩 증가하며 size보다 작거나 같은 동안 02행을 반복해서 실행한다.

```
01  for i in 1..size loop
02      sum := sum + data (i);
03  end loop;
```

Ada for 문의 특징은 반복 변수가 for 구조 내에서만 사용되는 지역 변수라는 점이다. 반복 변수는 for 문에서 묵시적으로 선언된다. 그러므로 다음 예에서 01, 05행의 i와 02, 03행의 i는 전혀 다른 변수로, 03행의 i는 02행의 1에 해당되고 05행의 i는 01행의 i에 해당된다.

```
01  i: float := 3.1;
02  for i in 0..5 loop
03      sum := sum + i;
04  end loop;
05  i := 7.9;
```

그리고 Ada 반복 변수는 반복 구조 내부에서 값을 임의로 배정할 수 없게 되어 있다. 그러므로 다음의 03행과 같이 반복 변수에 값을 임의로 배정하는 것은 문법에 위배된다.

```
01  for i in 0..5 loop
02      sum := sum + i;
03      i := 3
04  end loop;
```

제4장 무조건 분기문

무조건 분기문(unconditional branch statement)은 프로그램의 실행 순서를 특정 위치로 바꾸는 문장으로, goto 문이 이에 해당된다.

goto 문은 FORTRAN과 같은 언어에서 중요한 역할을 한다. 다음 FORTRAN 예에서 GO TO 20은 레이블 20 위치로 분기하라는 문장이다.

```
10 IF (K(I) .EQ. 0) GO TO 20
   I = I + 1
   GO TO 10
20   :
```

이 예는 K(I)가 0이 될 때까지 I 값을 증가하며 반복하는데, 이를 C로 나타내면 다음과 같다.

```
while (k[I] != 0)
   I++;
      :
```

FORTRAN과 같은 초기 언어에서는 goto 문이 프로그램 문장의 실행 흐름을 제어하기 위한 주된 수단으로 사용되었다. 그러나 goto 문을 무분별하게 사용하면 프로그램을 판독하기가 힘들어지게 되고 결과적으로 프로그램의 신뢰성이 상당히 떨어지게 된다.

goto 문을 폐기한 언어로는 Modula-2 와 Java가 있다. 나머지 C 언어를 비롯한 대부분 언어는 goto 문을 포함하고 있으나 특별한 경우에만 goto 문을 사용하는 것이 바람직하다. 다음은 그 특별한 경우에 대한 C 언어의 예이다.

```
#include<stdio.h>
int main(void)
{
    int x, y;
    while( 1 )
    {
        x = 0;
        while( x < 50 )
        {
            if( _kbhit() ) goto OUT;          // 키보드 누르면 종료
            printf("*");     x++;
        }
        printf("\n");
    }
OUT: return 0;
}
```

(1) goto 문의 장점

① goto 문 제어구조를 하드웨어가 제공한다.

② goto 문 제어구조의 완벽한 범용성이 있다.

③ 모든 알고리즘의 표현이 가능하다.

(2) goto 문의 단점

① goto 문을 많이 사용하면 비구조적 프로그램으로 가독성이 떨어진다.

② 프로그램 유지보수가 어려워진다.

제 5 장 부프로그램(subprogram)

부프로그램은 프로그램에서 호출에 의해 실행되도록 만들어진 일련의 코드를 의미한다. 한 프로그램 안에서 반복적으로 실행되거나 여러 프로그램에서 공통적으로 실행되는 기능들을 부프로그램으로 하여 사용할 때 유용하다. 부프로그램의 특징은 다음과 같다.

- 일련의 행위나 계산을 추상화하는 기법으로 제공한다.
- 실행과 분리해서 선언할 수 있는 블록이다.
- 함수(Function)는 함수 이름으로 값을 반환하게 할 수 있다.
- 부프로그램(서브루틴, 프로시저)은 매개변수로 값을 반환하게 할 수 있다.

다음은 함수A를 각각 세 곳에서 실행하는 프로그램 구조이다.

[그림 5-1] 함수A를 여러 번 실행하는 프로그램 구조

[그림 5-1]의 구조처럼 같은 기능이 여러 번 실행되는 경우에 다음과 같이 이 함수를 하나의 단위로 만들고 이 부분이 실행되도록 명령을 내리면 프로그램이 간결해지고 이해하기도 쉬워질 것이다. 이처럼 하나의 단위로 만들어진 기능을 부프로그램(subprogram)이라 한다.

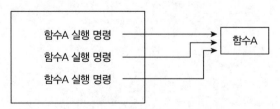

[그림 5-2] 함수A를 하나의 단위로 만든 프로그램 구조

[그림 5-2]를 일반적인 용어로 표현해서 나타내면 [그림 5-3]과 같은데, 부프로그램A를 부프로그램 정의라 하고, 부프로그램이 실행되도록 명령하는 문장을 부프로그램 호출이라 한다.

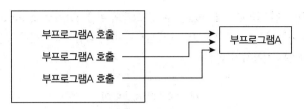

[그림 5-3] 부프로그램이 있는 프로그램 구조

부프로그램 호출을 하면 부프로그램이 실행되고, 실행이 끝나면 호출한 프로그램으로 되돌아온다.

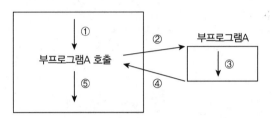

[그림 5-4] 부프로그램이 있는 프로그램의 실행 순서

1 부프로그램의 정의와 호출 중요 ★★★

프로그램에서 부프로그램을 이용하려면 해당 부프로그램이 미리 정의되어 있어야 하고 이 부프로그램을 호출하는 부분이 있어야 한다.

부프로그램 정의(subprogram definition)는 부프로그램이 실행할 내용을 기술한 일련의 코드로, 머리부(header)와 본체(body)로 구성된다. 그리고 부프로그램 호출(subprogram call)은 호출되는 부프로그램을 실행하라는 명령이다.

부프로그램 정의의 머리부에는 부프로그램임을 나타내는 예약어, 부프로그램의 이름, 매개 변수들의 이름과 타입, 반환 값의 타입 등을 기술한다.

다음은 FORTRAN 부프로그램의 머리부로, SUBROUTINE은 부프로그램임을 나타내는 예약어이고, SUB는 부프로그램의 이름이다. 그리고 K, N은 매개변수들의 이름이다.

```
SUBROUTINE SUB (K, N)
```

다음은 Pascal 부프로그램의 머리부로, procedure는 부프로그램임을 나타내는 예약어이고, sub는 부프로그램의 이름이다. 그리고 k, n은 매개변수들의 이름인데 오른쪽의 integer는 매개변수의 타입을 의미한다.

```
procedure sub (var k, n: integer);
```

다음은 C 언어의 부프로그램 머리부이다. sub는 부프로그램의 이름이고, int k, int n은 매개변수의 타입과 이름이다. 그리고 sub 왼쪽의 int는 부프로그램이 반환하는 값의 타입을 의미한다. C 언어의 경우 부프로그램임을 나타내는 예약어는 사용하지 않는다.

```
int sub (int k, int n)
```

다음은 완성된 FORTRAN 부프로그램 정의 예이다.

```
SUBROUTINE SUB (K, L)
IF (K .GT. L) THEN
    PRINT *, K
ELSE
    PRINT *, L
ENDIF
RETURN
END
```

그리고 다음은 완성된 C 부프로그램 정의 예이다. 부프로그램 이름 왼쪽의 void는 아무 값도 반환하지 않는다는 것을 나타낸다.

```
void sub (int k, int n)
{
    if(k > n)
     printf("%d \n", k);
    else
     printf("%d \n", n);
}
```

언어에 따라서 부프로그램은 정의뿐만 아니라 선언도 있다. 부프로그램 선언은 부프로그램이 정의되어 있다는 것을 컴파일러에게 알리는 역할을 하는 것으로, 부프로그램의 머리부는 제공하지만 부프로그램 몸체를 포함하진 않는다.

다음은 C 언어 부프로그램 선언의 예인데, 매개변수들의 이름은 생략해도 된다.

```
void sub (int, int);
```

정의된 부프로그램은 호출에 의해 동작하게 된다. 다음은 FORTRAN에서 SUB 부프로그램을 호출하는 예로, 예약어 CALL을 이용한다.

CALL SUB (i, j)

그리고 다음은 Pascal과 C에서 sub 부프로그램을 호출하는 예인데, i와 j도 매개변수라 한다.

sub (i, j);

2 매개변수 전달 방식 중요 ★★★

매개변수 전달 방식으로는 다음과 같은 방법들이 있다.

- 값 전달(call by value)
- 참조 전달(call by reference)
- 값-결과 전달(call by value-result)
- 이름 전달(call by name)

각 매개변수 전달방법에 대해서 알아보자.

(1) 값 전달(call by value)

값 전달(call by value)은 가장 간단한 매개변수 전달방법으로 거의 모든 언어가 기본적인 매개변수 전달방법으로 제공한다. 값 전달(call by value) 방법은 말 그대로 함수를 호출할 때 인수 값을 계산하여 대응하는 매개변수에 전달하는 것이다.

값 전달을 이용한 함수 호출 예를 살펴보자. 예를 들어 다음과 같이 정의된 max 함수가 호출되면 호출에 사용된 인수를 먼저 계산한다.

```
int a = 2;
int b = 3;
printf ("최댓값은 : %d \n", max(2*a, a+b));          // max(4, 5); 호출과 같음
```

계산된 값은 각각 4와 5가 될 것이다. 이 값이 max 함수의 매개변수에 전달되면 실제로는 다음과 같이 매개변수가 이 값으로 초기화되어 실행된다.

```
int max(int x, int y) {          // x는 4, y는 5를 전달 받음
    if( x > y)
            return x;
    else
            return y;
}
```

값 전달은 간단하면서 이해하기도 쉽기 때문에 많은 프로그래밍 언어에서 매개변수 전달방법으로 사용하고 있다. 그러나 값 전달은 다음과 같은 제한이 있다. 예를 들어, 값 전달방법을 이용하여 다음과 같이 앞에서 정의된 swap 함수를 호출한다고 가정해 보자.

```
int a = 10;
int b = 20;
swap(a, b);
```

이 함수 호출 후에 변수 a, b 값은 어떻게 되어 있을까? 쉽게 생각하면 당연히 a, b 값은 교환되어 있을 것이라고 생각할 것이다. 그러나 실제로는 [그림 5-5]처럼 값 전달방법에 따라 값을 전달하고 swap 함수를 실행하면 이 함수 내에서 매개변수 x, y의 값은 서로 교환되지만 함수 호출이 끝나면 변수 a, b 값은 그대로이다. 또한 함수 호출 후에는 x, y는 더 이상 유효한 변수가 아니므로 사용할 수도 없다. 결과적으로 값 전달을 이용해서는 swap 함수를 제대로 작성할 수 없다. 그렇다면 어떻게 하여야 할까?

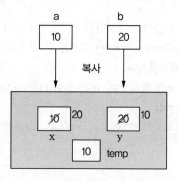

[그림 5-5] 값 전달

(2) 참조 전달(call by reference)

참조 전달(call by reference) 방법은 위에서 언급한 값 전달방법의 문제점을 해결할 수 있다. 참조 전달은 함수를 호출할 때 인수의 값이 아니라 인수에 대한 참조(reference)를 전달하는 방법이다.

참조는 주소(혹은 포인터)를 전달하는 호출방식으로 함수 호출 시에 인수의 위치(주소)가 계산되어 매개변수에 전달된다. 따라서 인수는 할당된 기억장소가 있는 변수이어야 하고, 함수 내에서 매개변수를

사용하면 자동 주소 참조가 이루어져 대응되는 인수를 접근하게 된다. 따라서 매개변수 값을 변경하면
자동적으로 대응되는 인수 값이 변경된다.

참조 전달을 이용하여 매개변수를 전달하면 인수와 대응되는 매개변수가 서로 이명(aliasing)이 된다.
즉, 한 기억장소에 대한 두 개의 다른 이름이 생긴다. 참조 전달을 설명하기 위한 예로 C++ 언어로
작성된 swap 함수를 살펴보자. 이 함수의 헤더에 있는 * 표시는 매개변수 전달방법으로 참조 전달을
사용하겠다는 의미이다. 따라서 매개변수 x, y는 참조 전달을 매개변수 전달방법으로 사용한다.

📋 **예제 5-2**

```
void swap(int* x, int* y)        // 헤더
{                                // 본체
  int t = *x;
    *x = *y;
    *y = t;
}
```

함수 호출할 때는 다음과 같이 호출하면 된다.

```
int a = 10;
int b = 20;
swap(&a, &b);
```

실제 호출 과정에서는 [그림 5-6]과 같이 변수 a와 b의 주소가 매개변수 x와 y에 전달되고 함수 내에서
이 변수 x와 y를 사용하면 자동 주소참조가 이루어져 변수 a와 b를 접근하게 된다. 따라서 함수 호출
후에는 변수 a와 b의 값이 서로 교환되어 있게 된다.

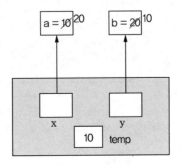

[그림 5-6] 참조 전달

(3) 값-결과 전달(call by value-result)

참조 전달의 효과를 내면서 이명의 문제점을 해결하기 위한 매개변수 전달방법이 값-결과 전달(call by value-result)이다.

값-결과 전달의 기본 아이디어는 함수를 호출할 때와 함수로부터 리턴할 때 다음과 같이 두 번 매개변수 전달을 하는 것이다. 첫 번째 전달이 값 전달(call by value)이고 두 번째 전달이 결과 전달(call by result)이다.

- 함수를 호출할 때 : 값 전달
  → 인수 값을 매개변수에 전달(복사)한다.
- 함수로부터 리턴할 때 : 결과 전달
  → 매개변수 값을 인수에 역으로 전달(복사)한다.

값 전달과 참조 전달 방법은 함수를 호출할 때 매개변수를 전달하면 그것으로 끝인 반면에 값-결과 전달은 함수를 호출할 때뿐만 아니라 함수로부터 리턴할 때 역으로 매개변수 값을 인수에 전달한다는 면에서 특이하다. 값 전달은 copy-in, 결과 전달은 copy-out이라고도 한다.

swap 예제 프로그램을 사용하여 값-결과 전달을 살펴보자. 이 함수를 호출하면 a와 b의 값이 각각 매개변수 x와 y에 전달된다([그림 5-7]). 함수가 수행되는 동안에 매개변수 x와 y 값이 서로 교환되고 함수가 리턴할 때 자동으로 이 x와 y 값이 역으로 변수 a와 b에 전달된다([그림 5-8]). 따라서 함수 호출이 끝나면 결과적으로 a와 b 값이 서로 교환되어 있다.

📄 예제 5-3

```
void swap(int &x, int &y)        // 헤더
{                                // 본체
int temp = x;
    x = y;
    y = temp;
}
int a = 10, b = 20;
swap(a, b);
```

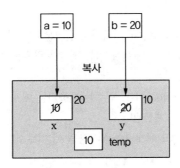

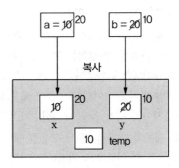

[그림 5-7] 값 전달 후에 swap 수행

[그림 5-8] 결과 전달

그렇다면 값 결과 전달과 참조 전달은 항상 똑같은 결과를 낼 수 있을까? 다음 예제 프로그램을 살펴보자. 이 함수 p를 호출한 후에 a의 값은 어떻게 될까?

다음 [예제 5-4]와 같이 함수 p를 호출할 때 값 전달, 참조 전달, 값 결과 전달방법을 사용했을 각 경우에 대해 호출 후의 a의 값은 무엇인가?

📋 예제 5-4

```
void p(int x, int y)
{
  x++;
  y++;
}
int main()
{
    int a = 1;
    p(a,a);
    printf("a = %d \n", a);
}
```

<결과값>
값 전달 : a = 1
참조 전달 : a = 3
값 결과 전달 : a = 3

(4) 이름 전달(call by name)

이름 전달(call by name)은 매우 독특한 매개변수 전달방법이다. 지금까지 살펴본 매개변수 전달방법은 함수를 호출할 때 값이든 참조든 무엇인가 전달하였다. 이에 반해 이름 전달은 함수를 호출할 때는 아무것도 전달하지 않는다.

이름 전달의 기본 아이디어는 지연 계산(delayed evaluation)이다. 인수는 대응되는 매개 변수가 사용될 때까지 계산되지 않고 매개변수가 사용될 때 비로소 계산된다.

인수는 대응되는 매개변수가 사용될 때까지 계산되지 않고 매개변수가 사용될 때 비로소 계산되고, 매개변수를 인수 이름으로 대치하고 실행한다고 생각할 수 있다.

이름 전달의 독특함을 알아보기 위해 [예제 5-5]의 프로그램을 살펴보자. 함수 p를 호출한 후에 a[n] 값은 어떻게 될까? 참조 전달인 경우에는 매개변수 x는 배열 원소 a[1]을 참조하며 따라서 이 원소 값을 10 증가시킨다. 이름 전달인 경우에는 어떻게 될까? x = x + 10 문장에서 매개변수 x를 접근하면 그때 대응되는 인수 a[n]를 접근하여 계산한다. 이때 n의 값은 2가 되어 있다. 따라서 이 문장은 a[2] 값을 변경하게 된다.

📋 **예제 5-5**

```c
int n, a[10];
void p(int x)
{
  n = n + n;
  x = x + 10;
}
int main()
{
    n=1;
    a[1] = 10;
    a[2] = 20;
    p(a[n]);
      printf("a[%d] = %d \n", n, a[n]);
}
```

현대 프로그래밍 언어에서 이름 전달은 거의 사용되지 않고 있다.

제 **6** 장

실행 구조

제 1 절 FORTRAN 77의 구조

FORTRAN 77의 기본 구조는 다음과 같이 크게 3가지 영역으로 구성된다.

- 선언 영역(Declaration section) : 프로그램명, 변수 등을 선언
- 실행 영역(Execution Section) : 각종 계산 및 명령을 수행
- 종료 영역(Termination Section) : 프로그램을 종료

1 선언 영역 중요 ★★

(1) 프로그램명 선언

PROGRAM program_name

PROGRAM 문은 비실행문으로, 코드 첫 줄에 오며, 프로그램의 이름을 컴파일러에게 전달한다. 포트란은 대소문자 구별이 없기 때문에 program이라고 쓸 수 있지만, 보통 키워드를 대문자로 쓰는 관습이 있다. 프로그램명에는 알파뉴머릭(alphanumeric)과 언더바(_)를 쓸 수 있다.

(2) 변수 선언

정수변수의 선언은 INTEGER, 실수형 변수의 선언은 REAL을 사용하며 문자변수는 CHARACTER를 사용한다. 기본적인 구문은 다음과 같다.

INTEGER :: variable names
REAL :: real_variables
CHARACTER [(len = length)] :: variable names
CHARACTER [(length)] :: variable names

2 실행 영역 중요★

기본적인 사칙연산은 C 언어와 같고, C 언어에는 거듭제곱이 없는데, 포트란의 경우 계산 언어답게 거듭제곱이 있다. 포트란에서는 **을 사용한다. 기본적인 입출력함수로 출력은 WRITE(or PRINT), 입력은 READ 문을 사용한다.

3 종료 영역 중요★

종료 영역에서는 STOP 문과 END PROGRAM 문을 사용한다.
STOP 문은 프로그램의 실행을 정지시키라는 명령이다. END PROGRAM은 컴파일러에게 더 이상 컴파일할 문장이 없음을 알려주는 문장이다. 그런데 END PROGRAM을 만나면 어차피 컴파일러가 자동으로 STOP 명령을 내리기 때문에, STOP과 END PROGRAM 문이 연달아 붙어있는 경우에는 둘 중 하나만 써도 상관없다. END PROGRAM 뒤에 종료시킬 프로그램을 명시적으로 나타내줄 수도 있다.

> END PROGRAM [program name]

간단한 계산 예제를 통해, 기본적인 구조를 살펴보자. 다음의 예제코드는 두 실수를 입력받아서, 그 첫 번째 수에 두 번째 수를 거듭제곱한 값을 출력하는 프로그램이다.

```
PROGRAM power
 READ (*.*) x. y
 z = x ** y
 WRITE (*.*) z
 END PROGRAM
```

〈실행 결과〉
17.0 1.5
   70.09280

💡 **더 알아두기** 🔍

FORTRAN 문장의 코딩형식
① 1열(comment field) : 주석문으로 'C'나 '*'를 기입한 후 2~72열 사이에 참고사항을 기재한다.
② 1~5열(statement number field) : 문번호를 쓰는 열이다. 1~99999 사이의 정수만 쓸 수 있으며, 한 프로그램에서 같은 문번호를 2개 이상 쓰지 않아야 한다.
③ 6열(continuation field) : 연결문으로 프로그램이 너무 길어 한 line에 모두 기재할 수 없는 경우 다음 line 6열에 0과 blank를 제외한 문자를 기입하여 연결한다.
④ 7~72열(statement field) : FORTRAN의 실제 명령문이나 연산식 등을 기입하는 곳이다.
⑤ 73~80열(identification field) : 어떠한 내용을 기입해도 컴퓨터가 번역하지 않는 열로써 카드의 일련번호나 메모용, 참고용으로 사용된다.

제 2 절   재귀 호출이 가능한 구조 중요 ★★

하나의 함수에서 자기 자신을 다시 호출하는 방식으로 주어진 문제를 해결하도록 정의된 함수이다. 함수에서 자신을 다시 호출하는 것을 재귀 호출이라 하는데 이런 재귀호출은 트리 및 연결 리스트와 같은 자료구조 구현이 가능한 구조이다.

다음 [예제 5-6]은 C로 팩토리얼을 구하는 예제이고, [예제 5-7]은 C로 연결리스트를 구하는 예제이다.

📄 **예제 5-6   C로 구현한 팩토리얼 구하는 예제**

```
function factorial(n) {
    if (n == 0)                              // 종료 조건
        return 1;
    else
        return n * factorial(n-1);          // 재귀함수 호출
}
```

📄 **예제 5-7   C로 구현한 연결리스트 예제**

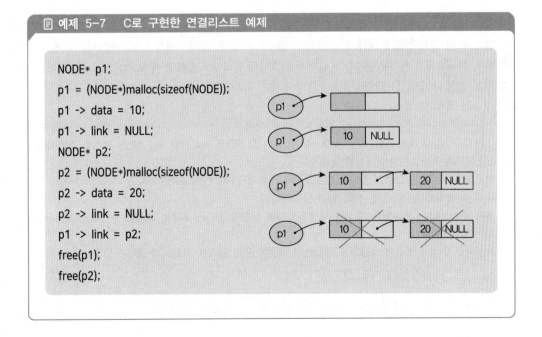

```
NODE* p1;
p1 = (NODE*)malloc(sizeof(NODE));
p1 -> data = 10;
p1 -> link = NULL;
NODE* p2;
p2 = (NODE*)malloc(sizeof(NODE));
p2 -> data = 20;
p2 -> link = NULL;
p1 -> link = p2;
free(p1);
free(p2);
```

안심Touch

제 3 절 　블록 구조 중요 ★★

블록은 프로그램 중에 서로 연관된 선언문과 실행문들을 묶어놓은 프로그래밍 단위로 보통 블록은 변수나 함수를 선언하는 선언문들과 일련의 실행문들로 구성된다. 많은 언어에서 블록은 중괄호(｛｝)나 begin-end로 구분되며 마치 하나의 복합문처럼 사용될 수 있다. C, Pascal 등의 언어에서는 프로시저 또는 함수도 하나의 블록이다.

블록의 중첩을 허용하는 언어를 블록 구조 언어(block structured language)라고 한다. Algol, Pascal, Modula, Ada, C 언어 등이 블록 구조를 지원하는 대표적인 언어들이다. 대부분의 블록 구조 언어는 블록 내에 블록의 중첩을 허용하며 정적 유효범위 규칙에 따라 블록에서 선언된 변수는 선언된 블록 내에서만 유효하다.

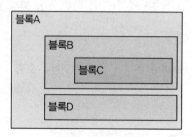

[그림 5-9] 블록 구조

예를 들어, [그림 5-9]와 같이 블록의 중첩을 형성하는 예를 살펴보자. 외부 블록 A 내에 내부 블록 B와 D가 있다. 또한 내부 블록 B 내에 중첩된 내부 블록 C가 있다. 블록 A에서 선언된 변수는 A 내 어디서나 유효하다. 블록 B에서 선언된 변수는 B 내에서 유효한데 블록 C도 블록 B 내에 있으므로 블록 C 내에서도 유효하다. 블록 D 내에서 선언된 변수는 D 내에서만 유효하다.

블록 구조의 특징 및 장점은 다음과 같다.

> - 대형 프로그램을 여러 블록으로 나누어 작성할 경우 잘 정돈된 블록단위 프로그램은 복잡한 수행 내용을 단순화하며 프로그램의 해독성을 높여준다.
> - 프로그램의 수행 중 오류가 발생하여도 그 범위가 블록단위로 한정되므로 수정이 쉬워지며 응용의 용도에 따라 블록의 첨가, 삭제, 수정 등이 용이하다.
> - 블록 내에 선언된 변수들은 그 안에서만 유효하며 실행이 종료된 후에는 기존에 선언되었던 변수들은 모두 무효화된다.
> - 사용자로 하여금 변수의 사용과 기억장소의 할당에 관한 경계를 명확하게 할 수 있다.

이러한 블록 구조를 제공하는 블록 구조 언어의 사례들에 대해서 살펴보자.

1 Pascal

Pascal 프로그램의 가장 바깥 블록은 program이다. 이 program 내에 변수 선언이나 프로시저(함수) 정의가 가능하다. 프로시저(함수) 정의 역시 하나의 블록으로 그 내부에 변수 선언 및 프로시저(함수) 정의가 가능하다. 어떤 블록이든 선언 뒤에 나오는 begin-end 사이에 실행문 나열이 가능하다. 예를 들어, Pascal 언어로 작성된 swap 프로시저를 작성해서 테스트하는 [예제 5-8]의 프로그램을 살펴보자. 이 프로그램의 가장 외부 블록인 program 내에서는 변수 x, y를 선언하고 프로시저 swap을 정의하였다. 선언된 변수 x, y는 전역 변수로 이 프로그램 내에 어디서나 사용 가능하다. swap 프로시저 내에서 선언된 변수 temp는 지역 변수로 이 프로시저 내에서만 사용 가능하다. 선언 뒤를 따르는 begin-end 사이에 그 블록의 실행문이 온다. program 블록의 실행문에서부터 프로그램이 실행되어 swap 프로시저를 호출한다.

📄 **예제 5-8   Pascal로 구현한 블록구조 예제**

```
program ex(output);
    var x, y: integer;                  // 전역 변수
    procedure swap(var A, B: integer);
        var temp: integer;              // 지역 변수
    begin
        temp := A;
        A := B;
        B := temp;
    end;
begin
    x := 5;   y := -3;
    swap (x, y);
end.
```

2 C 언어

C 프로그램은 다음과 같이 변수 선언과 함수 정의들로 이루어진다. C 언어에서는 중괄호가 하나의 블록이다. 따라서 중괄호로 시작하는 함수도 하나의 블록이다. 다음과 같이 괄호로 시작하는 블록 내에 변수 선언및 실행문 나열이 가능하다. 뿐만 아니라 블록 내에 블록이 중첩되는 것도 가능하다.

```
변수 선언;
리턴타입 함수명(매개변수) {
    변수 선언;
    실행문;
}
```

C 언어에서는 블록 내에 변수를 선언할 수 있을 뿐만 아니라 함수 밖에 변수를 선언할 수도 있다. 블록 내에 선언된 변수들은 블록 내에서만 사용될 수 있는 지역 변수이며 함수 밖에 선언된 변수들은 전역 변수(비지역 변수)이다. C 언어에서 전역 변수는 함수 밖에 선언되어 초기화되며, 지역 변수와 다르게 선언된 이후부터 프로그램 내의 어느 부분에서도 사용될 수 있다. C 언어에서 전역 변수는 지역 변수와 대비되는 개념으로 비지역 변수라고도 한다.

예를 들어 [예제 5-9]의 프로그램에서 main 함수 밖에서 선언된 변수 x는 전역 변수이고 main 함수 내에서 선언된 변수 y는 지역 변수이다. main 함수 밖에서 다른 함수 f를 정의할 수 있으며 이 함수는 정의된 이후부터 호출될 수 있다.

📋 예제 5-9   C로 구현한 블록구조 예제

```c
int x=1;
int f(int x) { return x*x; }

int main() {
   int y = 2;
   x = f(y);
   printf("%d %d \n", x, y);
}
```

또한, 변수를 선언할 때 static으로 선언할 수 있는데 이렇게 선언된 변수는 정적변수의 특징을 가지고 있으므로 프로그램이 실행될 때 생성되어 프로그램이 종료될 때까지 존재한다.

제 **4** 절 동적 범위 규칙을 위한 구조 중요 ★★

동적 영역 규칙은 이름에 해당하는 변수를 찾을 때 호출 순서에 기반하며 식별자의 사용 영역을 프로그램 실행 순서에 의해 결정한다.

먼저 자신을 포함하고 있는 블록에서 선언되었는지 살펴본 후 없으면 자신을 포함한 블록을 호출한 문장을 포함하고 있는 블록에서 선언된 것인지 살펴보고, 해당 변수를 찾을 때까지 반복해서 찾는다.

다음 [예제 5-10] 프로그램을 통해 정적 영역 규칙과 동적 영역 규칙이 어떻게 적용되는지 살펴보자.

📋 **예제 5-10** Pascal로 구현한 동적 영역, 정적영역 규칙 예제

```
01      program main;
02          var x, y: integer;
03            procedure print;
04                begin
05                    write(x);   write(y);
06                end print;
07            procedure function;
08                var x, y: integer;
09                begin
10                    x = 2; y = 3;
11                    call print;
12                end function;
13          begin
14              x = 0; y = 1;
15              call function;
16          end main.
```

정적 영역규칙으로 적용한다면 자신에게 없는 변수를 찾을 때는 자기보다 상위의 존재, 즉 program main 으로 돌아가서 찾게 되므로 출력값은 0과 1이 출력되고, 동적 영역규칙으로 할 때는 가장 최근 실행된 함수 로 거슬러 올라가 찾게 되므로 function의 8행에서 선언한 것을 볼 수 있다. 그러므로 x에 2, y에 3을 저장 했으므로 2와 3이 출력된다.

제 1 장 식

01 프로그램에서 가장 일반적으로 나타나는 문장으로 변수의 내용을 변경할 수 있는 문장은 무엇인가?

① 조건문
② 반복문
③ 제어문
④ 할당문

02 연산자와 연산식에 대한 설명으로 옳지 **않은** 것은?

① 연산자는 피연산자의 수에 따라 단항, 이항, 삼항 연산자로 구분된다.
② 비교 연산자와 논리 연산자의 산출 타입은 boolean(true/false)이다.
③ 연산식은 하나 이상의 값을 산출할 수도 있다.
④ 하나의 값이 올 수 있는 자리라면 연산식도 올 수 있다.

03 다음 코드를 실행했을 때 출력 결과는?

```
public class Ex02{
    public static void main(String[] args){
            int x = 10;
            int y = 20;
            int z = (x++) + (--y);
            System.out.println(z);
    }
}
```

① 30
② 29
③ 31
④ 32

03 z = (x++) + (--y);에서 x++는 연산에 참여하고 나중에 값이 증가하고, --y는 먼저 값을 빼고 연산에 참여한다.

04 다음 중 올바른 수식이 <u>아닌</u> 것은?

① x = 10 + k;
② 5 = x + y;
③ x %= 20;
④ x = y = z = 20;

04 대입연산자(=) 왼쪽은 항상 변수가 위치해야 한다.

05 C 언어에서 다음 중 우선순위가 가장 높은 연산자는?

① 대입 연산자
② 증감 연산자
③ 산술 연산자
④ 논리 연산자

05 C 언어의 연산자 우선순위는 단항 연산자, 산술 연산자, 관계 연산자, 논리 연산자, 대입 연산자 순으로 증감 연산자는 단항 연산자에 속한다.

정답   03 ② 04 ② 05 ②

안심Touch

checkpoint 해설 & 정답

06 논리 연산자 중 피연산자가 모두 참일 경우 참이 되는 연산자는 &&(and)이고, 둘 중에 하나만 참이면 참이 되는 연산자는 ||(or) 연산자이다.

06 두 개의 피연산자가 모두 참인 경우에만 참이 되는 논리 연산자는?

① ||
② &&
③ !
④ 〉

07 대입연산자(=)는 변수에 값을 기억시킬 때 사용한다.

07 C나 C++ 언어로 작성된 프로그램에서 변수에 저장된 값을 비교할 때 사용하는 연산자가 아닌 것은?

① 〈
② 〈=
③ =
④ ==

08 전위 표기법은 연산자를 먼저 표시하고 연산에 필요한 피연산자를 나중에 표기하는 방법으로 (+ A B)형식으로 표기하는 방법으로 LISP언어는 전위 표기법을 사용하는 언어이다.
[문제 하단 그림 참조]

08 모든 연산과 함수 호출에 전위 표기법을 사용하는 언어는?

① LISP
② C
③ FORTRAN
④ C++

≫≫○

(LISP 예제 실행 화면)

정답 06 ② 07 ③ 08 ①

◎ **주관식 문제**

01 **다음 문장을 실행한 후 나오는 ch의 값은 얼마인가?**

```
int ch = 5;
if( ch )= 10 || ch++ <= 20 )
    printf("ch = %d \n", ch);
else
    printf("ch = %d \n", ch);
```

01

정답 ch = 16

해설 ch가 5이므로 첫 번째 조건이 거짓이 기 때문에 두 번째 조건을 수행한다. 두 번째 조건이 참이기 때문에 ch값 이 1 증가 되므로 ch = 16이 된다.

안심Touch

제 2 장 조건문

01 묵시적 순서제어
(i) 프로그래머가 제어를 명시하지 않으면 해당 언어에서 정의한 순서에 따라 제어한다.
(ii) 일반 언어에서 순서를 명시적으로 제어하는 문장이 없으면 문장 나열 순서로 제어한다.
(iii) 수식에서 괄호가 없으면 연산자 우선순위에 의해서 수식이 계산된다.

02 ㉠ IF 조건문장 : 조건문장에 따라 진행문장 선택
㉡ GO TO L2 : 흐름의 방향을 무조건 L2로 바꿈

03 switch 문의 조건식 타입은 실수 (float, double)가 올 수 없다.

01 프로그래머가 직접제어를 표현하지 않았을 경우 그 언어끼리 정해진 순서에 의해 이루어지는 순서제어는?

① 창조적
② 명시적
③ 묵시적
④ 문장수준

02 다음과 같은 문장 구조를 갖는 프로그램에서 실행 순서가 될 수 없는 것은?

```
    S0
L1 : IF a=0 THEN GO TO L2;
    S1;
    GO TO L1
L2 : S2;
```

① S0 ; S1 ; S1 ; S2
② S0 ; S2
③ S0 ; S1 ; S2
④ S0 ; S2 ; S1

03 조건문과 반복문을 설명한 것으로 틀린 것은?

① if 문은 조건식의 결과에 따라 실행 흐름을 달리할 수 있다.
② switch 문에서 사용할 수 있는 변수의 타입은 int, double이 될 수 있다.
③ for 문은 카운터 변수로 지정한 횟수만큼 반복시킬 때 사용할 수 있다.
④ break 문은 switch 문, for 문, while 문을 종료할 때 사용할 수 있다.

04 다양한 언어의 조건문 중 A에 2가 할당되는 것은 무엇인가?

① if 2 〉 0 then if 0 〉 1 then A = 2 else A = 3
② if 0 〉 2 then if 1 〉 0 then A = 2 else else A = 3
③ if 2 〉 0 then if 1 〉 0 then A = 2 else A = 3
④ if 0 〉 2 then begin if 1 〉 0 then A = 2 end else A = 3

해설 & 정답 checkpoint

04 ③은 2번의 조건을 모두 만족하므로 A에 2가 할당된다.

✔ 주관식 문제

01 다음은 포트란 프로그램이다. 문장을 실행 후 ISUM과 LCNT 값은 얼마인가?

```
        ISUM = 0
        LCNT = 0
        L = 8
        M = 7
10  IF(L .GT. M) THEN
        ISUM = ISUM + L
        LCNT = LCNT + 1
    ELSE
        ISUM = ISUM + M
        MCNT = MCNT + 1
    ENDIF
```

01

정답 ISUM = 8, LCNT = 1

해설 포트란에서 .GT. 관계 연산자는 GREAT THEN으로 "〉"연산자이다.

정답 04③

checkpoint 해설 & 정답

제3장 반복문(iterative Statement)

01 반복문은 언어에 따라 for, while, do~while, repeat 등이 있다.

01 다음 중 반복문은 무엇인가?

① for
② if
③ case
④ switch

02 반복문은 1부터 10까지 2씩 증가하는 문장으로 1, 3, 5, 7, 9의 합이다.

02 다음 포트란 반복문 예제에서 반복문 수행 후 sum에 기억되는 값은?

```
sum = 0
DO ncount = 1, 10, 2
    sum = sum + ncount
END DO
```

① 25
② 30
③ 36
④ 50

03 주석문은 /* .... */ 또는 //로 표시한다.

03 구조적 언어기법의 사용규칙과 거리가 먼 것은?

① 논리적인 계층구조의 표현을 위해 indentation 기법을 쓴다.
② 순차, 선택, 반복의 구조 등이 명확해야 한다.
③ 논리적인 표현을 위해 AND, OR 등을 사용한다.
④ 주석문을 사용할 때는 문장의 끝부분에 * 표시를 한다.

정답 01① 02① 03④

04 구조적 프로그래밍에 적합하지 <u>않은</u> 것은?

① DO-WHILE
② REPEAT~UNTIL
③ GO TO
④ IF-THEN-ELSE

04 구조적 프로그래밍 기법 : 순차, 선택, 반복 제어만을 사용

05 구조적 프로그래밍 언어의 특징으로 가장 옳지 <u>않은</u> 것은?

① 합성(composition), 조건(condition), 반복(loop)으로 문장 수행 순서를 제어한다.
② 함수의 사용은 가능한 억제한다.
③ 제어의 흐름이 프로그램 내용의 구문적 구조로부터 명백하게 나타난다.
④ GOTO 문을 전혀 사용하지 않는다.

05 구조적 프로그래밍 기법
• 하향식 프로그램
• 기능별로 모듈화
• GOTO 문 사용을 가능한 자제
• 순차, 선택, 반복 제어
• 프로그램의 이해, 수정, 유지보수가 용이

06 다음 포트란(FORTRAN) 프로그램에서 DO 문을 실행한 결과 변수 N의 값은 얼마인가?

```
N = 0
DO 10 K = 2, 20, 4
N = N + K
CONTINUE
```

① 50
② 60
③ 70
④ 80

06 DO 10 K = 2, 20, 4 문장을 통해 K는 2부터 20까지 4씩 증가하므로, K는 2, 6, 10, 14, 18일 때 반복문을 수행한다.

정답 04③ 05② 06①

01

정답 36번

해설 첫 번째 for 문 6번 반복, 두 번째 for 문 6번 반복하여 총 36번 출력된다.

✓ **주관식 문제**

01 다음 C 언어 반복문 예제에서 printf문은 몇 번 출력되는가?

```c
for ( int I = 0; i <= 5; i++)
    for( int j = 0; j <= 10; j += 2)
        printf(" 반복 횟수\n");
```

제 4 장 무조건 분기문

01 다음 중 GOTO 문의 장점이 <u>아닌</u> 것은?

① 작은 프로그램에서는 간단하고 쉽게 사용할 수 있다.

② 효율적인 수행을 할 수 있다.

③ 계급적인 구조를 갖게 되어 Debugging이 용이하다.

④ 모든 제어 구조를 표현할 수 있다.

01 GOTO 문의 단점은 이해하기 어려우며, 유지보수 및 디버깅하기가 어렵다는 것이다.

02 프로그래밍 언어에서 goto 문은 가독성을 떨어지게 하므로 유해한 요소로 간주되지만, 많은 프로그래밍 언어에서 효율성을 제고하기 위하여 변형된 형태로 사용된다. goto 문의 변형된 형태로 볼 수 <u>없는</u> 것은?

① break

② return

③ extends

④ continue

02 기타 제어문은 break, continue, return이며 extends는 자바에서 클래스를 확장하는데 사용한다.

정답 01 ③ 02 ③

안심Touch

제 5 장 부프로그램(subprogram)

01 Call by Value : 인수값을 직접 전달
한다.

01 값을 전달하되 부작용이 발생되지 <u>않는</u> 매개변수 전달방식은?

① Call by Value

② Call by Reference

③ Call by Name

④ Call by Location

02 Call by Reference
- 실 매개변수의 주소를 형식 매개변수에 전달하는 방법
- 반환값이 여러 개이거나 배열 전체를 전달 시 이용
- 형식 매개변수의 기억장소와 실 매개변수의 기억장소 공유

02 주프로그램과 부프로그램 간에 매개변수 전달 시 실 매개변수의 주소가 형식 매개변수에 전달되어 주소를 서로 공유하는 방식은?

① Call by Value

② Call by Result

③ Call by Reference

④ Call by Named

03 Call by Value
- 주프로그램에서 부프로그램 실행 시 변수값을 넘겨주는 방법
- C 언어에서 가장 기본적인 인수 전달방법
- 부프로그램에서 형식 매개변수의 기억장소를 별도로 확보
- 실 매개변수의 값은 변하지 않음

03 형식 매개변수에 실 매개변수의 값을 계산하여 복사해 주고, 별도의 기억장소도 유지하는 방식은?

① Call by Value

② Call by Name

③ Call by Reference

④ Call by Result

정답 01 ① 02 ③ 03 ①

04 매개변수를 전달할 때, 호출된 폭의 형식 매개변수를 호출하는 쪽의 실 매개변수의 대응 기법에 따라 값 호출(Call by Value), 참조 호출(Call by Reference), 이름 호출(Call by Name) 등으로 나눌 수 있다. 다음 중 각각에 대한 설명으로 <u>잘못된</u> 것은?

① 이름 호출은 형식 매개변수에 실 매개변수의 값을 계산하여 복사해 주는 방식이다.
② 값 호출의 형식 매개변수는 추가적인 기억장소가 요구된다.
③ 값 호출은 부작용(Side Effect)을 초래하여 프로그램의 신뢰성을 떨어뜨리는 요인이 되기도 한다.
④ 이름 호출은 형식 매개변수가 사용될 때마다 이에 대응된 실 매개변수를 매번 계산해서 사용한다.

04 • 값 호출(Call by Value) : 주프로그램에서 부프로그램을 호출하여 실행할 때 변수의 값을 넘겨주는 가장 기본적인 인수 전달방법으로 형식 매개변수의 기억장소를 별도로 확보하며 실 매개변수의 값은 변하지 않는다.
• 참조 호출(Call by Reference) : 실 매개변수의 주소를 형식 매개변수에 전달하는 방법으로 기억장소를 공유하고 반환 값이 여러 개이거나 배열 전체를 전달할 때 이용하며, 형식 매개변수의 값을 변경시키면 실 매개변수의 값도 변경된다.
• 이름 호출(Call by Name) : 주프로그램에서 부프로그램으로 변수 자체가 전달되는 방법으로 형식 매개변수에 대한 참조가 나타날 때마다 실 매개변수에 대한 참조를 구해야 하며 실행시간이 증가된다.

05 부프로그램의 사용에 대한 설명으로 옳지 <u>않은</u> 것은?

① 기억장소가 절약된다.
② 실행속도가 빠르다.
③ 모듈화와 관련이 있다.
④ 유지보수성이 높아진다.

05 반복 사용되는 부분을 별도의 프로그램으로 정의하여 관리한다.

06 프로그램 언어의 유해한 특징 중 비지역 변수들의 값을 변화시키는 것은?

① Aliasing
② Side Effect
③ Recursive
④ Reference

06 부작용(Side Effect) : 한 서브루틴이나 함수가 자신의 지역 변수에 속하지 않은 전역 변수나 매개변수의 값을 변화시키는 것

정답　04 ③　05 ②　06 ②

checkpoint 해설 & 정답

07 부프로그램은 프로그램의 크기가 작아 기억장소는 절약되지만, 실행시간이 느려진다.

07 부프로그램의 호출과 반환(Call Return)에 대한 설명으로 <u>잘못된</u> 것은?

① 부프로그램은 실행이 완료되면 자신을 호출한 프로그램으로 제어를 넘긴다.
② 부프로그램은 다시 부프로그램을 호출하거나 자신을 부른 함수를 변환한다.
③ 부프로그램으로부터 제어를 받는 프로그램은 부프로그램을 호출한 문장의 바로 다음을 계속해서 실행한다.
④ 호출한 프로그램은 부프로그램을 호출한 후 자신도 계속해서 실행하므로 전체 실행시간을 단축할 수 있다.

08 부프로그램의 선언 시 명시사항
• 부프로그램의 이름
• 부프로그램 인자의 수와 각 인자의 유형
• 반환되는 값의 수와 유형

08 부프로그램을 선언할 때 필요한 사항이 <u>아닌</u> 것은?

① 프로그램의 이름
② 부프로그램의 존재
③ 부프로그램의 인자
④ 부프로그램의 위치

✓ **주관식 문제**

01
정답 함수는 반환값이 있고, 서브루틴은 반환값이 없다.

해설 • 서브루틴(Subroutine) : 리턴 값을 반환하지 않을 수 있음
• 함수(Function) : 하나의 유일한 리턴 값을 반환하는 것이 원칙임

01 함수와 서브루틴의 차이점은 무엇인지 기술하시오.

정답 07 ④ 08 ④

제 6 장 실행 구조

01 FORTRAN 77의 기본 구조는 크게 3가지 영역으로 나누어진다. 다음 중 기본 영역이 <u>아닌</u> 것은?

① 선언 영역
② 실행 영역
③ 반복영역
④ 종료 영역

01 FORTRAN 77의 기본 구조
  • 선언 영역 : 프로그램명, 변수 등을 선언
  • 실행 영역 : 각종 계산 및 명령을 수행
  • 종료 영역 : 프로그램을 종료

02 다음의 FORTRAN 문장들을 순차적으로 실행하였을 때 J에 저장되는 값은?

```
K = 10
A = 15.3
K = K + A
J = K − 10
```

① 15
② 15.3
③ 25
④ 25.3

02 FORTRAN에서는 변수 선언이 묵시적으로 가능(I ~ N 문자로 시작하는 식별자는 정수형)하기 때문에 변수 A에는 15.3이 저장되지만, K = K + A의 문장에서 변수 K에 25가 저장되고, J에 15가 저장된다.

03 다음 중 FORTRAN 문장의 코딩형식이 <u>틀린</u> 것은?

① 1열(comment field) : 주석문
② 1~5열(statement number field) : 문번호
③ 6열(continuation field) : 연결문
④ 7~72열 (statement field) : 설명문

03 • 7~72열(statement field) : 명령문이나 연산식 기입
  • 73~80열(identification field) : 설명문(비고란)

정답 01 ③   02 ①   03 ④

안심Touch

01

정답 x = 8, y = 2

해설 x는 전역 변수, f(2) 함수를 호출한
반환값인 8이 x에 기억되고, y에 지
역 변수 2가 기억된다.

◎ **주관식 문제**

01 다음 C 언어의 실행 결과를 쓰시오.

```
int x = 1;
int f(int x) { return x * x * x; }

int main() {
  int y = 2;
  x = f(y);
  printf("x = %d, y = %d \n", x, y);
}
```

제6편

추상 자료형

제 1 장

분리 컴파일과 독립 컴파일

독립 컴파일은 어떤 모듈을 다른 모듈에 관계없이 컴파일하여 목적파일을 만드는 것이고, 분리 컴파일이란 독립 컴파일한 프로그램을 조합하여 완전한 프로그램으로 만드는 작업이다. 이것은 프로그램 언어가 개별적인 부프로그램이나 다른 부분으로 나뉘어 각 부분이 다른 부분 없이 개별적으로 컴파일되고, 적재기에 의해 최종 프로그램으로 각 부분 프로그램의 변경 없이 조합된다.

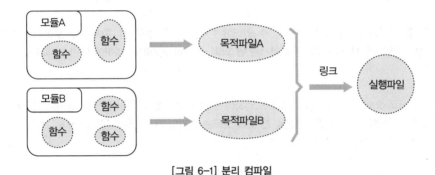

[그림 6-1] 분리 컴파일

제 2 장 추상 자료형

추상 자료형(Abstract Data Type)은 데이터(자료구조)와 관련된 연산(프로시저)들을 한 군데에 묶어 캡슐화하여 정의한 자료형이다.

자료 추상화 개념은 class, cluster, flavor, form, module, package, 그리고 Structure라는 다양한 이름으로 현재 여러 프로그래밍 언어에 구현되어 있다. 이렇게 다양한 이름처럼 프로그래밍 언어에 이 개념이 삽입되어 사용되는 관점 역시 서로 다르다. 그러나 모두 다음과 같은 두 개의 중요한 관점을 갖고 있다.

> (1) 데이터를 처리할 연산과 함께 선언할 수 있어야 한다. 이 선언들은 한 곳에 모두 모여 있어야 한다. 선언은 구현의 세부사항에 의존적이어서는 안 되며, 연산의 선언에는 의미에 대한 명세가 포함되어야 한다.
>
> (2) 정보 은닉(information hiding) 개념을 도입하여 프로그램을 쉽게 읽을 수 있고 유지보수를 용이하게 한다. 이는 구현의 세부사항과 연산을 한 곳에 모으는 방법과 자료형을 사용하는 프로그램에게 세부사항을 제한하는 방법을 의미한다.

이 두 가지 관점을 어느 정도 만족하게 제공된 자료형을 추상 자료형(abstract data type)이라 부른다.

제3장 주요 언어의 추상 자료형

주요 언어의 추상 자료형

C++는 클래스(class)를 이용해서 추상 데이터 타입을 지원한다.

클래스 정의 형태는 다음과 같은데 데이터와 연관된 부프로그램을 모두 이곳에서 정의한다. 특히 클래스에서 정의된 데이터를 멤버 데이터(member data)라 하고, 클래스에서 정의된 부프로그램을 멤버 함수(member function)라 한다.

```
class 클래스이름 {
       ⋮
}
```

C++ 클래스는 private 절과 public 절로 구분할 수 있다. private 절에 속한 멤버들은 외부로 공개되지 않고 public 절에 속한 멤버들은 외부로 공개된다.

```
class 클래스이름 {
    private :
          ⋮
    public :
          ⋮
};
```

[그림 6-2] 클래스의 private 절과 public 절

예를 통해 살펴보자.

다음은 사원 급여를 관리하는 employee라는 클래스를 정의한 예이다. private 절에 속한 멤버 데이터인 name, basicsalary, bonus, annualsalary는 외부로 공개되지 않고, public 절에 속한 멤버 함수인 employee(), ~employee(), getName(), getAnnual Salary(), changeBasicSalary(), changeBonus()는 외부로 공개된다. 여기서 클래스와 같은 이름을 갖는 함수인 employee()를 생성자라 하고, ~employee()를 소멸자라 한다. 생성자는 객체가 생성될 때 자동적으로 동작하는 멤버 함수로, 일반적으로 초기화하는 일을 한다. 그리고 소멸자는 객체가 소멸될 때 자동적으로 동작하는 멤버 함수로, 일반적으로 객체가 할당한 메모리를 해제하기 위해 정의한다.

[소스 6-1] employee 클래스로 정의한 예제 1

```
class employee {
private:
        char *name;
        int basicsalary;
        int bonus;
        int annualsalary;
public:
        employee(char *na, int bs, int bon, int as) {
                name = new char[strlen(na)+1];
                strcpy(name, na);
                basicsalary = bs;
                bonus = bon;
                annualsalary = as;
        }
        ~employee() {
                delete []name;
        }
        char* getName() {
                return name;
        }
        int getAnnualSalary() {
                return annualsalary;
        }
        void changeBasicSalary(int bs) {
                basicsalary = bs;
                annualsalary = basicsalary*12 + basicsalary*bonus*0.01;
        }
        void changeBonus(int bon) {
                bonus = bon;
                annualsalary = basicsalary*12 + basicsalary*bonus*0.01;
        }
};
```

클래스에 정의된 멤버 함수를 다음과 같이 클래스 밖으로 빼낼 수 있다. 이때 클래스 내에는 멤버 함수를 선언하고, 외부에 정의된 멤버 함수 이름 앞에는 '클래스이름::'을 위치시켜야 한다.

[소스 6-2] employee 클래스로 정의한 예제 2

```cpp
class employee {
private:
        char *name;
        int basicsalary;
        int bonus;
        int annualsalary;
public:
        employee(char *na, int bs, int bon, int as);
        ~employee();
        char* getName();
        int getAnnualSalary();
        void changeBasicSalary(int bs);
        void changeBonus(int bon);
};
employee::employee(char *na, int bs, int bon, int as) {
        name = new char[strlen(na)+1];
        strcpy(name, na);
        basicsalary = bs;
        bonus = bon;
        annualsalary = as;
}
employee::~employee() {
        delete []name;
}
char* employee::getName() {
        return name;
}
int employee::getAnnualSalary() {
        return annualsalary;
}
void employee::changeBasicSalary(int bs) {
        basicsalary = bs;
        annualsalary = basicsalary*12 + basicsalary*bonus*0.01;
}
void employee::changeBonus(int bon) {
        bonus = bon;
        annualsalary = basicsalary*12 + basicsalary*bonus*0.01;
}
```

이렇게 정의된 employee 클래스의 실체인 객체를 생성하는 방법은 다음과 같다. emp 객체를 생성하고 "abc", 150, 400, 2400으로 초기화한다.

> employee emp("abc", 150, 400, 2400);

이렇게 생성된 emp 객체의 구조는 다음과 같다.

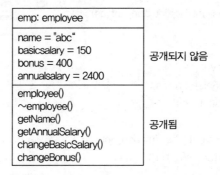

[그림 6-3] C++로 구현한 객체 emp의 구조

다음은 getName()와 getAnnualSalary() 호출을 통해 emp 객체의 name과 annualsalary를 알아내는 문장이다.

> cout << emp.getName() << " " << emp.getAnnualSalary();

그리고 다음은 emp 객체의 기본급을 200으로 변경하기 위해 changeBasicSalary( )를 호출하는 문장이다.

> emp.changeBasicSalary(200);

제 2 절 Ada 중요 ★★

Ada는 패키지(package)를 이용해서 추상 데이터 타입을 정의한다. 패키지는 명세부(specification part)와 몸체부(bodly part)로 나누어진다.

명세부는 패키지를 사용하는 프로그램에게 인터페이스를 제공하고, 몸체부는 명세부에서 명명된 연산에 대한 구현을 제공한다.

명세부는 다시 가시부(visible part)와 전용부(private part)로 나누어지는데, 가시부에서 선언된 내용들은 외부에 공개되나 private로 시작되는 전용부에서 선언된 내용들은 외부로 공개되지 않는다. 그리고 몸체부에서 정의된 내용도 외부로 공개되지 않는다.

[그림 6-4] 패키지 명세부와 패키지 몸체부

패키지 명세부의 형태는 다음과 같으며, package라는 예약어를 사용한다.

```
package 패키지이름 is
end 패키지이름;
```

그리고 패키지 몸체부의 형태는 다음과 같으며, 명세부와는 달리 body가 추가된다.

```
package body 패키지이름 is
end 패키지이름;
```

다음은 employeePack 패키지 명세부로, employee라는 추상 데이터 타입을 정의하고 있다.

[소스 6-3] employeePack 패키지 명세부

```
package employeePack is
        type employee is private;
        procedure initEmp(emp: out employee; name: string; basicsalary,
                bonus, annualsalary: integer);
        function getName(emp: employee) return string;
        function getAnnualSalary(emp: employee) return integer;
        procedure changeBasicSalary(emp: in out employee;
                basicsalary: integer);
        procedure changeBonus(emp: in out employee; bonus: integer);
private
        type employee is
                record
                    name: string(1..3);
                    basicsalary: integer;
                    bonus: integer;
                    annualsalary: integer;
                end record;
end employeePack;
```

private 이전은 가시부로 외부에 공개되지만, priivate 이후는 전용부로 외부에 공개되지 않는다. 그러므로 추상 데이터 타입 이름인 employee와 initEmp, getName, getAnnualSalary, changeBasicSalary, changeBonus의 선언 부분은 외부에 공개되나, employee의 구체적인 데이터인 name, basicsalary, bonus, annualsalary는 전용부에서 정의되고 있으므로 이들 데이터들은 외부에 공개되지 않는다. 패키지에서 선언된 initEmp(), getName(), getAnnualSalary(), changeBasicSalary(), changeBonus()들은 employee 추상 데이터 타입과 직접적인 연관이 있는 부프로그램들이다.

다음은 employeePack 패키지 몸체부로, 명세부에서 선언된 부프로그램들을 정의하고 있다. 앞에서 언급했듯이 몸체부는 외부에 공개되지 않으므로 이렇게 정의된 부프로그램의 구체적인 내용은 외부에 공개되지 않는다.

[소스 6-4] employeePack 패키지 몸체부

```
with TEXT_IO;
use TEXT_IO;
package body employeePack is
        package INT_IO is new TEXT_IO.INTEGER_IO (integer);
        use INT_IO;
        procedure initEmp(emp: out employee; name: string; basicsalary,
                bonus, annualsalary: integer) is
        begin
                emp := (name, basicsalary, bonus, annualsalary);
        end initEmp;
        function getName(emp: employee) return string is
        begin
                return emp.name;
        end getName;
        function getAnnualSalary(emp: employee) return integer is
        begin
                return emp.annualsalary;
        end getAnnualSalary;
        procedure changeBasicSalary(emp: in out employee; basicsalary: integer) is
        begin
                emp.basicsalary := basicsalary;
                emp.annualsalary := emp.basicsalary*12 +
                    emp.basicsalary*emp.bonus/100;
        end changeBasicSalary;
        procedure changeBonus(emp: in out employee; bonus: integer) is
        begin
                emp.bonus := bonus;
                p.annualsalary := emp.basicsalary*12 + emp.basicsalary*
                    .bonus/100;
        end changeBonus;
end employeePack;
```

이렇게 정의된 employee 추상 데이터 타입의 실체인 객체를 생성하는 방법은 다음과 같으며, 일반적인 변수를 선언하는 형식과 유사하다.

```
emp : employee;
```

이와 같이 생성된 객체 emp의 구조를 도식화하면 다음과 유사하다. name, basicsalary, bonus, annualsalary 데이터와 initemp(), getAnnualSalary(), changeBasicSalary(), changeBonus(), getName() 부프로그램들이 함께 묶여 있다. 데이터들과 부프로그램의 구체적인 정의 부분은 외부로 공개되지 않지만, 부프로그램 이름들은 공개되어 이 객체를 사용하기 위해서는 이러한 부프로그램을 호출해야만 한다.

```
emp: employee

name,
basicsalary,
bonus,
annualsalary

initemp(),
getName(),
getAnnualSalary(),
changeBasicSalary(),
changeBonus( )
```

[그림 6-5] 객체 emp의 구조

다음은 객체 emp의 각 데이터에 값을 저장하기 위해 initEmp()를 호출하는 문장인데, emp 객체의 데이터 인 name, basicsalary, bonus, annualsalary를 전혀 사용하지 않고 있는 것을 확인할 수 있다.

```
initemp (emp, "abc", 150, 400, 2400);
```

그리고 다음은 getName()와 getAnnualSalary() 호출을 통해 emp 객체의 name과 annualsalary를 알아내 는 문장이다.

```
put (getName (emp));
put (getAnnualSalary (emp));
```

emp의 기본급을 200으로 바꾸고자 할 때 다음과 같이 호출하면 내부적으로 알아서 기본급과 연봉을 수정한 다. 즉 객체를 사용하는 프로그램은 emp 객체의 세부 동작 과정을 몰라도 된다. 아니, 객체를 사용하는 프 로그램에게 emp 객체의 세부 동작 과정은 공개되지 않는다고 하는 것이 옳을 것이다.

```
changeBasicSalary(emp, 200);
```

제 **3** 절　Java 중요 ★★

Java의 추상 데이터 타입은 C++와 유사하다. 클래스 정의 형태는 다음과 같다. 클래스에서 정의된 데이터를 멤버 변수(member variable)라 하고, 클래스에서 정의된 부프로그램을 메소드(method)라 한다.

```
class 클래스이름 {
        ⋮
}
```

Java 클래스의 멤버 변수와 메소드에 대한 접근 변경자로 public, protected, private가 있다. public 멤버는 외부로 공개되어 다른 코드에서 사용할 수 있고, private 멤버는 외부로 공개되지 않아 다른 코드에서 사용할 수 없다.

```
class 클래스이름 {
    private 멤버변수 또는 메소드;
        ⋮
    public 멤버변수 또는 메소드;
        ⋮
}
```

C++와의 차이점 한 가지는 소멸자가 없다는 것인데, Java는 묵시적으로 쓰레기 수집(garbage collection)을 하기 때문이다.
다음의 employee 클래스는 앞에서 살펴본 예를 Java로 나타낸 것이다.

[소스 6-5] Java로 표현한 employee 클래스

```java
class employee {
        private String name;
        private int basicsalary;
        private int bonus;
        private int annualsalary;

        public employee(String name, int basicsalary, int bonus, int annualsalary) {
                this.name = name;
                this.basicsalary = basicsalary;
                this.bonus = bonus;
                this.annualsalary = annualsalary;
        }
        public String getName() {
                return name;
        }
        public int getAnnualSalary() {
                return annualsalary;
        }
        public void changeBasicSalary(int basicsalary) {
                this.basicsalary = basicsalary;
                annualsalary = (int)(basicsalary*12 + basicsalary*bonus*0.01);
        }
        public void changeBonus(int bonus) {
                this.bonus = bonus;
                annualsalary = (int)(basicsalary*12 + basicsalary*bonus*0.01);
        }
}
```

private 멤버인 name, basicsalary, bonus, annualsalary는 외부로 공개되지 않고, public 멤버인 employee(), getName(), getAnnualSalary(), changeBasicSalary(), change Bonus()는 외부로 공개된다. C++와 마찬가지로 클래스와 같은 이름을 갖는 메소드인 employee()가 생성자에 해당된다.

employee(), changeBasicSalary(), changeBonus() 메소드의 this는 자기 자신의 클래스를 지칭하는 것으로, this.name은 클래스의 멤버 변수인 name을 의미한다.

C++에서는 클래스에 정의된 멤버 함수를 클래스 밖으로 빼내어 표현할 수 있었으나 Java에서는 불가능하다. 이와 같이 정의된 employee 클래스의 실체인 객체를 생성하는 방법은 다음 emp 객체를 생성하고 "abc", 150, 400, 2400으로 초기화한다.

```
employee emp = new employee ("abc", 150, 400, 2400);
```

이렇게 생성된 emp 객체의 구조는 다음과 같다.

```
emp: employee

name = "abc"
basicsalary = 150        공개되지 않음
bonus = 400
annualsalary = 2400

employee()
getName()
getAnnualSalary()        공개됨
changeBasicSalary()
changeBonus()
```

[그림 6-6] Java로 구현한 객체 emp의 구조

다음은 getName()와 getAnnualSalary() 호출을 통해 emp 객체의 name과 annualsalary를 알아내는 문장이다.

```
System.out.println(emp.getName () + " " + emp.getAnnualSalary () );
```

그리고 다음은 emp 객체의 기본급을 200으로 변경하기 위해 changeBasicSalary()를 호출하는 문장이다.

```
emp.changeBasicSalary (200);
```

제 4 장 다형성

프로그램 언어의 다형성은 그 프로그래밍 언어의 자료형 체계의 성질을 나타내는 것으로, 프로그램 언어의 각 요소들(상수, 변수, 식, 오브젝트, 함수, 메소드 등)이 다양한 자료형(type)에 속하는 것이 허가되는 성질을 가리킨다.

제 1 절 C++ 중요 ★★★

C++의 다형성(Polymorphism)은 객체 지향의 중요한 개념 중에 하나로서, 동일한 이름을 갖고, 매개변수의 개수나 자료형이 다른 함수를 여러 개 만드는 것을 다형성이라 한다.
다음 예제는 3개의 sum 함수를 갖고 있으며, 매개변수의 자료형과 개수가 다르기 때문에 함수명은 같지만 다른 함수로 취급한다.

[소스 6-6] C++로 구현한 다형성 예제

```
#include <iostream>
using namespace std;
int sum(int n, int m) {
    return (n+m);
}
int sum(int n, int m, int k) {
    return (n+m+k);
}
double sum(double n, double m) {
    return (n+m);
}
int main(void) {
    int x = 5, y = 10, z=15;
    double dx = 5.3, dy = 8.5;
    cout << sum(x, y) << "\n";
    cout << sum(x, y, z) << "\n";
    cout << sum(dx, dy) << "\n";
    return 0;
}
```

〈결과값〉
15
30
13.8

제 2 절 Ada 중요 ★★★

다음 예제는 2개의 sum 함수를 갖고 있으며, 첫 번째 sum 함수는 2개의 정수형 매개변수를 전달하고, 두 번째 sum 함수는 2개의 실수형 매개변수를 전달하는 함수로 매개변수 개수는 같지만 자료형이 다르기 때문에 다른 함수로 취급한다.

[소스 6-6] Ada로 구현한 다형성 예제

```
with Ada.Text_IO;
procedure Plus is
  n, m : Integer;
  x, y : float;
  function sum(n, m in out integer) return Integer is
    begin
      return n + m;
    end Next;

  function sum(n, m in out float) return float is
    begin
      return n + m;
    end Next;

  begin
    n = 5;   m = 10;
    x = 5.3;   y = 8.5;
    Ada.Text_IO.Put_Line ('정수의 합 : ', sum(n, m));
    Ada.Text_IO.Put_Line ('실수의 합 : ', sum(x, y));
end Plus;
```

〈결과값〉
정수의 합 : 15
실수의 합 : 13.8

제 1 장 분리 컴파일과 독립 컴파일

01 독립 컴파일은 어떤 모듈을 다른 모듈에 관계없이 컴파일하여 목적파일을 만드는 것이고, 분리 컴파일이란 독립 컴파일한 프로그램을 조합하여 완전한 프로그램으로 만드는 작업이다.

01 어떤 모듈을 다른 모듈에 관계없이 컴파일하여 목적파일을 만드는 것을 무엇이라 하는가?

① 독립 컴파일
② 매크로 컴파일
③ 분리 컴파일
④ 인터프리터

✅ **주관식 문제**

01
정답 분리 컴파일이란 독립 컴파일한 프로그램을 조합하여 완전한 프로그램(실행 파일)으로 만드는 작업이다.

01 분리 컴파일이란 무엇을 의미하는지 설명하시오.

정답 01 ①

제2장　추상 자료형

01 다음 중 프로그램 언어의 추상화 지원에 대한 설명으로 **틀린** 것은?

① 프로그램을 추상화하면 프로그램 코드의 재사용성이 증가한다.
② 프로그램을 추상화하면 프로그램의 확장성이 증가한다.
③ Smalltalk 언어는 추상화를 지원한다.
④ Java 언어는 추상화를 지원하지 않는다.

01 추상 자료형의 장점은 이해하기 쉽고, 재사용이 편리하고, 프로그래밍의 효율을 높여준다. Smalltalk, Java, C++ 등 객체 지향 언어에서 사용한다.

02 다음 중 자바에서 인터페이스의 특징이 **아닌** 것은?

① 인터페이스의 객체는 생성할 수 없다.
② 인터페이스는 클래스와 같이 멤버 변수(필드)의 선언이 가능하다.
③ 인터페이스의 추상 메소드는 자동으로 public이다.
④ 클래스에서 인터페이스를 구현할 때 implements 키워드를 이용하며, 모든 추상 메소드를 작성하여야 한다.

02 인터페이스는 반드시 추상 메소드와 상수만 가질 수 있다.

03 Java 언어의 추상 클래스(abstract class)에 대한 설명으로 옳은 것은?

① 추상 클래스로부터 객체를 생성할 수 있다.
② 추상 클래스 형의 변수에 그 서브 클래스 객체를 저장하는 것이 가능하다.
③ 추상 클래스는 메소드의 구현부분을 가질 수 없다.
④ 추상 클래스란 인터페이스와 같은 개념이다.

03 추상 클래스의 특징
• 추상 클래스는 객체를 만들 수 없는 클래스이다.
• 추상 메소드는 하위 클래스에서 메소드를 구현해야 한다.
• 추상 메소드를 포함하는 클래스는 반드시 추상 클래스이다.
• 다중 상속이 불가능하다.

정답　01 ④　02 ②　03 ②

04 추상화란 클래스의 불필요한 정보는 숨기고 중요한 정보만을 표현함으로써 공통의 속성이나 기능을 묶어 이름을 붙이는 것이다.

04 객체 지향 개념과 관련하여 다음에서 설명하고 있는 것은 무엇인가?

> • 불필요한 자료를 제거한다.
> • 객체가 필요로 하는 자료만을 모아서 구성한다.
> • 자료와 관련된 연산을 하나로 통합해서 캡슐화시키는 것을 말한다.

① 추상화
② 캡슐화
③ 상속화
④ 다양화

05 변수가 선언된 위치를 보면 변수의 종류를 알 수 있다. 클래스 블록{} 내에 선언된 변수는 인스턴스 변수이고, static이 붙은 것은 static 변수(클래스 변수)이다. 그리고 나머지는 모두 지역 변수이다.

05 다음의 코드에 정의된 변수들의 연결이 옳은 것은?

```
class PlayingCard {
    int kind, int num;
    static int width, height;
    PlayingCard(int k, int n) {
        kind = k;
        num = n;
    }
    public static void main(String args[]) {
        PlayingCard card = new PlayingCard(1,1);
    }
}
```

① 클래스 변수 : width, height
② 인스턴스 변수 : k, n
③ 지역 변수 : kind, num
④ 전역 변수 : card, args

정답   04 ①   05 ①

✅ 주관식 문제

01 추상 자료형(Abstract Data Type)이 무엇인지 설명하시오.

01

정답 추상 자료형은 데이터(자료구조)와 관련된 연산(프로시저)들을 한 군데에 묶어 캡슐화하여 정의한 자료형이다.

제 3 장 **주요 언어의 추상 자료형**

01
- task : 기본 응용프로그램과 동시에 실행되는 응용 프로그래밍으로, 다른 언어에서는 스레드라고 하고 작업을 멀티 스레딩이라 한다.
- subprogram : Ada에는 2가지 서브프로그램(함수, 프로시저)이 있다. 차이점은 함수는 값을 반환하고 프로시저는 반환하지 않는 것이다.

02 프로세스 추상화는 프로그램을 구성하는 함수나 메소드들을 추출하는 것으로 구조적 프로그래밍(structural programming) 언어에서 적용된 개념이다.

03 add함수는 모두 메소드의 이름이고, 매개변수의 타입이 다르므로 오버로딩이 성립한다. 오버로딩이 성립하기 위한 조건은 다음과 같다.
[문제 하단 참조]

01 Ada에서 병행 실행을 하기 위한 부분은?

① subprogram
② task
③ overloading part
④ package

02 프로그래밍 언어의 추상화에는 프로세스 추상화(process abstraction)와 데이터 추상화(data abstraction)가 있다. 프로세스 추상화와 가장 가까운 언어구조는?

① 부프로그램(subprogram)
② 클래스(class)
③ 객체(object)
④ 캡슐화(encapsulation)

03 다음 중 아래의 메소드를 틀리게 오버로딩한 것은?

long add(int a, int b) {return a + b;}

① long add(int x, int y) {return x + y;}
② long add(long a, long b) {return a + b;}
③ int add(byte a, byte b) {return a + b;}
④ int add(long a, int b) {return (int)(a + b);}

- 메소드 이름이 같아야 한다.
- 매개변수의 개수 또는 타입이 달라야 한다.
- 매개변수는 같고 리턴타입이 다른 경우는 오버로딩이 성립되지 않는다.

정답 01② 02① 03①

04 다음 중 생성자에 대한 설명으로 옳지 <u>않은</u> 것은?

① 모든 생성자의 이름은 클래스의 이름과 동일해야 한다.

② 생성자는 객체를 생성하기 위한 것이다.

③ 클래스에는 생성자가 반드시 하나 이상 있어야 한다.

④ 생성자가 없는 클래스는 컴파일러가 기본 생성자를 추가한다.

04 생성자의 특징
• 생성자의 이름은 클래스의 이름과 같아야 한다.
• 생성자는 반환 값이 없다.
• 생성자는 메소드처럼 클래스 내에 선언되고, 오버 로딩이 가능하고, 생성자가 없는 클래스는 기본 생성자를 추가한다.

정답 04 ②

제 4 장 다형성

01 다형성은 객체 지향 언어(C++, JAVA, Smalltalk 등)의 특징이다.

01 다형성(Polymorphism)을 지원하는 프로그래밍 언어로 적절하지 <u>않은</u> 것은?

① C++
② Java
③ Pascal
④ Smalltalk-80

02 다형성의 특징
 • 메소드의 이름이 같아야 한다.
 • 매개변수의 개수 또는 타입이 달라야 한다.
 • 매개변수는 같고, 리턴 타입이 다를 때는 성립하지 않는다.
 • 오버로딩된 메소드들은 매개변수로만 구분될 수 있다.

02 다음은 객체 지향 언어의 어떤 개념을 설명한 것인가?

> 매개변수(parameter)의 개수 및 데이터 형(data type)에 따라 수행하는 행위가 다른 동일한 이름의 메소드(method)를 여러 개 정의할 수 있다.

① 캡슐화(encapsulation)
② 추상화(abstraction)
③ 다형성(polymorphism)
④ 상속(inheritance)

03 다형성은 객체 지향 언어의 특징으로 자바에서의 다형성은 사용자에게 편의성을 제공해 준다.

03 다음 중 다형성에 대한 설명으로 옳지 <u>않은</u> 것은?

① 추상 메소드를 두는 이유는 상속받는 클래스에서 다형성을 실현하도록 하기 위함이다.
② 인터페이스도 구현하는 클래스에서 다형성을 실현하도록 하기 위함이다.
③ 다형성은 서브 클래스들이 슈퍼 클래스의 동일한 메소드를 서로 다르게 오버라이딩하여 이루어진다.
④ 자바에서 다형성은 모호한(ambiguous) 문제를 일으키므로 사용하지 않는 것이 바람직하다.

정답 01 ③ 02 ③ 03 ④

04 메소드 명칭은 동일하지만 매개변수 갯수와 데이터 타입 및 기능을 다르게 정의하는 개념은 무엇인가?

① 클래스
② 인스턴스
③ 추상화
④ 다형성

04 다형성이란 메소드의 이름이 같고, 매개변수의 개수 또는 타입이 달라야 한다.

05 자바에서 메소드 오버로딩에 대한 설명으로 <u>틀린</u> 것은?

① 동일 클래스 내에서 발생한다.
② 매개변수의 형이나 개수가 동일해야 한다.
③ 다형성을 지원하기 위한 장치이다.
④ 메소드 이름이 동일해야 한다.

05 오버라이딩은 부모 클래스로부터 상속받은 메소드를 재정의하는 것으로 원래 메소드와 동일한 리턴 타입, 메소드 이름, 매개변수의 자료형과 개수가 동일해야 한다.
오버로딩은 동일 클래스에서 같은 이름의 메소드(함수)를 매개변수 개수 및 자료형을 다르게 정의해야 한다.

06 메소드 오버로딩에 대한 설명으로 <u>틀린</u> 것은?

① 동일한 이름의 메소드를 여러 개 선언하는 것을 말한다.
② 반드시 리턴 타입이 달라야 한다.
③ 매개변수의 타입, 수, 순서를 다르게 선언해야 한다.
④ 매개값의 타입 및 수에 따라 호출될 메소드가 선택된다.

06 오버로딩은 리턴 타입과는 상관이 없다.

정답 04④ 05② 06②

01

정답 오버로딩, 오버라이딩

해설 오버로딩이란 클래스 내에 이미 사용하려는 이름과 같은 이름을 가진 메소드가 있더라도 매개변수의 개수 또는 타입이 다르면, 같은 이름을 사용해서 메소드를 정의할 수 있는 것이다.

오버라이딩(overriding)이란 상속관계에 있는 부모 클래스에서 이미 정의된 메소드를 자식 클래스에서 같은 속성을 갖는 메소드로 다시 정의하는 것이다.

✅ 주관식 문제

01 다형성을 구현하는 기법 2가지를 기술하시오.

제7편

객체 지향 언어

단원 개요

객체 지향 언어는 소프트웨어를 개발 시 객체들을 조립해서 프로그램을 작성할 수 있도록 한 프로그래밍 기법이다. 캡슐화, 상속, 다형성, 추상화의 특징을 알아보고, 각 언어별 접근 제한자(public, private, 또는 protected)에 대해 알아본다.

출제 경향 및 수험 대책

객체 지향 언어의 특징인 캡슐화, 상속, 동적 바인딩과 다형성을 언어별 사용법을 이해하고, 각 언어별 접근제한자와 메시지와 메소드의 동적 바인드를 통해 객체 지향 언어의 구현을 할 수 있도록 학습한다.

혼자 공부하기 힘드시다면 방법이 있습니다.
SD에듀의 동영상강의를 이용하시면 됩니다.
www.sdedu.co.kr ➔ 회원가입(로그인) ➔ 강의 살펴보기

제 1 장 객체 지향 프로그래밍의 개념

객체 지향 프로그래밍(object-oriented programming) 개념은 1960년대에 노르웨이 과학자인 크리스텐 니가드(Kristen Nygaard)와 올레 조한 달(ole-Johan Dahl)에 의해 개발된 SIMULA에서부터 시작했다. 1962년에 ALGOL 60을 기반으로 만들어진 SIMULA 1은 시뮬레이션 전문 언어였다. 그 후 1967년에 클래스, 객체, 그리고 상속 개념을 포함한 SIMULA 67이 개발되면서 최초의 객체 지향 개념이 도입되었다. 클래스는 이질적인 데이터들의 모임인 레코드에 이들 데이터들과 연관된 동작들이 추가되어 하나로 묶인 개념이라 생각하면 된다. 객체는 정의된 클래스의 실체(instance)이고, 상속은 다른 클래스의 특성이 임의의 클래스에 전달되는 것을 의미한다.

SIMULA 67은 객체 지향 개념의 일부만을 지원하였고, 진정한 최초의 객체 지향 언어는 1980년에 앨런 케이(Alan Kay)에 의해 개발된 Smalltalk 80이다. Smalltalk 80은 SIMULA 67에는 없는 동적 바인딩을 지원하는데, 동적 바인딩이란 같은 이름의 함수를 각각 정의하는 상속 관계에 있는 객체에 대해 함수를 호출했을 때 동작하게 될 함수가 동적으로 결정되는 개념을 의미한다. 이후 C++, Java, C# 등과 같은 객체 지향 개념을 지닌 언어가 탄생하여 대중들로부터 주목을 받고 있다.

C++, Java 등 대부분의 언어에서 추상 데이터 타입을 클래스라 한다.

객체 지향 언어는 추상 데이터 타입, 상속, 동적 바인딩이라는 개념을 지원해야 한다. 이들에 대해 좀 더 상세하게 살펴보자.

제 1 절　상속

상속(inheritance)은 클래스 사이의 데이터와 연산을 공유하기 위한 기술로, 기존 클래스로부터 상속을 통해 정의되는 클래스는 기존 클래스의 데이터와 연산 기능을 가지며 나아가 새로운 데이터와 연산을 추가할 수 있다. 상속을 통해 정의되는 클래스를 하위 클래스(subclass) 또는 파생 클래스(derived class)라 하고, 상속해 주는 클래스를 상위 클래스(superclass), 기반 클래스(base class) 또는 부모 클래스(parent class)라 한다. 상위 클래스와 하위 클래스의 관계를 도식화하면 다음과 같다.

상위 클래스
↑
하위 클래스

[그림 7-1] 상위 클래스와 하위 클래스

상속을 어떤 경우에 사용하는지 예를 통해 살펴보자.

일반적으로 사원은 정규직과 비정규직으로 구분하므로 완성도를 높이려면 정규직과 비정규직에 대한 클래스를 각각 정의해야 한다. 이러한 클래스를 도식화하면 정규직과 비정규직 클래스가 [그림 7-2]와 같다.

정규직
이름
연봉
기본급
보너스
이름알아내기()
연봉알아내기()
기본급변경()
보너스변경()

비정규직
이름
연봉
근무시간
시간당급여
이름알아내기()
연봉알아내기()
근무시간변경()
시간당급여변경()

[그림 7-2] 정규직과 비정규직 클래스

여기에서 이름, 연봉, 이름알아내기(), 연봉알아내기()는 두 개의 클래스에 공통된 것들이다. 공통된 사항들을 묶어 사원이라는 클래스를 정의하고, 정규직과 비정규직은 사원 클래스를 상속하여 정의한다. 이때 정규직 클래스는 기본급, 보너스, 기본급변경(), 보너스변경()을 추가하고, 비정규직 클래스는 근무시간 시간당급여, 근무시간변경(), 시간당급여변경()을 추가한다. 이를 도식화하면 다음과 같다.

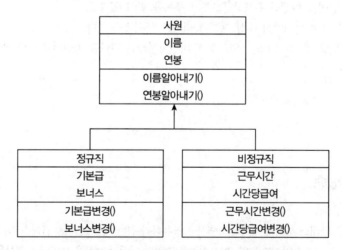

[그림 7-3] 사원 클래스를 상속받는 정규직과 비정규직 클래스

이렇게 정의된 정규직과 비정규직 클래스는 사원 클래스의 이름, 연봉, 이름알아내기(), 연봉알아내기()를 상속받아 자신의 데이터와 연산인 것처럼 사용할 수 있다.

만약 연봉알아내기() 부분을 수정해야 하는 일이 생기면 [그림 7-2]와 같은 구조에서는 정규직 클래스와 비정규직 클래스 모두 수정해야 하지만, [그림 7-3]과 같이 상속을 이용하는 구조에서는 사원 클래스만 수정하면 되는 장점이 있다.

Ada 95부터 상속 개념이 도입되었으나 Ada 상속에 대해서는 설명을 생략하고 C++와 Java의 상속에 대해 살펴보고자 한다.

1 C++의 상속 중요 ★★★

C++에서 상속을 이용하여 파생 클래스를 정의하는 형식은 다음과 같다.

```
class 파생클래스이름 : 접근 제한자 기반클래스이름 {
            ⋮
};
```

기반 클래스의 멤버 데이터와 멤버 함수가 파생 클래스에 상속된다. 그리고 파생 클래스는 새로운 멤버 데이터와 멤버 함수를 추가할 수 있고, 상속된 멤버 함수를 새롭게 정의할 수도 있다.

접근 제한자는 public, private, 또는 protected가 될 수 있는데 여기에서는 public 위주로 살펴볼 것이다. 접근 제한자가 public이라는 의미는 기반 클래스의 모든 멤버들에 대한 접근 권한이 파생 클래스에서도 그대로 유지됨을 의미한다.

다음은 기반 클래스 employee를 상속하는 파생 클래스 permanent를 정의하는 예의 일부이다. employee에 속한 모든 멤버는 파생 클래스인 permanent에 상속된다.

[소스 7-1] 기반 클래스를 상속하는 파생 클래스 정의 예

```
class employee {
private:
  int annualsalary;
   ⋮
public:
  char *getName( ) { … }
   ⋮
};
class permanent : public employee {
  private:
  int bonus;
   ⋮
public:
  void changeBasicSalary( ) { … }
   ⋮
};
```

기반 클래스의 모든 멤버는 파생 클래스로 상속은 되지만, 기반 클래스의 private 멤버에 대해서는 파생 클래스에서 접근이 불가능하고, public 멤버에 대해서만 접근이 가능하다. 즉 permanent 클래스에서 getName()은 접근할 수 있지만 private 멤버인 annualsalary는 접근할 수가 없다. 그러므로 다음과 같이 파생 클래스인 permanent에서 employee 클래스의 private 멤버인 annualsalary를 접근하려는 코드는 오류가 발생한다.

[소스 7-2] 기반 클래스를 상속하는 파생 클래스 정의 오류 발생

```
class employee {
private:
        int annualsalary;
         ⋮
};
class permanent : public employee {
         ⋮
        void changeBasicSalary( ) {
                annualsalary = … ;            // 오류가 발생한다.
        }
};
```

C++는 파생 클래스에서는 접근이 가능하지만 외부에서는 접근이 불가능한 멤버를 지정할 수 있는데 이때 protected를 사용한다.

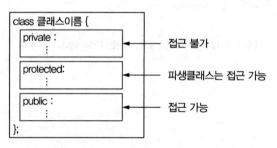

[그림 7-4] privale, protected, public 멤버

그러므로 앞의 예에서 permanent 클래스에서는 employee 클래스의 annualsalary에 접근할 수 있지만 외부에서는 접근하지 못하게 하려면 다음과 같이 annualsalary를 protected 멤버로 변경하면 된다.

[소스 7-3] 기반 클래스를 상속하는 파생 클래스 정의 오류 수정

```
class employee {
        protected:
        int annualsalary;
         ⋮
};
class permanent : public employee {
         ⋮
        void changeBasicSalary( ) {
                annualsalary = … ;            // 접근이 가능하다.
        }
};
```

그러면 [그림 7-3]과 같은 구조에서 동작하는 프로그램을 직접 구현해 보자. 다음은 [그림 7-3]의 사원에 해당하는 employee 클래스이다.

[소스 7-4] C++로 구현한 [그림 7-3]의 employee 클래스

```
class employee {
private:
        char *name;
protected:
        int annualsalary;
public:
        employee(char *na, int as) {
                name = new char[strlen(na)+1];
                strcpy(name, na);
                annualsalary = as;
        }
        ~employee() {
                delete []name;
        }
        char* getName() {
                return name;
        }
        int getAnnualSalary() {
                return annualsalary;
        }
};
```

멤버 데이터로 이름에 해당하는 name과 연봉에 해당하는 annualsalary가 있다. 그리고 멤버 함수로 이름을 알아내는 getName()과 연봉을 알아내는 getAnnualSalary()가 있다.

파생 클래스에서 직접 접근하는 경우가 없는 name은 private 멤버로 하고, 외부에서는 접근하지 않으나 파생 클래스에서 직접 접근하는 경우가 있으므로 annualsalary는 protected 멤버로 한다. 그리고 외부에서도 직접 접근하는 경우가 있는 getName()과 getAnnualSalary()는 public으로 한다. 물론 생성자인 employee()와 소멸자인 ~employee()도 정의한다.

그리고 다음은 [그림 7-3]의 정규직에 해당하는 permanent 클래스로, [그림 7-3]의 사원에 해당하는 employee 클래스를 상속받는다.

[소스 7-5] C++로 구현한 [그림 7-3]의 permanent 클래스

```
class permanent : public employee {
private:
        int basicsalary;
        int bonus;
public:
        permanent(char *na, int bs, int bon, int as) : employee(na, as) {
                bonus = bon;
                basicsalary = bs;
        }
        void changeBasicSalary(int bs) {
                basicsalary = bs;
                annualsalary = basicsalary*12 + basicsalary*bonus*0.01;
        }
        void changeBonus(int bon) {
                bonus = bon;
                annualsalary = basicsalary*12 + basicsalary*bonus*0.01;
        }
};
```

멤버 데이터로 기본급에 해당하는 basicsalary와 보너스에 해당하는 bonus가 있고, 멤버 함수로 기본급 변경에 해당하는 changeBasicSalary()와 보너스 변경에 해당하는 changeBonus()가 있다.

annualsalary는 protected 멤버이기 때문에 changeBasicSalary()와 changeBonus()에서 annualsalary에 대한 직접 접근이 가능하다.

생성자인 permanent() 정의의 시작 부분에 다음과 같은 내용이 있는데, 이는 permanent() 생성자가 호출될 때 기반 클래스의 생성자인 employee()가 호출되는 것을 의미한다.

```
employee (na, as);
```

그리고 다음은 [그림 7-3]의 비정규직에 해당하는 temporary 클래스로, [그림 7-3]의 사원에 해당하는 employee 클래스를 상속받는다.

[소스 7-6] C++로 구현한 [그림 7-3]의 temporary 클래스

```cpp
class temporary : public employee {
private:
        int workhours;
        int hoursalary;
public:
        temporary(char *na, int hs, int wh, int as) : employee(na, as) {
                workhours = wh;
                hoursalary = hs;
        }
        void changeWorkHours(int wh) {
                workhours = wh;
                annualsalary = workhours * hoursalary / 10000;
        }
        void changeHourSalary(int hs) {
                hoursalary = hs;
                annualsalary = workhours * hoursalary / 10000;
        }
};
```

멤버 데이터로 근무시간에 해당하는 workhours와 시간당급여에 해당하는 hoursalary 가 있고, 멤버 함수로 근무시간변경에 해당하는 change WorkHours()와 시간당급여변경에 해당하는 changeHourSalary()가 있다.

permanent 클래스의 객체인 emp1을 생성하는 방법은 다음과 같다. permanent() 생성자를 호출하면 employee() 생성자가 호출되어 기반 클래스의 멤버인 name과 annualsalary를 초기화한다. 그리고 자신의 bonus와 basicsalary를 초기화한다.

```cpp
permanent emp1("홍길동", 150, 400, 2400);
```

다음은 상속받은 getName()와 getAnnualSalary()를 호출하여 emp1 객체의 name과 annualsalary를 알아내는 문장이다.

```cpp
cout << emp1.getName() << " " << emp1.getAnnualSalary();
```

다음은 emp1 객체의 기본급을 200으로 변경하기 위해 changeBasicSalary()를 호출하는 문장으로 자신의 basicsalary와 기반 클래스 멤버인 annualsalary의 값이 변경된다.

```
emp1.changeBasicSalary(200);
```

다음은 temporary 클래스의 객체인 emp2를 생성하고, 이름과 연봉을 출력하고, 근무시간을 변경하는 문장을 나타낸 것이다.

```
temporary emp2 ("bbb", 5000, 2000, 1000);
cout << emp2.getName() << "  " << emp2.getAnnualSalary();
emp2.changeWorkHours (2500);
```

그리고 C++에서는 파생 클래스가 두 개 이상의 기반 클래스를 동시에 상속하는 것이 가능하다. 이를 다중 상속 (multiple inheritance)이라 한다. 다음은 다중 상속의 예로, 파생 클래스 C는 클래스 A와 B를 모두 상속한다.

[소스 7-7] 다중 상속의 예

```
class A {
        :
};
class B {
        :
};
class C : public A, public B {
        :
};
```

2 Java의 상속 중요 ★★★

Java에서 상속을 이용하여 파생 클래스를 정의하는 형식은 다음과 같은데, extends 예약어를 사용한다.

```
class 파생클래스이름 extends 기반클래스이름{
        ⋮
}
```

다음은 기반 클래스 employee를 상속하는 파생 클래스 permanent를 정의하는 예의 일부이다. employee에 속한 모든 멤버는 파생 클래스인 permanent에 상속된다.

[소스 7-8] 기반 클래스를 상속하는 파생 클래스 정의

```
class employee {
        private int annualsalary;
                ⋮
        public String getName() { … }
                ⋮
}
class permanent extends employee {
        private int bonus;
                ⋮
        public void changeBasicSalary( ) { … }
                ⋮
}
```

기반 클래스의 모든 멤버는 파생 클래스로 상속은 되지만, 기반 클래스의 private 멤버에 대해서는 파생 클래스에서 접근이 불가능하고 public 멤버에 대해서만 접근이 가능하다. 즉 permanent 클래스에서 getName()는 접근할 수 있지만 private 멤버인 annualsalary는 접근할 수가 없다. 그러므로 다음과 같이 파생 클래스인 permanent에서 employee 클래스의 private 멤버인 annualsalary를 접근하려는 코드는 오류가 발생한다.

[소스 7-9] 기반 클래스를 상속하는 파생 클래스 정의 오류 발생

```
class employee {
        private int annualsalary;
                    ⋮
}
class permanent extends employee {
                    ⋮
        public void changeBasicSalary( ) {
                annualsalary = ⋯ ;              // 오류가 발생한다.
        }
}
```

C++와 마찬가지로 Java에서도 파생 클래스에서는 접근이 가능하지만 외부에서는 접근이 불가능한 멤버를 지정할 수 있는데 이때 protected를 사용한다.

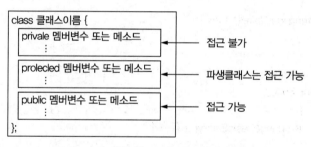

[그림 7-5] private, protected, public 멤버

그러므로 앞의 예에서 permanent 클래스에서는 employee 클래스의 annualsalary를 접근할 수 있지만 외부에서는 접근하지 못하게 하려면 다음과 같이 annualsalary를 protected 멤버로 변경하면 된다.

[소스 7-10] 기반 클래스를 상속하는 파생 클래스 정의 오류 수정

```
class employee {
        protected int annualsalary;
                    ⋮
}
class permanent extends employee {
                    ⋮
        public void changeBasicSalary( ) {
                annualsalary = ⋯ ;              // 접근이 가능하다.
        }
}
```

그러면 바로 앞의 '1. C++의 상속'에서 C++로 구현한 프로그램을 Java로 구현해 보자.

다음은 employee 클래스를 C++로 구현한 [소스 7-4]를 Java로 구현한 소스이다. 소멸자가 없다는 점이 C++로 구현한 소스와의 차이점이다.

[소스 7-11] Java로 구현한 [그림 7-3]의 employee 클래스

```java
class employee {
        private String name;
        protected int annualsalary;

        public employee(String name, int annualsalary) {
                this.name = name;
                this.annualsalary = annualsalary;
        }
        public String getName() {
                return name;
        }
        public int getAnnualSalary() {
                return annualsalary;
        }
}
```

다음은 permanent클래스 C++로 구현한 [소스 7-5]를 Java로 구현한 것이다.

[소스 7-12] Java로 구현한 [그림 7-3]의 permanent 클래스

```java
class permanent extends employee {
        private int basicsalary;
        private int bonus;
        public permanent(String name, int basicsalary, int bonus, int annualsalary) {
                super(name, annualsalary);
                this.bonus = bonus;
                this.basicsalary = basicsalary;
        }
        public void changeBasicSalary(int basicsalary) {
                this.basicsalary = basicsalary;
                annualsalary = (int)(basicsalary*12 + basicsalary*bonus*0.01);
        }
        public void changeBonus(int bonus) {
                this.bonus = bonus;
                annualsalary = (int)(basicsalary*12 + basicsalary*bonus*0.01);
        }
}
```

생성자인 permanent() 정의 부분의 다음 내용은 기반 클래스 employee의 생성자인 employee()를 호출하는 것을 의미한다.

> super(name, annualsalary);

다음은 temporary 클래스를 C++로 구현한 [소스 7-6]을 Java로 구현한 것이다.

[소스 7-13] Java로 구현한 [그림 7-3]의 temporary 클래스

```
class temporary extends employee {
        private int workhours;
        private int hoursalary;
        public temporary(String name, int hoursalary, int workhours, int annualsalary) {
                super(name, annualsalary);
                this.workhours = workhours;
                this.hoursalary = hoursalary;
        }
        public void changeWorkHours(int workhours) {
                this.workhours = workhours;
                annualsalary = workhours * hoursalary / 10000;
        }
        public void changeHourSalary(int hoursalary) {
                this.hoursalary = hoursalary;
                annualsalary = workhours * hoursalary / 10000;
        }
}
```

다음은 permanent 클래스의 객체인 emp1을 생성하는 문장이다.

> permanent empl = new permanent ("홍길동", 150, 400, 2400);

상속받은 getName()와 getAnnualSalary()를 호출하여 emp1 객체의 name과 annualsalary를 알아내는 문장은 다음과 같다.

```
System.out.println(empl.getName() + "  " + empl.getAnnualSalary());
```

다음은 emp1 객체의 기본급을 200으로 변경하기 위해 changeBasicSalary()를 호출하는 문장이다.

```
empl.changeBasicSalary(200);
```

그리고 다음은 temporary 클래스의 객체인 emp2를 생성하고, 이름과 연봉을 출력하고, 근무시간을 변경하는 문장이다.

```
temporary emp2 = new temporary ("bbb", 5000, 2000, 1000);
System.out.println(emp2.getName() + " " + emp2.getAnnualSalary());
emp2.changeWorkHours(2500);
```

C++와는 달리 Java는 다중 상속을 허용하지 않는다. 단, 다중 인터페이스 상속(multiple interface inheritance)이라는 제한된 기능을 제공한다.

제 2 절 동적 바인딩과 다형성 중요 ★★

동적 바인딩(dynamic binding)이란 상속 관계가 있는 객체에 대한 멤버 함수 호출에 대해 대응되는 멤버 함수가 동적으로 결정되는 것이다.
오버라이딩은 상속 관계에 있는 클래스 간에 같은 이름을 재정의하는 것으로 실행 시간에 어떤 메소드를 호출할지가 정해지기 때문에 오버라이딩은 동적 바인딩이다.
[소스 7-14]는 Person 클래스를 상속받아 Student 클래스의 print() 메소드를 실행하는 프로그램이다.

[소스 7-14] Java로 구현한 오버라이딩 예제

```java
class Person {
        String name;
        int age;
        public Person(String name, int age) {
                this.name = name;
                this.age = age;
        }
        public void print() {
          System.out.println("Person [name=" + name + ", age=" + age + "]");
        }
}
class Student extends Person {
        String school;
        public Student(String name, int age, String school) {
                super(name, age);
                this.school = school;
        }
    // 부모 클래스의 print() 메소드 재정의 - 오버라이딩(Overriding)
        public void print() {
        System.out.println("Student[name=" + name + ", age=" + age + ", school=" + school +
"]");
        }
}
public class PersonEx{
public static void main(String [] args) {
    Person person = new Student("홍길동", 26, "한경대");
    person.print();    // Student 클래스에서 재정의한 print() 호출
    }
}
```

제 **2** 장 주요 객체 지향 언어

제 1 절   C++

1 C++의 역사 중요 ★

1970년대 개발된 C 언어와 파스칼 등은 모두 1980년대에 이르러서는 절차 지향적이고 구조적 프로그래밍 언어로써 여러 방면에서 사용되었다. 새로운 프로그래밍 방식인 객체 지향 프로그래밍(OOP, Object –Oriented Programming)의 개념이 스몰토크(Smalltalk)나 에이다(Ada) 등의 언어를 통해 대중에게 알려 지게 되고, 이때 벨 연구소의 비야네 스트롭스트룹은 프로그래머들이 더욱 쉽고 즐겁게 유용한 프로그램을 만들 수 있는 프로그래밍 언어를 만들고자 하여, 기존의 C 언어에 객체 지향 프로그래밍의 클래스 개념만을 추가하여 만든 언어가 바로 초기의 C++이다.

C++는 처음 소개된 이후로 1985년과 1989년, 그리고 C++에 ANSI 표준을 적용하기 시작한 시기 등 3번에 거처 개정되었고, 1994년에 최초로 표준안이 발표되었으며 ANSI C++ 위원회는 사실상 스트롭스트룹(C개 발자)이 설정한 모든 문법을 그대로 수용하고 약간의 추가 문법으로 개발했다. 그래서 C++는 C프로그래머 가 쉽게 C++를 사용할 수 있다는 관련성에서 큰 장점이 있다.

2 C++의 특징 중요 ★★

(1) 절차 지향적이며 구조적 프로그래밍 언어이다.

우선 C++은 구조화된 프로그램을 제작할 수 있다. 구조화된 프로그램은 오류가 발생한 부분만 수정함 으로써 문제를 해결할 수 있는 간편하고 경제적인 프로그램을 말한다.

(2) 하드웨어를 강력하게 제어할 수 있다.

C++은 컴퓨터의 기능을 많이 활용할 수 있도록 해주므로. C++는 강력한 도구라고 하기도 한다. 물론 하드웨어 제어 능력면에서 가장 강력한 언어는 어셈블리어지만 지금은 사용법이 쉬우면서 하드웨어 제 어능력이 뛰어난 C++을 많이 사용하고 있다. 또한 C++은 어셈블리어를 가져와서 사용할 수 있는 융통 성이 있다. 즉 C++ 자체의 능력만으로 해결이 어려울 때는 어셈블리어의 프로그램을 만들 수 있기 때 문에 다른 언어가 할 수 없는 강력한 컴퓨터 제어능력을 발휘할 수 있다.

(3) 이식성이 좋고 유연하다.

C++가 지닌 가장 큰 장점은 역시 이식성과 호환성이 좋다는 점이다. C++을 배우려고 하는 가장 큰 이유도 바로 C++이 가진 이식성 때문이다. 이식성이 좋다는 말은 다양한 컴퓨터 기종 또는 다양한 운영체제에서 큰 수정 없이 사용할 수 있다는 의미이다. 대부분의 컴퓨터 기종에서 C++을 지원하기 때문에 도스용으로 제작한 프로그램도 유닉스나 리눅스라는 운영체제에서 수정 없이 그대로 사용할 수 있다. 또한 IBM용으로 작성한 프로그램도 매킨토시나 아미가 등의 다른 PC나 대형 컴퓨터에서 큰 수정 없이 사용할 수 있다.

지구상의 국가 중 가장 많은 국가가 아라비아 숫자를 사용(지원)하는 것처럼 지구상의 대부분의 컴퓨터가 C와 C++을 사용하기 때문에 이식성 및 호환성이 좋다.

(4) 객체 지향 프로그래밍 언어이다.

소프트웨어의 생산성을 높이고, 복잡하고 큰 규모의 소프트웨어 작성·관리·유지보수를 쉽게 하기 위해서 데이터 캡슐화, 상속, 다형성, 추상화 등의 객체 지향적 개념을 도입한다.

(5) 타입 체크를 엄격히 하여 실행 시간 오류의 가능성을 줄이고 디버깅을 돕고, 실행 시간의 효율성이 저하를 최소화한다.

(6) 표준 템플릿 라이브러리 형태의 풍부한 라이브러리를 지원한다.

(7) 포인터 및 참조를 지원한다.

3 클래스(class), 인스턴스(instance) 중요 ★★★

C++에서 클래스(class)는 구조체의 상위 호환으로 이해할 수 있고, C++의 구조체는 멤버로 함수를 포함할 수 있기에, C 언어의 구조체보다 좀 더 확장된 의미라 할 수 있다.
C++에서 구조체와 클래스의 차이는 기본 접근 제어의 차이일 뿐, 나머지는 거의 같다.
C++에서 인스턴스는 클래스를 사용하기 위해서는 우선 해당 클래스 타입의 객체를 선언해야 한다. 이렇게 선언된 해당 클래스 타입의 객체를 인스턴스(instance)라고 하며, 메모리에 대입된 객체를 의미한다. 다음은 클래스 정의 예제이다.

```
class 클래스이름
{
접근제어지시자1:
    멤버변수1의타입  멤버변수1의이름;
    멤버변수2의타입  멤버변수2의이름;
    ...
    멤버함수1의  원형
    멤버함수2의  원형
    ...
};
```

접근제어지시자는 객체 지향 프로그래밍의 특징 중 하나인 정보 은닉(data hiding)을 위한 키워드이다. public 영역은 모든 객체에서 접근할 수 있지만, private 영역은 해당 객체 내의 멤버 변수나 멤버 함수만이 접근할 수 있고, protected 멤버는 파생 클래스에 대해서는 public 멤버처럼 취급되며, 외부에서는 private 멤버처럼 취급된다.

다음은 Circle이라는 이름의 클래스를 정의하는 그림이다.

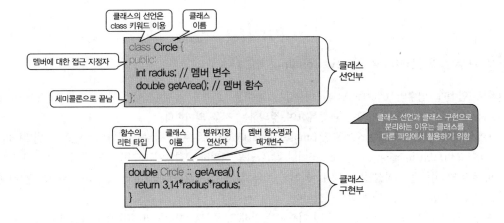

다음은 원의 면적을 구하는 예제이다.

```
#include 〈iostream〉
using namespace std;
class Circle {
public:
    int radius;
    double getArea();
};
double Circle::getArea() {
    return 3.14 * radius * radius;
}
int main() {
    Circle circle;
    double area;
    circle.radius = 10;              // circle 객체의 반지름을 10으로 설정
    area = circle.getArea();         // circle 객체의 면적 알아내기
    cout << "원의 면적은 " << area << endl;
}
```

4 함수 오버로딩(function overloading) 중요 ★★★

디폴트 인수가 인수의 개수를 달리하여 같은 함수를 호출하는 것이라면, 함수 오버로딩(function overloading)은 같은 이름의 함수를 중복하여 정의하는 것을 의미한다.

C++에서 새롭게 추가된 함수 오버로딩(function overloading)은 여러 함수를 하나의 이름으로 연결한다. 즉, 함수 오버로딩(function overloading)이란 같은 일을 처리하는 함수를 매개변수의 형식을 조금씩 달리하여, 하나의 이름으로 작성할 수 있게 해준다. 이와 같은 함수 오버로딩(function overloading)은 객체지향 프로그래밍 특징 중 다형성의 구현이다.

함수 중복의 조건으로는 중복된 함수들의 이름이 동일하고, 중복된 함수들의 매개변수 타입이 다르거나 개수가 달라야 하고, 리턴 타입은 중복함수와 무관해야 한다. 다음은 함수 오버로딩(function overloading) 예제이다.

```
#include ⟨iostream⟩
using namespace std;
class Add {
public:
    double sum(double a, double b) {
        return a + b;
    }
    int sum(int a, int b) {
        return a + b;
    }
};
int main() {
    Add add = Add();
    cout ⟨⟨ "결과1 ="⟨⟨ add.sum(4.5, 3.6) ⟨⟨ endl;
    cout ⟨⟨ "결과2 ="⟨⟨ add.sum(8, 9) ⟨⟨ endl;
}
```

```
〈실행 결과〉
결과1 = 8.1
결과2 = 17
```

제 2 절 Smalltalk

1 Smalltalk의 역사 중요 ★

Smalltalk[Goldberg/Robson, 1989]는 최초의 객체 지향 언어로서 1970년대에 제록스 팔로 알토 연구소 (Palo Alto Research Center)에서 개발하였다. Smalltalk 시스템은 제록스 알토에서 운영되었는데 운영체제, 통합개발환경, 클래스 브라우저, 마우스 기반 GUI 등으로 구성되었다. 대부분의 Smalltalk 시스템은 Smalltalk 자체로 작성되었다.

스티브 잡스(Steve Jobs)는 제록스 연구소를 방문한 후에 애플 리사와 매킨토시 컴퓨터를 설계할 때 Smalltalk 기반 GUI를 기초로 삼았다. 마찬가지로 마이크로소프트도 제록스로부터 동일한 인터페이스를 윈도우즈의 기반으로 사용할 수 있는 라이센스를 얻었다.

하나의 언어로서 Smalltalk는 모의실험용 언어 Simula 67을 기반으로 하였다. Smalltalk는 1990년대에 Objective-C(Next 컴퓨터 개발에 사용됨), Eiffel, Java 등 다른 객체 지향 언어들이 개발될 때까지 관심을 끌지 못했다. 그러나 오픈 소스 프로젝트인 Squeak[Guzdial/ Rose, 2000]의 개발이 Smalltalk에 대한 관심을 다시 불러 일으켰다. Squeak은 넓은 범위의 플랫폼에서 사용 가능하다. GNU의 Smalltalk(www.gnu.org)도 사용할 수 있다.

2 smalltalk의 특성과 문법 [중요] ★★

Smalltalk는 구문적, 의미적으로 매우 간단한 언어이다. Smalltalk의 강점은 대부분 Smalltalk 자체로 작성된 클래스 라이브러리로부터 온다. 흥미롭게도 Smalltalk에서는 제어구조조차도 객체이다. 어휘 부분을 제외하면, Smalltalk의 문법은 세 쪽에 불과한 21개의 생성규칙으로 이루어진다.

(1) 식

Smalltalk의 식은 리터럴, 변수, 메시지식, 블록의 4종류이고, 식을 평가한 값 그 자신이 다시 객체이다.

① 리터럴

다른 언어에서의 상수와 같으며 다음 다섯 가지 종류로 구분된다.

ㄱ 수치 상수 : 15.3(10진 상수), 2r10111(2진 상수), -32, -413.14, 3.5e2(10진 실수), 16rAC.DC(16진 상수), new protocol(complex)j6, 22.6+j8r22

ㄴ 문자 상수 : \$A, \$?, \$=

ㄷ 문자열 상수 : 'This is a string', 'done'

ㄹ 심벌 상수 : #asOrderedCollection, #at: put

ㅁ 배열 상수 : #(3 seven), #('red' 'yellow' 'blue')

※ 주석은 "I don't know"와 같이 이중 인용부호로 감싼 형태이다.

② 변수

다른 언어의 변수와 같지만 자료형이 없으므로 변수의 형이 없다. 따라서 동적 바인딩, 동적 자료형 검사를 하여야 한다. 다음은 배정문의 예이다.

```
abc := 3
abc := 'ABC'
a := b := c + 1
```

③ 메시지식

다음과 같은 형식으로 세 가지 종류가 있다.

```
⟨메시지식⟩ ::= ⟨수신자⟩⟨메시지⟩
⟨메시지⟩ ::= ⟨메시지 선택자⟩[⟨메시지 인수⟩]
```

ㄱ 단항 메시지식은 ⟨수신자⟩⟨단항 선택자⟩의 꼴이다.

> 예 3 factorial → 객체 3에 메시지 factorial을 보내어 결과는 6이다.
>
> #(8 2 -5) size → 배열에 메시지 size를 보내어 원소수 3이 결과이다.

ⓛ 이항 메시지식은 〈수신자〉〈이항 선택자〉〈인수〉의 꼴이다.

> 예 3 + 4 → 객체 3에 메시지 +와 인수 4를 보내어 결과는 7이 된다.

ⓒ 예약어 메시지식은 〈수신자〉〈예약어 메시지〉의 꼴이다. 이 메시지는 사용자가 예약어와 인수짝을 얼마든지 부착시켜 세 명령어를 작성할 수 있다.

> 〈예약어 메시지〉 ::= {〈예약어〉〈인수〉) 〈예약어〉 ::= 〈식별자〉

> 예 3 max : 4 → 예약어 max :, 인수 4, 메시지 선택자 max :

④ 블록 [〈문〉]의 꼴이다.

> 〈문〉 ::= {〈식〉 . } *

단, 마지막 〈식〉 다음의 마침표(.)는 생략할 수 있다. 블록의 결과 값은 마지막 〈식〉의 값이며, 블록은 value 라는 메시지를 받아야만 평가되는 지연 평가식이다.

> 예 x := 1.
> [x := x + 1].
> x := 5 * x. → 블록(x := x + 1)이 평가되지 않으므로 x는 5를 가리킨다.

> 예 x := 1.
> [x := x +1] value.
> x := 5 * x. → 블록을 평가하면 x는 2를 가리키고 세번째 식에 의하여 10을 가리킨다.

블록은 다음과 같은 블록 인수를 가지며, 블록 인수 앞에는 : 을 붙인다.

> [: 인수1 ... : 인수n | 문] value : 실인수1 ... value : 실인수n

> 예 [:x : y | hap := x + y] value : 3 value : 4
> → 값은 hap := 7과 같다.
>
> (:x : y ((x * x) + (y * y)) sqrt] value : 3 value: 4
> → 값은 3과 4의 각 제곱합의 제곱근 값을 구하므로 50이다.

⑤ **수식**

수식은 객체에 메시지로 구성되는데, 다음 중 어느 하나이다.

㉠ 리터럴, 변수, 메시지식, 연결 메시지식, 블록

㉡ ㉠를 변수에 배당한 대입식(재귀 사용 허용)

㉢ ㉠ 또는 ㉡를 괄호로 둘러싼 것(재귀 사용 허용)

⑥ **식의 평가 순서**

㉠ 일반 사항 : 좌에서 우로 평가한다.

> ◉ 3 + 2 * 10 ... 값은 50이다.

㉡ 괄호로 묶인 식을 가장 먼저 평가한다.

> ◉ 3 + (2 * 5) ... 값은 13이다.

㉢ 메시지식을 좌에서 우 규칙보다 먼저 평가한다.

단항 메시지식 → 이항 메시지식 → 예약어 메시지식의 순서로 평가한다.

㉣ 연결 메시지식을 평가한다.

㉤ 대입식을 평가한다.

(2) 제어 구조

① **택일 구조**

다음과 같이 네 가지의 구조가 있다.

㉠ ifTrue : aBlock

㉡ ifFalse : aBlock

㉢ ifTrue : trueBlock ifFalse : falseBlock

㉣ ifFalse : falseBlock ifTrue : trueBlock

> ◉ x 〉 y ifTrue : [max := x] ifFalse : [max := y]
> → x 〉 y의 결과는 Boolean 클래스 중 True 또는 False라는 객체이고 그 뒤는 예약어 메시지이다.

② **조건 반복**

다음과 같이 두 가지의 구조가 있다.

㉠ whileTue : aBlock

㉡ whileFalse : aBlock

```
예 | sum count | => sum 과 count라는 두 변수 선언
   sum := 0.
   count := 1.
   [count <= 100] whileTrue : [ sum := sum + count
    count := count + 1 ] .
   sum . "1부터 100까지의 합이 반환된다."
```

③ 증가 반복

다음과 같이 두 가지의 구조가 있다.

㉠ to : a Number do : aBlock

㉡ to : aNumber by : aNumber do : aBlock

```
예 | sum |
   sum := 0 .
   1 to : 100 by : 1 do: [i | sum := sum + j] .
   sum .
```

④ 횟수 반복

timesRepeat : aBlock

```
예 | sum |
   sum := 0. i := 0. 100 timesRepeat : [i := i + 1, sum := sum + i] .
```

※ 위의 세 가지 예는 모두 sum = 1 + 2 + ... + 100이다.

⑤ 요소 반복

배열 요소를 블록 인수로 하여 블록을 반복 실행한다.

```
예 sum := 0.
        #(2 3 5 7 11) do : [ : prime | sum := sum + prime]
        결과는 sum := 2 + 3 + 5 + 7 + 11의 결과와 같다.
```

제 3 절 Java

1 자바의 역사 `중요` ★

자바의 역사는 1981년으로 거슬러 올라간다. 1991년에 'Green'이라는 프로젝트가 생기면서 자바의 모태가 탄생하기 시작했다. 썬 마이크로시스템즈의 제임스 고슬링(James Gosling)과 다른 연구원들이 가전제품 내에 탑재해 동작하는 프로그램을 위해 개발했지만, 현재 웹 애플리케이션 개발에 가장 많이 사용하는 언어 가운데 하나이고, 모바일 기기용 소프트웨어 개발에도 널리 사용하고 있다.

1995년 'Oak'라는 언어의 이름이 커피의 한 종류를 뜻하는 '자바 커피'의 이름에 따라 'Java'라고 바뀌면서 자바 기술이 시작하게 되었다. 1995년에 자바 언어를 만들면서 "Write Once, Run Anywhere"(WORA)라는 모토가 만들어졌으며, 여러 플랫폼에서 수행할 수 있는 개발 언어를 목표로 개발되었다.

2 자바(Java)의 특징 `중요` ★★★

자바의 개발자들은 유닉스 기반의 배경을 가지고 있었기 때문에 문법적인 특성은 파스칼이 아닌 C++의 조상인 C 언어와 비슷하다.

자바를 다른 컴파일 언어와 구분짓는 가장 큰 특징은 컴파일된 코드가 플랫폼 독립적이라는 점이다. 자바 컴파일러는 자바 언어로 작성된 프로그램을 바이트 코드라는 특수한 바이너리 형태로 변환한다.

바이트 코드를 실행하기 위해서는 JVM(자바 가상 머신, Java Virtual Machine)이라는 특수한 가상 머신이 필요한데, 이 가상 머신은 자바 바이트 코드를 어느 플랫폼에서나 동일한 형태로 실행시킨다.

때문에 자바로 개발된 프로그램은 CPU나 운영체제의 종류에 관계없이 JVM을 설치할 수 있는 시스템에서는 어디서나 실행할 수 있으며, 이 점이 웹 애플리케이션의 특성과 맞아떨어져 폭발적인 인기를 끌게 되었다. 자바의 철학과 특징을 합쳐서 정리한 특징은 다음과 같다.

(1) 호환성이 높은 언어

자바(Java)는 JVM(Java Virtual Machine) 위에서 돌아가기 때문에 운영체제(OS)의 종류에 상관없이 실행된다. 예를 들어, C 언어의 경우 운영체제의 종류에 따라서 int형의 크기가 달라지기도 하지만 Java의 경우 모두 동일한 JVM환경에서 실행되기 때문에 동일한 크기를 갖는다.

즉, 윈도우(windows), 리눅스(linux), 맥(mac) 등에 여러 운영체제(OS)에서 동일하게 실행된다.

(2) 객체 지향 프로그래밍(OOP)

객체 지향 프로그래밍 언어는 하나의 기능을 객체로 만들고, 이러한 객체들을 결합해서 하나의 프로그램을 만든다.

이해를 돕기 위해 예를 들어 자동차로 비유를 해보자면 다음과 같다.

- 자동차 = 완성된 하나의 프로그램
- 엔진, 타이어, 휠 등등의 부품 = 객체

(3) 함수적 스타일 코딩 지원

자바는 함수 프로그래밍을 위해 람다식을 자바 8부터 지원하고 있다. 람다식을 사용하면 컬렉션의 요소로 필터링, 매핑, 집계를 처리하는 것이 수월해지고, 코드가 매우 간결해진다.

(4) 메모리를 자동으로 관리

C 언어는 메모리에 생성된 객체를 제거하기 위해 개발자가 직접 코드를 작성해야 한다. 만약 이 작업을 잘 처리하지 않으면 프로그램은 불완전해지고 갑자기 다운되는 현상을 겪게 된다.

반면, 자바는 개발자가 직접 메모리에 접근할 수 없도록 설계되었으며 메모리는 자바가 직접 관리하게 된다. 객체 생성 시 자동적으로 메모리 영역을 찾아서 할당하고, 사용이 완료되면 쓰레기 수집기(Garbage Collector)를 실행시켜 자동적으로 사용하지 않는 객체를 제거해준다. 따라서 개발자는 메모리 관리의 수고를 덜고, 핵심기능 코드 작성에 집중할 수 있다.

(5) 다양한 애플리케이션 개발 가능

자바는 JVM을 사용함으로써 윈도우, 리눅스, 유닉스 등 다양한 운영체제에서 실행되는 프로그램을 개발할 수 있다. 단순한 콘솔 프로그램부터 클라이언트용 윈도우 애플리케이션, 서버용 웹 애플리케이션 그리고 모바일용 안드로이드 앱에 이르기까지 거의 모든 곳에서 실행되는 프로그램을 개발할 수 있다.

(6) 멀티스레드 구현 가능

하나의 프로그램이 동시에 여러 작업을 처리해야 하는 경우 및 대용량 작업을 빨리 처리하기 위해 서브 작업으로 분리해서 병렬 처리하려면 멀티스레드 프로그래밍이 필요하다.

자바는 스레드 생성 및 제어와 관련된 라이브러리 API를 제공하고 있기 때문에 실행되는 운영체제에 관계없이 멀티스레드를 쉽게 구현할 수 있다. 또한, 운영체제마다 멀티스레드를 이용하는 API가 다른데, Java의 경우 Java API를 이용하기 때문에 일관된 생성 및 관리가 가능하다.

(7) 동적 로딩(Dynamic Loading) 지원

자바 애플리케이션은 여러 개의 객체가 서로 연결되어 실행되는데, 이 객체들은 클래스로부터 생성된다. 애플리케이션이 실행될 때 모든 객체가 생성되지 않고, 객체가 필요한 시점에 클래스를 동적 로딩해서 객체를 생성한다. 또한 개발 완료 후 유지보수가 발생하더라도 해당 클래스만 수정하면 되므로 전체 애플리케이션을 다시 컴파일할 필요가 없다. 즉, 유지보수를 쉽고 빠르게 진행할 수 있다.

(8) 풍부한 오픈소스 라이브러리(open source library) 제공

일부 유료화가 진행되었지만 자바는 오픈소스 언어이고 자바를 이용해서 전 세계에서 만들어진 라이브러리들이 굉장히 많다. 그래서 애플리케이션을 만들기 위해 오픈소스를 참고한다면 시간비용을 절약할 수 있다. 그리고 오픈소스이다 보니 문제가 생기는 경우 찾아볼 수 있는 레퍼런스들도 많다.

3 클래스(class), 인스턴스(instance), 메소드(method) 중요 ★★★

클래스(class)란 객체를 정의하는 틀 또는 설계도와 같은 의미로 사용되며, 이러한 설계도인 클래스를 가지고 여러 객체를 생성하여 사용하게 된다.

클래스는 객체의 상태를 나타내는 필드(field)와 객체의 행동을 나타내는 메소드(method)로 구성된다. 필드(field)란 클래스에 포함된 변수(variable)를 의미하고, 메소드(method)는 어떠한 특정 작업을 수행하기 위한 명령문의 집합이라 할 수 있다.

자바에서 클래스를 사용하기 위해서는 우선 해당 클래스 타입의 객체(object)를 선언해야 하고, 이렇게 클래스로부터 객체를 선언하는 과정을 클래스의 인스턴스화라고 한다. 이렇게 선언된 해당 클래스 타입의 객체를 인스턴스(instance)라고 하는데, 즉 인스턴스란 메모리에 할당된 객체를 의미한다.

자바에서는 하나의 클래스로부터 여러 개의 인스턴스를 생성할 수 있고, 이렇게 생성된 인스턴스는 독립된 메모리 공간에 저장된 자신만의 필드를 가질 수 있다.

하지만 해당 클래스의 모든 메소드(method)는 해당 클래스에서 생성된 모든 인스턴스가 공유하게 된다. 메소드(method)는 어떠한 특정 작업을 수행하기 위한 명령문의 집합으로, 메소드를 정의하는 방법은 다음과 같다.

```
접근제어자 반환타입 메소드이름(매개변수목록) {      // 선언부
                                              // 구현부
}
```

① 접근 제어자 : 해당 메소드에 접근할 수 있는 범위를 명시한다.
② 반환 타입(return type) : 메소드가 모든 작업을 마치고 반환하는 데이터의 타입을 명시한다.
③ 메소드 이름 : 메소드를 호출하기 위한 이름을 명시한다.
④ 매개변수 목록(parameters) : 메소드 호출 시에 전달되는 인수의 값을 저장할 변수들을 명시한다.
⑤ 구현부 : 메소드의 고유 기능을 수행하는 명령문의 집합이다.

다음은 클래스, 인스턴스, 메소드를 이용한 원의 면적을 구하는 예제이다.

```
public class Circle {
        int radius;                          // 원의 반지름 필드
        String name;                         // 원의 이름 필드
        publicCircle(int r, String n) {      // 원의 생성자
          radius = r ;  name=n;
        }
        public double getArea() {            // 원의 면적 계산 메소드
        return 3.14*radius*radius;
        }
        public static void main(String[] args) {
        Circle circle = new Circle(10, "원");   // Circle 객체 생성
        double area = circle.getArea();          // 피자의 면적 알아내기
        System.out.println(circle.name + "의 면적은 " + area);
        }
}
```

4 오버로딩(overloading) 중요 ★★★

오버로딩은 자바의 한 클래스 내에 이미 사용하려는 이름과 같은 이름을 가진 메소드가 있더라도 매개변수의 개수 또는 타입이 다르면, 같은 이름을 사용해서 메소드를 정의할 수 있다는 것을 의미한다. 단, 오버로딩의 조건은 메소드의 이름이 같고, 매개변수의 개수나 타입이 달라야 한다. 주의할 점은 '리턴 값만' 다른 것은 오버로딩이라 할 수 없다는 것이다. 다음은 오버로딩의 예제와 실행 결과이다.

```
class OverloadingTest {
        public static void main(String[] args) {
                OverloadingMethods om = new OverloadingMethods();
                om.print();
                System.out.println(om.print(3));
                om.print("Hello!");
                System.out.println(om.print(4, 5));
        }
}
class OverloadingMethods {
        public void print() {
                System.out.println("오버로딩1");
        }
```

```
            String print(Integer a) {
                    System.out.println("오버로딩2");
                    return a.toString();
            }
    void print(String a) {
                    System.out.println("오버로딩3");
                    System.out.println(a);
            }
    String print(Integer a, Integer b) {
                    System.out.println("오버로딩4");
                    return a.toString() + b.toString();
            }
}
```

〈실행결과〉
오버로딩1
오버로딩2
3
오버로딩3
Hello!
오버로딩4
45

5 오버라이딩(Overriding) 중요 ★★★

오버라이딩(overriding)이란 상속 관계에 있는 부모 클래스에서 이미 정의된 메소드를 자식 클래스에서 재정의하는 것이다. 오버라이딩의 조건은 다음과 같다.

① 부모 클래스와 자식 클래스 사이에만 성립할 수 있다.
② static 메소드는 클래스에 속하는 메소드이기 때문에 상속이 안 된다.
③ 접근 제한자가 private으로 정의된 메소드는 상속 자체가 안 된다.
④ interface를 구현해서 메소드를 오버라이딩할 때는 반드시 접근 제한자를 public으로 해야 한다.
⑤ 메소드의 인자의 개수와 타입이 완전히 일치해야 하고, 리턴 타입도 같아야 한다. 인자의 이름은 상관 없다.
⑥ 부모 클래스의 메소드의 접근 제한자보다 좁아질 수 없다. 단, 확장될 수는 있다.
⑦ 부모 클래스의 메소드보다 더 많은 예외를 던질 수 없다.
⑧ final 예약어가 지정된 메소드는 오버라이딩 할 수 없다.

주요 사항의 비교

1 형 중요 ★★

Smalltalk는 따로 자료형이 없고, C++과 Java의 자료형을 비교하면 다음 [표 7-1]과 같다.

[표 7-1] C++, 자바 자료형 비교

분류	C++		Java	
	자료형	크기(bit)	자료형	크기(bit)
바이트			byte	8
부울형	bool	8	boolean	8
문자형	char	8	char	16
정수형	short	16	short	16
	int	32	int	32
	long	32	long	64
실수형	float	32	float	32
	double	64	double	64

2 상속 중요 ★★

상속이란 하위 클래스(자식)는 상위 클래스(부모)의 속성과 기능을 그대로 사용할 수 있는 것이다. 상속은 하나의 클래스를 상속 받는 단일 상속과 여러 개의 클래스를 상속받을 수 있는 다중 상속이 있는데, C++는 다중 상속이 가능하고, Java는 다중 상속이 불가능하다.

3 다형성과 형 검사 중요 ★★

다형성(Polymorphism)은 객체 지향의 중요한 개념 중에 하나로, 동일한 이름을 갖고, 매개변수의 개수나 자료형이 다른 함수를 여러 개 만드는 것을 의미한다. 형 검사는 타입 정보를 이용하여 실행 중에 발생 가능한 타입 오류를 미리 검사하는 것이다.

4 메시지 바인딩 중요 ★★

동적 바인딩은 런타임 시에만 실행될 관련 코드에 함수 호출과 호출된 함수를 연결하는 것으로, 함수 호출 시 매개변수를 전달하는 것을 메시지 바인딩이라 한다. C++은 정적 바인딩과 virtual 키워드를 이용한 동적 바인딩을 모두 사용하며, Java는 동적 바인딩만 사용한다.

제 4 장 객체 지향 언어의 구현

1 객체의 구현 중요 ★★

객체의 구현은 클래스(class)에서 정의(define)한다. 클래스는 객체의 상태를 나타내는 필드(field)와 객체의 행동을 나타내는 메소드(method)로 구성하고, 객체는 클래스를 인스턴스로 만들어서 생성한다. 즉, 객체는 클래스의 인스턴스라고 할 수 있다. 클래스의 인스턴스화 과정은 객체의 내부 데이터(인스턴스 변수)에 대한 공간을 할당하고, 바인딩함으로써 객체가 생성된다.

2 메시지와 메소드의 동적 바인딩 중요 ★★

오버라이딩으로 메소드를 호출할 때 발생하는 동적 바인딩은 실행 시간(Runtime) 즉, 파일을 실행하는 시점에 메소드 호출이 결정된다. 실제 참조하는 객체는 서브 클래스의 메소드를 호출한다. 이때 메소드 호출 시 매개변수를 전달하는 것이 메시지 전달이다.

제 1 장 **객체 지향 프로그래밍의 개념**

01 객체 지향 프로그래밍 언어 : C++, C#,
   JAVA, SMALLTALK, PYTHON 등

01 객체 지향 프로그래밍의 개념인 클래스를 지원하지 <u>않는</u> 프로그
래밍 언어는?

① C

② C#

③ C++

④ Java

02 객체 지향 언어의 특징인 다형성 중
   오버로딩은 같은 이름의 메소드(함
   수)를 매개변수 개수 및 자료형을 다
   르게 정의하여 사용한다.

02 객체 지향 언어에 대해 옳지 <u>않은</u> 것은?

① 객체에 어떤 행위를 하도록 지시하는 명령을 메시지라고 한다.

② 메시지를 받아 실행해야 할 구체적인 연산을 메소드라고 한다.

③ 유사한 객체들을 묶어 클래스를 정의하는데 캡슐화가 사용된다.

④ 하나의 이름으로 지정된 함수는 하나의 동작만 지정한다.

03 객체 지향 언어의 단점은 절차 지향
   언어보다 실행속도가 느리고, 설계
   시 많은 시간과 노력이 필요하다.

03 다음 중 객체 지향 언어에 대한 특징이 <u>아닌</u> 것은?

① 상속을 받을 수 있다.

② 캡슐화를 하여 구조화할 수 있다.

③ 실행 효율성이 높다.

④ 재사용성이 높다.

정답 01 ① 02 ④ 03 ③

04 객체 지향 프로그래밍에 대한 설명 중 옳지 않은 것은?

① 객체 지향 프로그래밍의 특징은 추상 데이터 타입(abstract data type)에 상속과 동적 바인딩(dynamic binding)이 추가된 것이다.

② 객체 지향 프로그래밍 언어는 상속(inheritance)이란 특성을 통해 소프트웨어의 재사용성(reusability)을 향상시켰다.

③ 객체 지향 프로그래밍을 실제로 프로그램 작성에 적용할 때 기본 단위는 함수이며, 이러한 함수들이 모여 프로그램을 구성하게 된다.

④ 상속은 상속 관계로 맺어진 클래스들 사이에 종속성을 만들므로, 추상 데이터 타입의 가장 큰 장점인 독립성을 훼손하는 측면이 있다.

04 객체 지향 언어의 기본 단위는 클래스이고, 절차 지향 언어의 기본 단위는 함수이다.

05 객체 지향 언어의 특징이라고 볼 수 없는 것은?

① 명령어의 제어성
② 자료의 캡슐화
③ 상속성
④ 자료의 추상화

05 객체 지향 언어의 특징 : 캡슐화, 정보 은닉, 상속, 다형성, 자료의 추상화

06 객체 지향 프로그래밍 언어에 대한 설명으로 옳지 않은 것은?

① 객체 지향 언어에서는 프로그램의 절차보다 데이터에 더 중점을 둔다.

② 데이터를 추상화하고 캡슐화한다.

③ 여러 클래스들이 트리 형태의 계층 구조를 갖고 있으며, 상속성이 있다.

④ 대표적인 언어로 포트란, 코볼 등이 있다.

06 객체 지향 프로그래밍 언어 : Smalltalk, C++, JAVA 등

정답 04 ③　05 ①　06 ④

07 클래스는 속성을 표현하는 필드와 기능을 표현하는 메소드로 구성되고, 메소드는 어떠한 특정 작업을 수행하기 위한 명령문의 집합이다.

07 객체에서 반복적으로 수행하기 위한 명령문의 집합을 정의한 것은?

① 속성
② 메시지
③ 메소드
④ 추상화

08 하나의 클래스로 여러 개의 객체를 생성할 수 있다.

08 객체와 클래스에 대한 설명으로 <u>틀린</u> 것은?

① 클래스는 객체를 생성하기 위한 설계도(청사진) 같은 것이다.
② new 연산자로 클래스의 생성자를 호출함으로써 객체가 생성된다.
③ 하나의 클래스로 하나의 객체만 생성할 수 있다.
④ 객체는 클래스의 인스턴스이다.

✔ 주관식 문제

01
정답 상속

01 클래스 사이의 데이터와 연산을 공유하기 위한 기술로, 기존 클래스의 데이터와 연산 기능을 갖고 새로운 데이터와 연산을 추가할 수 있는 기술을 무엇이라 하는가?

정답 07 ③ 08 ③

제 2 장 주요 객체 지향 언어

01 다음 중 객체 지향 언어가 <u>아닌</u> 것은?

① C++

② Eiffel

③ Pascal

④ Smalltalk

02 객체 지향 프로그래밍(object-oriented programming) 측면에서 C++와 Java를 비교한 설명으로 옳지 <u>않은</u> 것은?

① Java는 C++에 비해 객체 지향 프로그래밍의 뜻에 보다 충실한 언어이다. 즉, 프로그램의 중심 단위가 C++에서는 함수(function)이나, Java에서는 클래스(class)이다.

② C++와 Java 모두 C 언어로부터 파생된 것들이다. 특히 C++는 단지 C 언어에 클래스(class) 개념을 추가시킨 명령형 언어(imperative language)로서 출발하였기에, 처음 이름이 클래스를 가진 C(C with classes)였다.

③ C++가 다중 상속(multiple inheritance)을 지원하는 데 반해, Java는 단일 상속(single inheritance)만 지원한다. Java에서는 다중 상속의 효과를 거두기 위해 인터페이스(interface)를 사용한다.

④ Java는 C++에 비해 객체 지향 프로그램의 개념을 보다 충실히 구현함으로써 프로그램의 실행 속도도 더 빨라 현실에서 점차 C++의 적용 분야를 대치해 나가고 있다.

정답   01 ③   02 ④

안심Touch

03 자식 타입이 자동으로 부모 객체 타입으로 변환되었을 때, 다시 부모 객체는 자식 타입으로 변환이 가능하지만, 부모 객체는 자식 타입으로 강제 타입 변환이 항상 진행되지는 않는다.

03 **클래스 타입 변환에 대한 설명으로 틀린 것은?**

① 자식 객체는 부모 타입으로 자동 타입 변환된다.

② 부모 객체는 자식 타입으로 강제 타입 변환이 항상 진행된다.

③ 자동 타입 변환을 이용해서 필드와 매개변수의 다형성을 구현한다.

④ 강제 타입 변환 전에 instanceof 연산자로 변환 가능한지 검사하는 것이 좋다.

04 클래스를 이동할 경우 패키지 전체를 이동시켜야 한다.

04 **패키지에 대한 설명으로 옳지 않은 것은?**

① 패키지는 클래스들을 그룹화시키는 기능을 한다.

② 클래스가 패키지에 소속되려면 패키지 선언을 반드시 해야 한다.

③ import 문은 다른 패키지의 클래스를 사용할 때 필요하다.

④ mycompany 패키지에 소속된 클래스는 yourcompany에 옮겨놓아도 동작한다.

05 private 접근 제한은 해당 클래스 내부에서만 사용을 허용하고, default는 같은 패키지내에서 사용가능하다.

05 **다음 중 접근 제한에 대한 설명으로 틀린 것은?**

① 접근 제한자는 클래스, 필드, 생성자, 메소드의 사용을 제한한다.

② public 접근 제한은 아무런 제한 없이 해당 요소를 사용할 수 있게 한다.

③ default 접근 제한은 해당 클래스 내부에서만 사용을 허가한다.

④ 외부에서 접근을 하지 못하도록 하려면 private 접근 제한을 해야 한다.

정답 03② 04④ 05③

06 인스턴스 멤버와 정적 멤버에 대한 설명으로 틀린 것은?

① 정적 멤버는 static으로 선언된 필드와 메소드를 말한다.
② 인스턴스 필드는 생성자 및 정적 블록에서 초기화될 수 있다.
③ 정적 필드와 정적 메소드는 객체 생성 없이 클래스를 통해 접근할 수 있다.
④ 인스턴스 필드와 메소드는 객체를 생성하고 사용해야 한다.

06 정적 블록은 클래스가 메모리에 로딩될 때 자동 생성되므로 인스턴스 필드를 초기화 할 수 없다.

07 다음 중 필드에 대한 설명으로 옳지 않은 것은?

① 필드는 메소드에서 사용할 수 있다.
② 인스턴스 필드 초기화는 생성자에서 할 수 있다.
③ 필드는 반드시 생성자 선언 전에 선언되어야 한다.
④ 필드는 초기값을 주지 않더라도 기본값으로 자동 초기화된다.

07 필드는 생성자 선언과 메소드 선언의 앞과 뒤의 어떤 곳에서도 선언이 가능하다.

✔ 주관식 문제

01 클래스로부터 객체를 선언하는 과정을 무엇이라 하는가?

01
정답 인스턴스
해설 클래스 : 객체를 정의하고 만들어 내기 위한 설계도 혹은 틀
인스턴스 : 클래스를 사용하기 위해서는 우선 해당 클래스 타입의 객체를 선언해야 한다. 이렇게 선언된 해당 클래스 타입의 객체를 인스턴스(instance)라 한다.

정답 06 ② 07 ③

checkpoint 해설 & 정답

01 C++는 다중 상속을 허용하지만, 자바는 단일 상속만 지원한다.

02 protected : 같은 패키지 또는 다른 패키지내의 상속받은 자식 클래스에서 사용 가능

03
- public : 접근에 제한이 없음
- protected : 동일한 패키지 내에 존재하거나 파생 클래스에서만 접근 가능
- default : 아무런 접근 제한자를 명시하지 않으면 default 값이 되며, 동일한 패키지 내에서만 접근이 가능
- private : 자기 자신의 클래스 내에서만 접근이 가능

제3장 주요 사항의 비교

01 자바의 상속에 대한 설명으로 옳지 않은 것은?

① 자바는 다중 상속을 허용한다.

② 부모의 메소드를 자식 클래스에서 재정의(오버라이딩)할 수 있다.

③ 부모의 private 접근 제한을 갖는 필드와 메소드는 상속의 대상이 아니다.

④ final 클래스는 상속할 수 없고, final 메소드는 오버라이딩을 할 수 없다.

02 오버라이딩(Overriding)에 대한 설명으로 틀린 것은?

① 부모 메소드의 시그니쳐(리턴타입, 메소드명, 매개변수)와 동일해야 한다.

② 부모 메소드보다 좁은 접근 제한자를 붙일 수 없다.

③ @Override 어노테이션을 사용하면 재정의가 확실한지 컴파일러가 검정한다.

④ protected 접근 제한을 갖는 메소드는 다른 패키지의 자식 클래스에서 재정의할 수 없다.

03 다음 중 Java 언어에 대한 설명으로 옳은 것은?

① 하위 클래스(subclass)는 상위 클래스(superclass)의 private 필드에 접근할 수 있다.

② protected로 선언된 필드는 하위 클래스에게만 접근을 허용한다.

③ public이나 private 또는 protected를 사용하여 명시적으로 선언하지 않은 필드 변수와 메소드는 public으로 선언한 것으로 취급한다.

④ 하위 클래스 객체를 상위 클래스 타입의 변수가 참조하는 건 허용하지만, 상위 클래스 객체를 하위 클래스 타입의 변수가 참조하는 건 허용하지 않는다.

정답 01 ① 02 ④ 03 ④

04 Java에서 하위 클래스에서 상위 클래스를 참조하기 위해 사용하는 명령어는?

① extends
② static
③ super
④ method

04 super 키워드는 부모 클래스로부터 상속받은 필드나 메소드를 자식 클래스에서 참조하는 데 사용하는 참조 변수이다.

05 프로그래밍 언어에 대한 설명으로 옳지 <u>않은</u> 것은?

① C++ 언어는 다중 상속(multiple inheritance)을 지원한다.
② Java 언어는 부울(boolean) 타입을 제공한다.
③ C 언어는 함수의 중첩(nesting)을 허용한다.
④ Fortran 언어는 COMMON 문장을 사용하여 전역(global) 기억 장소로의 접근을 허용한다.

05 C 언어는 절차 지향 언어이기 때문에 오버로딩이나 오버라이딩 지원이 되지 않는다.

06 객체 지향 언어에서 상속을 지원함으로서 얻을 수 있는 장점이 <u>아닌</u> 것은?

① 프로그램 코드의 재활용성이 높아진다.
② 프로그램 코드의 수정이 쉬워진다.
③ 프로그램 코드의 판독성이 높아진다.
④ 프로그램 코드의 생산성이 높아진다.

06 상속의 장점은 기존에 작성된 클래스를 재활용할 수 있고, 중복을 제거하여 생산성이 향상되고, 유지 보수가 편리하다는 점이다.

정답   04 ③   05 ③   06 ③

checkpoint　해설 & 정답

01

정답 C++

✅ 주관식 문제

01 함수 호출 시 매개변수를 전달하는 것을 메시지 바인딩이라 하는데, 메시지 바인딩 시 정적 바인딩과 동적 바인딩을 모두 사용할 수 있는 언어를 적으시오.

제 **4** 장 **객체 지향 언어의 구현**

01 다음 Java 프로그램을 실행한 결과 출력 형태는 무엇인가?

```
class A {
void f() { System.out.println("0"); }
void f(int i) { System.out.println(i); }
void f(int i, int j) { System.out.println(i+j);}
public static void main(String args[]) {
A a = new A();
A.f(25, 25);
}
}
```

① 0

② 25

③ 25+25

④ 50

01 오버로딩으로 A.f(25, 25);는 25 + 25의 결과 값 50을 출력한다.

02 한 개체가 2가지 이상의 개념으로 사용되는 것을 의미하는 용어는?

① 별명

② 중복 정의

③ 부작용

④ 포인터

02 중복 정의는 클래스의 멤버 메소드의 매개변수가 다르면 같은 이름으로 여러 개의 메소드를 정의할 수 있다.

정답 01 ④ 02 ②

안심Touch

checkpoint 해설 & 정답

03 오버라이딩(Overriding)을 할 때, 부모 클래스의 메소드보다 많은 수의 예외를 선언할 수 없다. ①은 부모 클래스의 정의된 메소드보다 적은 개수의 예외를 선언한 것처럼 보이지만 Exception은 모든 예외의 최고 부모이므로 가장 많은 개수의 예외를 던질 수 있도록 선언한 것이다.

03 다음 중 오버라이딩이 잘못된 것은?

```
void add(int a, int b)
        throws InvalidNumberException, NotANumberException {}
class NumberException extends Exception {}
class InvalidNumberException extends NumberException {}
class NotANumberException extends NumberException {}
```

① void add(int a, int b) throws Exception { }

② void add(int a, int b) throws InvalidNumberException { }

③ void add(int a, int b) throws NotANumberException { }

④ void add(int a, int b) throws InvalidNumberException,
   NotANumberException { }

04 자식 클래스에서 오버라이딩하는 메소드는 부모 클래스의 메소드와 이름, 매개변수, 리턴타입이 같아야 한다. 오버라이딩할 때 접근 제어자와 예외는 부모 클래스의 메소드보다 좁은 범위로 변경할 수 없다.

04 다음 중 오버라이딩의 조건으로 옳지 <u>않은</u> 것은?

① 부모의 메소드와 이름이 같아야 한다.

② 부모 클래스의 메소드의 접근 제한자보다 좁아질 수 없다. 단, 확장될 수는 있다.

③ 매개변수의 수와 타입이 모두 같아야 한다.

④ 부모의 메소드보다 더 많은 수의 예외를 선언할 수 있다.

정답 03 ① 04 ④

05 객체 지향 언어에서 어떤 객체에 메시지를 보내면 그 메시지에 해당되는 메소드를 찾아서 수행하여야 한다. 이와 같은 메시지와 메소드 사이의 바인딩에 대한 설명 중 옳은 것은?

① Smalltalk와 같은 언어에서는 수행 속도를 빠르게 하기 위하여 컴파일 시에 이런 바인딩을 모두 수행한다.

② C++에서 가상함수(virtual function) 이외의 모든 멤버함수는 동적으로 바인딩된다.

③ 객체 지향 언어의 특징 중의 하나인 다형성(polymorphism)을 제공하기 위해서는 이런 바인딩이 수행 시에 일어나야 한다.

④ C++ 언어에서는 단일 상속(single inheritance)인 경우 컴파일 시에 바인딩을 하고, 다중 상속(multiple inheritance)인 경우 수행 시에 바인딩을 한다.

05 오버라이딩으로 메소드를 호출할 때 발생하는 동적 바인딩은 실행 시점에 메소드 호출이 결정된다. 이때 메소드 호출 시 매개변수를 전달하는 것이 메시지 전달이다.

✔ **주관식 문제**

01 오버라이딩의 정의와 필요성에 대해서 설명하시오.

01
정답 오버라이딩(overridign)이란 '부모 클래스로부터 상속받은 메소드를 자식 클래스에 맞게 재정의하는 것'을 말한다. 부모 클래스로부터 상속받은 메소드를 자식 클래스에서 그대로 사용할 수 없는 경우가 많기 때문에 오버라이딩이 필요하다.

정답 05 ③

02

정답 ① 캡슐화(Encapsulation)
데이터(속성)와 데이터를 처리하는 함수를 하나로 묶는 것이다. 캡슐화된 객체의 세부 내용이 외부에 은폐(정보 은닉)되어, 변경이 발생할 때 오류의 파급효과가 적다. 캡슐화된 객체들은 재사용이 용이하다.

② 정보은닉(Information Hiding)
캡슐화에서 가장 중요한 개념으로, 다른 객체에게 자신의 정보를 숨기고 자신의 연산만을 통하여 접근을 허용하는 것이다.

③ 추상화(Abstarction)
불필요한 부분을 생략하고 객체의 속성 중 가장 중요한 것에만 중점을 두어 개략화하는 것, 즉 모델화하는 것이다.

④ 상속성(Inheritance)
이미 정의된 상위 클래스(부모 클래스)의 모든 속성과 연산을 하위 클래스가 물려받는 것이다. 상속성을 이용하면 하위 클래스는 상위 클래스의 모든 속성과 연산을 자신의 클래스 내에서 다시 정의하지 않고서도 즉시 자신의 속성으로 사용할 수 있다.

⑤ 다형성(Polymorphism)
메시지에 의해 개체(클래스)가 연산을 수행하게 될 때 하나의 메시지에 대해 각 객체(클래스)가 가지고 있는 고유한 방법(특성)으로 응답할 수 있는 능력을 의미한다. 객체(클래스)들은 동일한 메소드명을 사용한다.

02 객체 지향 언어의 특징을 3가지 이상 나열하고 세부내용을 서술하시오.

제8편

예외 처리

단원 개요

프로그램이 실행 중에 발생하는 런타임 오류를 예외라 하고 이러한 예외가 발생하지 않도록 미리 처리하는 예외 처리에 대해 알아본다. C++ 언어의 예외 처리는 미리 정의된 예외가 없는 반면 Ada, Java는 미리 정의된 예외가 있으므로 이러한 예외에 대해 알아본다.

출제 경향 및 수험 대책

런타임 오류가 발생하지 않도록 예외 처리하는 방법을 이해하고, 각 언어별 예외 처리 프로그램 작성방법과 미리 정의된 예외 메시지들이 어떤 것들이 있는지 학습한다.

혼자 공부하기 힘드시다면 방법이 있습니다.
SD에듀의 동영상강의를 이용하시면 됩니다.
www.sdedu.co.kr ➜ 회원가입(로그인) ➜ 강의 살펴보기

제 1 장

예외 처리의 개요

프로그램 실행 중의 오버플로나 언더플로, 0으로 나누기, 배열 첨자 범위 이탈 오류, EOF(end-of-file) 조건과 같은 비정상적인 사건은 심각한 오류일 수도 있고 특별한 처리를 요구할 수 있는 경미한 사건일 수도 있다. 이와 같은 비정상적인 사건을 예외(exception)라 한다.

이러한 예외가 탐지되었을 때 프로그램의 중단 없이 적절한 행동을 취해 다시 정상적으로 실행되도록 하는 메커니즘을 예외 처리(exception handling)라 하고, 예외를 처리하는 부분(일련의 코드)을 예외 처리기 (exception handler)라 한다.

예외 처리는 1960년대 PL/I에 처음 도입되어 1970년대 CLU에 의해 크게 발전했다. 그리고 Java, C++, Java, Common LISP 등의 최근 언어에서는 더욱 고급스러운 방법으로 예외 처리를 제공하고 있다. 그러면 Java, C++, Java의 예외 처리에 대해 살펴보자.

제 2 장

Ada의 예외 처리

Ada에는 미리 정의된 예외가 있고 사용자가 직접 예외를 정의할 수도 있다. 다음 [표 8-1]은 미리 정의된 예외와 그에 대한 설명이다.

[표 8-1] Ada의 미리 정의된 예외들

CONSTRAINT_ERROR	영역, 첨자, 또는 열거형 자료 등에 대한 제한을 벗어날 때 발생되고, 또한 0으로 나누기 등으로 발생한다.
NUMERIC_ERROR	연산 결과가 영역을 벗어날 때 발생한다.
SELECT_ERROR	else 부분이 없는 택일 조건들 모두가 만족되지 않을 때 발생한다.
STORAGE_ERROR	동적 메모리 할당에 실패했을 때 발생한다.
TASKING_ERROR	병행성 제어 오류에 의해 발생한다.
PROGRAM_ERROR	선언의 동적 처리에 실패했을 때 발생한다.

다음 예제를 살펴보자.

[소스 8-1] 예외 처리 기능이 없는 Ada 예제

```
with TEXT_IO;
use TEXT_IO;
procedure rangeError is
        package INT_IO is new TEXT_IO.INTEGER_IO (integer);
        use INT_IO;
        x: integer range 1..3;
begin
        put("integer: ");
        get(x);
        put(x);
end rangeError;
```

실행 시 5를 입력하면 다음과 같은 오류 메시지를 출력하고 프로그램 실행이 종료된다.

```
integer : 5
raised CONSTRAINT_ERROR
```

다음은 [소스 8-1] 예제에 CONSTRAINT_ERROR 예외 처리 기능을 추가한 프로그램이다.

[소스 8-2] 예외 처리 기능을 사용하는 Ada 예제

```
01    with TEXT_IO;
02    use TEXT_IO;
03    procedure excep is
04            package INT_IO is new TEXT_IO.INTEGER_IO (integer);
05            use INT_IO;
06            x: integer range 1..3;
07    begin
08            put("integer: ");
09            get(x);
10            put(x);
11    exception
12            when CONSTRAINT_ERROR =>
13                    put("x is out of bounds");
14    end excep;
```

get(x)에서 CONSTRAINT_ERROR예외가 발생하면 나머지 부분인 put(x)는 실행하지 않고 when CONSTRAINT_ERROR절을 실행한다. 반면 get(x)에서 CONSTRAINT_ERROR예외가 발생하지 않으면 나머지 부분인 put(x)를 정상적으로 실행하고, 물론 예외 처리 부분은 실행하지 않는다. 결국 다음과 같은 결과를 출력한다.

```
#〈부분 범위 경계를 초과하는 정수 5를 입력한 결과〉
integer : 5
x is out of bounds

#〈정상적인 입력인 2를 입력한 결과〉
integer : 2
2
```

다음은 사용자 정의 예외를 사용하는 예로 07행에서 사용자 정의 예외인 My_Error을 정의하고 있다.

[소스 8-3] 사용자 정의 예외를 사용하는 Ada 예제

```
01    with TEXT_IO;
02    use TEXT_IO;
03    procedure myError is
04            package INT_IO is new TEXT_IO.INTEGER_IO (integer);
05            use INT_IO;
06            age: integer;
07            My_Error: exception;
08    begin
09            put("age: ");
10            get(age);
11            if age < 6 then
12                    raise My_Error;
13            end if;
14            put("age is ");
15            put(age);
16    exception
17            when My_Error =>
18                    put("very infant");
19    end myError;
```

12행에서 My_Error 예외가 발생하면 My_Error 예외의 처리 부분인 18행을 실행하고 프로그램을 정상적으로 종료한다.

```
#<age 5를 입력한 결과>
age : 5
very infant

#<age 8를 입력한 결과>
age : 8
age is : 8
```

예외가 발생하면 해당 예외에 대한 처리기를 찾는데, 우선 예외가 발생한 블록의 처리기 구역부터 탐색한다. 만약 처리기가 없으면 블록의 실행을 종료하고 바로 상위 블록으로 예외가 전파되어 상위 블록의 처리기 구역을 탐색하는데, 이러한 동작을 반복한다. 만약 가장 바깥쪽 블록까지 예외가 전파되었어도 해당 처리기를 찾지 못하면 프로그램 실행이 비정상적으로 완전히 종료된다. 만약 블록이 아닌 부프로그램이면 호출 프로그램으로 예외가 전파된다.

다음은 호출 프로그램으로 예외가 전파되는 프로그램 예이다.

[소스 8-4] 예외를 전파하는 Ada 예제

```
01      with TEXT_IO;
02      use TEXT_IO;
03      procedure P is
04              package INT_IO is new TEXT_IO.INTEGER_IO (integer);
05              use INT_IO;
06              My_Error: exception;
07              procedure Q is
08                      age: integer range 0..100;
09              begin
10                      put("age: ");
11                      get(age);
12                      if age < 6 then
13                          raise My_Error;
14                      end if;
15              end Q;
16              procedure R is
17              begin
18                      Q;
19              exception
20                      when My_Error =>
21                          put("very infant");
22              end R;
23      begin
24              R;
25      end P;
```

P의 24행에서 R을 호출하고 R의 18행에서 Q를 호출한다. Q의 11행에서 5가 입력되면 13행의 My_Error 예외가 발생하여 My_Error에 대한 처리기를 Q에서 찾는데, 여기에서는 찾을 수 없다. 이러한 경우 Q를 호출한 프로그램인 R로 예외가 전파되어, R의 처리기 구역에서 My_Error에 대한 처리기를 찾는다. 20행에 My_Error 처리기가 있으므로 21행을 실행한다.

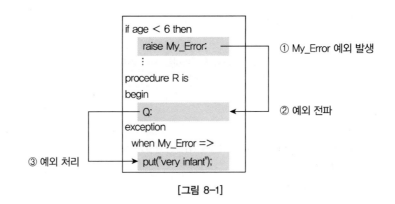

[그림 8-1]

예외 처리기로 예외가 넘겨졌지만 자체 처리기에서 모든 처리를 할 수 없는 경우가 발생할 수 있다. 이러한 경우에 해당 예외 처리기에서 처리할 수 있는 부분을 처리하고 예외를 다시 전파하면 문제가 해결되는데, 이때 raise만 명시하면 예외가 전파된다.

다음 예의 02행에서 예외이름1에 해당하는 예외가 발생하면 05행을 실행하고 06행의 raise에 의해 예외이름1 예외가 전파된다.

```
01    begin
02      :
03    exception
04       when 예외이름1 =>
05            :
06            raise;
07    end;
```

Ada에서는 suppress pragma를 이용해서 미리 정의된 예외에 대한 검사를 중단할 수 있다. 다음 예는 Range_Check를 할 필요가 없음을 번역기에게 알려주는 것으로, 부분 범위 타입 변수에 할당되는 값의 범위를 검사하지 않게 된다.

```
pragma suppress (Range_Check);
```

Range_Check 외에 금지시킬 수 있는 유용한 검사로 Index_Check가 있는데 이는 배열 첨자 범위에 대한 검사이다.

제 3 장

C++의 예외 처리

C++는 Java와는 달리 미리 정의된 예외가 없다. 그러므로 C++에서 모든 예외는 명시적으로 발생되어야 한다.

C++에서 예외 처리기는 try 블록 뒤에 위치한 catch 절이 되는데, 예외가 발생할 수 있는 영역은 try 블록 이 되고 catch 절 각각이 예외 처리기가 된다.

```
01    try {
02        :
03    }
04    catch(형식 매개변수) {
05        :
06    }
07    catch(형식 매개변수) {
08        :
09    }
```

catch의 형식 매개변수는 처리할 예외의 종류에 해당되는데, 타입 이름과 변수 이름이 함께 명시될 수도 있고 단순히 타입 이름만 명시될 수도 있다. 다음 예에서 int 타입의 예외가 발생하면 int 타입을 형식 매개 변수로 하고 있는 04행의 예외 처리기가 실행되고, double 타입의 예외가 발생하면 07행의 예외 처리기가 실행된다.

```
01    try {
02        :
03    }
04    catch(int exception) {
05        :
06    }
07    catch(double) {
08        :
09    }
```

안심Touch

catch의 형식 매개변수로 …이 올 수도 있는데, 모든 예외를 받아들이는 의미를 지닌다. 즉, 다음 예의 02행에서 어떤 예외가 발생하든 상관없이 04행의 처리기가 실행된다.

```
01    try {
02        ⋮
03    }
04    catch(...) {
05        ⋮
06    }
```

다음 예에서는 발생한 예외가 int 타입과 double 타입이 아니면 10행의 처리기가 실행된다.

```
01    try {
02        ⋮
03    }
04    catch(int exception) {
05        ⋮
06    }
07    catch(double) {
08        ⋮
09    }
10    catch(...) {
11        ⋮
12    }
```

앞의 예처럼 …로 표시된 처리기는 처리기들 중에서 가장 마지막에 위치해야 의미가 있고, 다음 경우처럼 가장 앞에 위치하면 뒤에 위치한 처리기들은 아무런 의미가 없게 된다. 즉 int 타입과 double 타입의 예외가 발생해도 무조건 04행의 처리기가 실행되는 문제가 발생한다.

```
01    try {
02        ⋮
03    }
04    catch(...) {
05        ⋮
06    }
07    catch(int exception) {
08        ⋮
09    }
10    catch(double) {
11        ⋮
12    }
```

앞에서 잠시 언급했듯이 예외는 명시적으로 발생시켜야 하는데 이때 throw를 이용한다. 다음은 x라는 예외를 발생시키는 문장이다.

> throw x;

다음의 05행에서 x라는 예외가 발생하면 x가 int 타입이므로 int 타입을 형식 매개변수로 하고 있는 08행의 처리기가 실행된다.

```
01    int x;
02    try {
03        ⋮
04      if (x < 0)
05        throw x;
06        ⋮
07    }
08    catch(int) {
09        ⋮
10    }
11    catch(double) {
12        ⋮
13    }
```

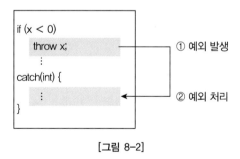

[그림 8-2]

다음은 예외 처리 기능이 있는 나누기 연산 프로그램이다.

[소스 8-5] 예외 처리 기능을 사용하는 C++ 예제

```
01    #include 〈iostream〉
02    using namespace std;
03    int main(void)
04    {
05        int numerator, denominator;
06        cout 〈〈 "two integers : ";
07        while (cin 〉〉 numerator 〉〉 denominator) {
08            try {
09                if (denominator == 0)
10                    throw denominator;
11                    cout 〈〈 "quotient: "〈〈 numerator / denominator 〈〈 endl;
12                    cout 〈〈 "remainder: "〈〈 numerator % denominator 〈〈 endl;
13            catch(int) {
14                    cout 〈〈 "Exception occurred: divide by zero" 〈〈 endl;
15            }
16        }
17    return 0;
18    };
```

분모인 denominator가 0이면 10행에서 예외를 발생시켜 13행에서 예외를 처리한다.
예외 처리가 끝나면 while의 다음 반복을 실행한다.

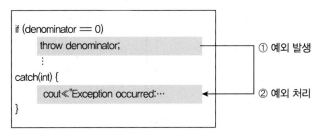

[그림 8-3]

만약 다음 프로그램과 같이 예외 처리 기능을 사용하지 않은 상태에서 0으로 나누려 하면 실행 오류가 발생한다.

[소스 8-6] 예외 처리 기능을 사용하지 않는 C++ 예제

```
01    #include 〈iostream〉
02    using namespace std;
03    int main(void)
```

```
04    {
05       int numerator, denominator;
06       cout << "two integers : ";
07       while (cin >> numerator >> denominator) {
08               cout << "quotient: "<< numerator/denominator << endl;
09               cout << "remainder: "<< numerator denominator << endl;
10       }
11    return 0;
12    };
```

임의의 부프로그램에서 발생한 예외에 대한 처리기가 해당 부프로그램에 없으면 호출 프로그램으로 예외가 전파되어 예외에 대한 처리기를 탐색한다. 이러한 동작을 반복하여 만약 전체 프로그램에서 해당 예외에 대한 처리기를 찾지 못하면 terminate()가 호출되면서 프로그램 실행이 종료된다. 다음은 그 예이다.

[소스 8-7] 예외를 전파하는 C++ 예제

```
01    #include <iostream>
02    using namespace std;
03
04    int divide(int numerator, int denominator)
05    {
06           if (denominator == 0)
07                   throw denominator;
08           return numerator/denominator;
09    }
10    int main(void)
11    {
12           int numerator, denominator, quotient;
13           cout << "two integers : ";
14           while(cin >> numerator >> denominator) {
15                   try {
16                       quotient = divide(numerator, denominator);
17                       cout << "quotient: " << quotient<< endl;
18                   }
19                   catch(int) {
20                       cout << "Exception occurred: divide by zero" << endl;
21                   }
22           }
23           return 0;
24    }
```

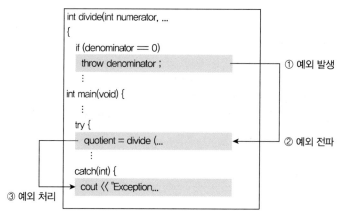

[그림 8-4]

7행에서 denominator 예외가 발생하면 이 예외를 처리해 줄 처리기를 divide에서 찾는다. 그런데 예외 처리기가 없으므로 divide를 호출한 호출 프로그램으로 예외가 전파된다. 결국 19행의 처리기에서 전파된 예외를 처리한다.

Ada에서와 마찬가지로 C++에도 임의의 예외 처리기에서 처리할 수 있는 부분을 처리하고 예외를 전파하는 기능이 있는데, 예외 처리기 내에서 throw를 명시하면 예외가 전파된다.

다음 예를 보자. 04행에서 int 타입의 예외가 발생하면 06행의 예외 처리기가 실행되어 우선 07행의 내용을 실행한다. 그리고 08행의 throw를 실행하게 되는데 이때 예외가 호출 프로그램으로 전파된다.

```
01    void sub ()
02    {
03        try {
04            ⋮
05        }
06        catch(int) {
07            ⋮
08            throw;
09        }
10    }
```

C++ 함수는 발생시킬 수 있는 예외를 명시할 수 있다. 형식은 다음과 같이 함수 머리부 오른쪽에 throw(타입 리스트)를 위치시킨다. 여기서 타입 리스트에 명시된 타입의 예외를 발생시킬 수 있다. 타입 리스트에 명시되지 않은 다른 예외는 발생시킬 수 없는데, 이러한 함수 내에서 지정되지 않은 예외가 발생하면 unexpected()가 호출되면서 프로그램 실행이 종료된다.

```
함수이름() throw (타입 리스트)
{
    ⋮
}
```

다음은 예외를 명시한 함수의 예로, int 타입과 double 타입의 예외는 발생시키지만 다른 타입의 예외는 발생시킬 수 없다는 것을 의미한다.

```
void sub () throw (int, double){
        ⋮
}
```

이 함수는 다음 함수와 같은 의미를 지닌다.

```
void sub () {
    try{
        ⋮
    }
    catch (int) {
        throw;
    }
    catch (double) {
        throw;
    }
    catch (...) {
        unexpected();
    }
}
```

다음과 같이 예외를 명시하는 부분이 없으면 이 함수는 어떠한 예외도 발생시키지 않는다는 것을 의미한다.

```
void sub() throw() {
        ⋮
}
```

그리고 다음과 같이 함수에 예외 지정이 빠져 있으면 어떤 타입의 예외라도 발생시킬 수 있음을 의미한다.

```
void sub() {
        ⋮
}
```

제 4 장

Java의 예외 처리

Java에는 미리 정의된 예외가 있고, 사용자가 직접 예외를 정의할 수도 있다. Java 예외는 Throwable 클래스의 하위 클래스 객체이다. Throwable의 하위 클래스에는 Error와 Exception이 있다. 그리고 Exception의 하위 클래스에는 RuntimeException과 IOException이 있으며, 사용자가 직접 정의한 예외도 Exception의 하위 클래스로 정의된다.

[표 8-5] Java의 예외

예외		설명
Error		메모리 고갈과 같은 자바 가상 기계(Java Virtual Machine)에 의해 제기되는 오류
Exception	RuntimeException	0으로 나누기, 배열 첨자 범위 경계 초과 등 프로그램 실행과 관련된 오류
	IOException	입력이나 출력 과정에서 발생하는 오류
	사용자 정의 예외	사용자가 직접 정의하는 예외

다음은 가장 대표적인 미리 정의된 예외와 그에 대한 설명이다.

[표 8-6] Java의 대표적인 미리 정의된 예외

예외	설명
ArithmeticException	0으로 나누기 등의 산술적 오류에 의해 발생한다.
ArrayIndexOutOfBoundsException	배열 첨자 범위 경계 초과 오류에 의해 발생한다.
NegativeArraySizeException	배열의 크기를 음수로 지정했을 때 발생한다.
NullPointerException	null 객체에 접근할 때 발생한다.

다음 예제를 살펴보자.

[소스 8-8] 예외가 발생하는 Java 예제

```
01    public class division {
02        public static void main(String[] args){
03            int numerator, denominator;
04            numerator = 7;
05            denominator = 0;
06            System.out.println(numerator/denominator);
07        }
08    }
```

이 프로그램은 0으로 나누기를 하려고 하므로 다음과 같은 오류 메시지를 출력하고 프로그램 실행이 종료된다.

```
Exception in thread "main" Java.lang.ArithmeticException: / by zero
at division.main (division.Java:6)
```

C++와 유사하게 try~catch를 사용하면 사용자가 직접 예외 처리 기능을 설정할 수 있다. 다음은 그 예로, try 블록에서 ArithmeticException 예외가 발생하면 catch 절의 예외 처리기가 실행된다.

[소스 8-9] 사용자 예외 처리 기능을 사용하는 Java 예제

```
01    public class divisionException {
02        public static void main(String[] args){
03          int numerator, denominator;
04          numerator = 7;
05          denominator = 0;
06          try {
07            System.out.println(numerator/denominator);
08          }
09          catch(ArithmeticException ae) {
10            System.out.println("Exception occurred: divide by zero");
11          }
12        }
13    }
```

07행에서 ArithmeticException 예외가 발생하여 ArithmeticException 예외에 대한 처리기에 해당하는 10행이 실행된다.

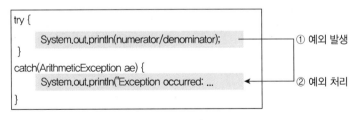

[그림 8-5]

사용자가 직접 예외를 발생시킬 수도 있는데(사용자 정의 예외라 한다), C++와 같이 throw를 이용한다. 다음은 myException이라는 예외를 발생시키는 문장이다.

```
throw new myException();
```

그리고 다음과 같이 예외 클래스의 최상위 클래스인 Exception 클래스를 상속받게 해야 한다.

public class myException extends Exception {

다음은 사용자 정의 예외를 사용하는 예이다.

[소스 8-10] 사용자 정의 예외를 사용하는 Java 예제

```
01    public class myException extends Exception {
02        public static void main(String[] args) {
03            int age;
04            try {
05                age = 5;
06                if (age < 6)
07                    throw new myException();
08                System.out.println("age is" + age);
09            }
10            catch(myException me) {
11                System.out.println("very infant");
12            }
13        }
14    }
```

07행에서 myException이라는 사용자 정의 예외가 발생하여 myException 예외 처리기에 해당하는 11행이 실행된다.

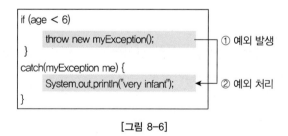

[그림 8-6]

C++의 예외 처리기와의 눈에 띄는 차이점은 finally 절이 지원된다는 점이다. try 절에서 예외가 발생하건 안하건 간에 finally 절은 반드시 실행된다. 결국 Java의 예외 처리기 구조는 다음과 같다.

```
try {
    ⋮
}
catch(⋯) {
    ⋮
}
catch(⋯) {
    ⋮
}
    ⋮
finally {
    ⋮
}
```

발생한 예외에 대한 처리기가 해당 부프로그램 내에 없으면 호출 프로그램으로 예외가 전파되는데, 이때 부프로그램 머리부 오른쪽에 throws를 이용해서 어떤 예외가 발생될 수 있는지를 명시해야 한다.

다음 예에서 02행의 reJavage() 머리부 오른쪽에 발생될 수 있는 예외 MyExcepticin을 명시하고 있다.

[소스 8-11] 예외 전파하는 Java 예제

```
01    public class myExceptionPropagation extends Exception {
02            static int reJavage () throws myException {
03                    int age = 5;
04                    if (age < 6)
05                        throw new myException();
06                    return age;
07            }
08
09            public static void main(String[] args) {
10                    try {
11                        System.out.println("age is " + reJavage());
12                    }
13                    catch(myException me) {
14                        System.out.println("very infant");
15                    }
16            }
17    }
```

05행에서 myException 예외가 발생하면 reJavage()에서 my Exception 예외에 대한 처리기를 찾고, 찾을 수 없으면 호출 프로그램으로 myException 예외가 전파된다. 결국 13행의 처리기에서 전파된 예외를 처리한다.

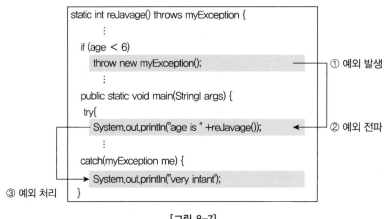

[그림 8-7]

다음 프로그램의 03행에서 throws IOException은 이 프로그램에서 IOException 예외가 발생될 수 있음을 의미한다.

[소스 8-12] IOExcepton 예외를 전파하는 Java 예제

```
01      import Java.io.*;
02      public class division {
03      public static void main(String[] args) throws IOException {
04              BufferedReader in = new BufferedReader(new
                                    InputStreamReader (System.in));
05              int numerator, denominator;
06              System.out.print("numerator : ");
07              numerator = Integer.parseInt(in.readLine());
08              System.out.print("denominator : ");
09              denominator = Integer.parseInt(in.readLine());
10              System.out.println(numerator/denominator);
11          }
12      }
```

그러나 RuntimeException과 Error 예외는 Java 시스템에 의해 자동으로 발생하므로 throws를 이용해서 명시하지 않아도 된다.

지금까지 살펴본 예외 처리 기능은 무시되어서는 안 되는 오류를 처리하기 위해 꼭 필요할 때만 사용해야 한다. 무분별하게 사용하면 코드를 이해하기 힘들어지는 문제가 생긴다.

제 **1** 장   **예외 처리의 개요**

01 예외 객체를 리턴할 때의 이점이 <u>아닌</u> 것은?

① 예외에 관한 정보와 동작을 캡슐화한다.

② 예외 전달 속도가 빠르다.

③ 상속 계층을 구성하여 다형적으로 예외를 처리한다.

④ 예외 처리를 객체가 직접 하여 호출원의 부담을 줄인다.

01 정수나 열거형에 비해 임시 객체를 생성해야 하므로 속도는 느리다.

02 다음 중 예외 처리(Exception Handling)를 지원하는 언어들로만 묶인 것은?

① Pascal, C#, Ada

② Pascal, Java, C#

③ C, Pascal, Java

④ Java, C++, Ada

02 C++, C#, PYTHON, Ada, Java와 같은 객체 지향 프로그래밍 언어는 예외 처리 기능을 포함하고 있다.

03 다음 중 예외에 대한 설명으로 옳지 <u>않은</u> 것은?

① throws 문은 예외를 발생시킨다.

② try-catch 문은 발생된 예외를 처리하기 위한 문장이다.

③ 어떤 메소드 내에서 발생된 예외를 처리하지 않으면 호출자 메소드로 전파된다.

④ 발생된 예외를 처리하지 않으면 프로그램은 종료된다.

03 예외를 처리하지 않고 싶은 경우에는 메소드의 표제부에 throws절에 넣어 메소드가 예외를 던지도록 한다.

정답   01 ②   02 ④   03 ④

04 try { } 블록에서 return문을 사용하면 finally { } 블록은 실행되지 않는다. finally{ } 블록은 예외 발생 여부와 상관없이 항상 실행되며 try { } , catch { } 블록에서 return문을 사용하더라도 finally 블록은 항상 실행된다.

04 try-catch-finally 블록에 대한 설명으로 옳지 <u>않은</u> 것은?

① try {} 블록에는 예외가 발생할 수 있는 코드를 작성한다.

② catch {} 블록은 try {} 블록에서 발생한 예외를 처리하는 블록이다.

③ try {} 블록에서 return 문을 사용하면 finally {} 블록은 실행되지 않는다.

④ catch {} 블록은 예외의 종류별로 여러 개를 작성할 수 있다.

05 새로운 예외를 발생시키기 위해서는 throw를 사용한다.
throws는 메소드 선언부 끝에 작성되어 메소드에서 처리하지 않은 예외를 호출한 곳으로 떠넘기는 역할을 한다. throw는 강제적으로 예외를 발생시켜주는 역할을 한다.

05 throws에 대한 설명으로 옳지 <u>않은</u> 것은?

① 생성자나 메소드의 선언 끝 부분에 사용되어 내부에서 발생된 예외를 떠넘긴다.

② throws 뒤에는 떠넘겨야 할 예외를 쉼표(,)로 구분해서 기술한다.

③ 모든 예외를 떠넘기기 위해 간단하게 throws Exception으로 작성할 수 있다.

④ 새로운 예외를 발생시키기 위해 사용된다.

06 예외란 프로그램 작성 중에 미처 예측할 수 없는 불가항력적인 문제를 말한다.

06 다음 중 예외로 볼 수 <u>없는</u> 것은?

① 사용자가 잘못된 값을 입력했다.

② 포인터의 타입을 잘못 캐스팅했다.

③ 네트워크 연결이 끊어졌다.

④ 하드 디스크가 고장났다.

정답 04 ③ 05 ④ 06 ②

07 if 문에 의한 전통적인 예외 처리 방법의 단점이 <u>아닌</u> 것은?

① 에러를 발견만 할 뿐 재시도는 어렵다.

② 예외 처리 구문과 실제 코드가 섞여 가독성이 떨어진다.

③ 함수 호출 중에 발생한 예외를 처리하기 어렵다.

④ 코드의 들여쓰기가 깊어져 관리가 어렵다.

07 에러 발견 후 break, continue 구문과 외부의 반복문으로 재시도가 가능하다.

✔ **주관식 문제**

01 예외 처리의 정의와 목적에 대해서 설명하시오.

01

정답 • 정의 : 프로그램 실행 시 발생할 수 있는 예외의 발생에 대비한 코드를 작성하는 것

• 목적 : 프로그램의 비정상 종료를 막고, 정상적인 실행상태를 유지하는 것

정답 　07 ①

안심Touch

제 2 장   **Ada의 예외 처리**

01 연산 결과가 영역을 벗어날 때 발생하는 예외는 NUMERIC_ERROR이다.

01 다음 중 Ada의 미리 정의된 예외와 설명이 <u>잘못</u> 연결된 것은?

① PROGRAM_ERROR : 선언의 동적 처리에 실패했을 때 발생한다.

② TASKING_ERROR : 연산 결과가 영역을 벗어날 때 발생한다.

③ STORAGE_ERROR : 동적 메모리 할당에 실패했을 때 발생한다.

④ SELECT_ERROR : else 부분이 없는 택일 조건들 모두가 만족되지 않을 때 발생한다.

02 영역, 첨자, 또는 열거형 자료 등에 대한 제한을 벗어날 때 또는 0으로 나누기 등이 발생할 때 나오는 예외는 CONSTRAINT_ERROR이다.

02 다음 설명에 해당하는 Ada의 미리 정의된 예외는?

> 영역, 첨자, 또는 열거형 자료 등에 대한 제한을 벗어날 때 발생되고, 또한 0으로 나누기 등으로 발생한다.

① PROGRAM_ERROR

② CONSTRAINT_ERROR

③ INUMERIC_ERROR

④ SELECT_ERROR

정답 01 ② 02 ②

✅ 주관식 문제

01 Ada 언어의 미리 정의된 예외처리 중 else 부분이 없는 택일 조건들 모두가 만족되지 않을 때 발생하는 예외 오류를 기술하시오.

01
정답 SELECT_ERROR

해설 • SELECT_ERROR : else 부분이 없는 택일 조건들 모두가 만족되지 않을 때 발생한다.
• CONSTRAINT_ERROR : 영역, 첨자, 또는 열거형 자료 등에 대한 제한을 벗어날 때 발생되고, 또한 0으로 나누기 등으로 발생한다.
• NUMERIC_ERROR : 연산 결과가 영역을 벗어날 때 발생한다.
• STORAGE_ERROR : 동적 메모리 할당에 실패했을 때 발생한다.
• TASKING_ERROR : 병행성 제어 오류에 의해 발생한다.
• PROGRAM_ERROR : 선언의 동적 처리에 실패했을 때 발생한다.

01 괄호 안에 예외 목록이 없어 예외를 던지지 않는다.

제 3 장 C++의 예외 처리

01 다음 함수의 원형에 대한 설명으로 옳은 것은?

> void sub(int a) throw()

① 예외를 던질 수도 있고 아닐 수도 있다.
② 하나의 예외만 던진다.
③ 예외를 던지지 않는다.
④ 임의의 예외를 던질 수 있다.

정답 01 ③

◆ **주관식 문제**

01 다음 프로그램의 실행 결과를 쓰시오.

```
#include 〈stdexcept〉
#include 〈iostream〉
using namespace std;
void MyFunc(int c)
{
    if (c 〉 numeric_limits〈char〉 ::max())  //char형 최댓값
        throw invalid_argument("사용자 정의 예외 발생");
    else
        cout 〈〈 "예외가 발생되지 않았습니다." 〈〈 endl;
}
int main()
{
    try
    {
        MyFunc(256);
    }

    catch (invalid_argument& e)
    {
        cerr 〈〈 e.what() 〈〈 endl;
    }
}
```

01

정답 사용자 정의 예외 발생

해설 numeric_limits〈char〉 ::max() =>
char 최댓값이 127이다.

01 예외가 발생한 곳은 method2이고 ExceptionEx18.java의 12번째 줄이다. 예외가 발생했을 당시의 호출스택을 보면 아래의 그림과 같다. 호출스택은 맨 위에 있는 메소드가 현재 실행 중인 메소드이고 아래 있는 메소드가 바로 위의 메소드를 호출한 것이다. 그래서 main → method1 → method2의 순서로 호출되었음을 알 수 있다.

02 try 블럭 내에서 예외가 발생하면, catch 블럭 중에서 예외를 처리할 수 있는 것을 차례대로 찾아 내려간다. 발생한 예외의 종류와 일치하는 catch 블럭이 있으면 그 블럭의 문장들을 수행하고 try-catch문을 빠져나간다. 일치하는 catch 블럭이 없으면 예외는 처리되지 않는다. 발생한 예외의 종류와 일치하는 catch 블럭을 찾을 때, instanceof로 검사를 하기 때문에 모든 예외의 최고조상인 Exception이 선언된 catch 블럭은 모든 예외를 다 처리할 수 있다. 한 가지 주의할 점은 Exception을 처리하는 catch 블럭은 모든 catch 블럭 중 제일 마지막에 있어야 한다는 것이다. Exception을 선언한 catch 블럭이 마지막 catch 블럭이 아니면 컴파일 에러가 발생한다.

정답 01 ④ 02 ③

제 **4** 장 **Java의 예외 처리**

01 다음은 실행 도중 예외가 발생하여 화면에 출력된 것이다. 이에 대한 설명 중 옳지 <u>않은</u> 것은?

> java.lang.ArithmeticException : / by zero
> at ExceptionEx18.method2(ExceptionEx18.java:12)
> at ExceptionEx18.method1(ExceptionEx18.java:8)
> at ExceptionEx18.main(ExceptionEx18.java:4)

① 위의 내용으로 예외가 발생했을 당시 호출스택에 존재했던 메소드를 알 수 있다.

② 예외가 발생한 위치는 method2 메소드이며, ExceptionEx18.java 파일의 12번째 줄이다.

③ 발생한 예외는 ArithmeticException이며, 0으로 나뉘어서 예외가 발생했다.

④ method2 메소드가 method1 메소드를 호출하였고 그 위치는 ExceptionEx18.java 파일의 8번째 줄이다.

02 다음과 같은 메소드가 있을 때, 예외를 잘못 처리한 것은?

> void method() throws InvalidNumberException, NotA NumberException {}
> class NumberException extends RuntimeException {}
> class InvalidNumberException extends NumberException {}
> class NotANumberException extends NumberException {}

① try {method();} catch(Exception e) {}

② try {method();} catch(NumberException e) {} catch(Exception e) {}

③ try {method();} catch(Exception e) {} catch(NumberException e) {}

④ try {method();} catch(NumberException e) {}

03 다음 중 예외에 대한 설명으로 옳지 <u>않은</u> 것은?

① 예외는 사용자의 잘못된 조작, 개발자의 잘못된 코딩으로 인한 프로그램 오류를 말한다.

② RuntimeException의 하위 예외는 컴파일러가 예외 처리 코드를 체크하지 않는다.

③ 예외는 try-catch 블록을 사용해서 처리된다.

④ 자바 표준 예외만 프로그램에서 처리할 수 있다.

04 다음 중 throw에 대한 설명으로 <u>틀린</u> 것은?

① 예외를 최초로 발생시키는 코드이다.

② 예외를 호출한 곳으로 떠넘기기 위해 메소드 선언부에 작성된다.

③ throw로 발생된 예외는 일반적으로 생성자나 메소드 선언부에 throws로 떠넘겨진다.

④ throw 키워드 뒤에는 예외 객체 생성 코드가 온다.

05 다음 중 런타임 예외가 <u>아닌</u> 것은 무엇인가?

① ArithmeticException

② ArrayIndexOutofBoundsException

③ NullPointerException

④ IOException

---

03 자바 표준 API에서 제공하는 예외 클래스만으로는 다양한 종류의 예외를 표현할 수 없다. 애플리케이션 서비스와 관련된 예외를 애플리케이션 예외 또는 사용자 정의 예외라 하며 개발자가 직접 정의해서 만들고 사용할 수 있다.

04 예외를 호출한 곳으로 떠넘기기 위해 메소드 선언부에 작성한다. throws는 예외를 떠넘기기, throw는 예외 발생시키기를 의미한다.

05 IOException는 컴파일 예외이다.

정답 03 ④ 04 ② 05 ④

06 InputmisMatchException : 정수로 입력해야 하는데 문자를 입력한 경우 예외 발생

06 다음 중 Scanner의 nextInt 메소드 내에서 발생할 수 있는 예외는 무엇인가?

① NullPointerException

② ArrayIndexOutofBoundsException

③ IOException

④ InputmisMatchException

07 블록 안에 있는 try 문을 실행하고, finally 문을 실행한 후, catch 문을 실행한다.

07 다음과 같은 프로그램이 있을 때, foo() 메소드에서 예외가 발생하면 출력되는 결과는 무엇인가?

```
try
{
  try {      foo();    }
  finally    {  System.out.print("Shutdown. ");    }
}
catch(Exception e) {   System.out.print("warn!! ");  }
```

① warn!!

② Shutdown.

③ warn!! Shutdown.

④ Shutdown. warn!!

정답 06 ④ 07 ④

제9편

함수형 프로그래밍 언어

단원 개요

명령형 언어(절차적 프로그래밍, 객체 지향 프로그래밍)와 수학적 함수를 기반으로 하는 언어로 프로그램이 하는 일을 수학적 함수의 계산으로 취급하는 함수형 언어의 특징과 단순 수학함수, 고차 함수에 대해 알아본다.

출제 경향 및 수험 대책

명령형 언어인 절차적 프로그래밍과 객체 지향 프로그래밍의 특징을 이해하고, 접근 제한자의 종류와 차이점을 정확히 구별한다. 수학적 함수를 기반으로 하는 함수형 언어의 장점 및 단순 수학 함수와 2개 이상의 함수로 구성하는 고차 함수를 구현할 수 있도록 학습한다.

혼자 공부하기 힘드시다면 방법이 있습니다.
SD에듀의 동영상강의를 이용하시면 됩니다.
www.sdedu.co.kr ➜ 회원가입(로그인) ➜ 강의 살펴보기

제 1 장 명령형 언어와 함수형 언어

제 1 절 **명령형 언어**

Fortran, ALGOL, C, C++, C#, Java, Pascal 등과 같이 현재 많이 쓰이고 있는 대부분 언어가 프로그램의 상태와 상태 변경을 시키는 '구문'의 관점에서 연산을 설명하는 방식으로, 폰 노이만식 기계 구조를 염두에 두고 설계된 언어로 이러한 부류의 언어가 바로 명령형 언어이다.

1 절차적 프로그래밍 중요 ★★

절차적 프로그래밍은 단순히 순서대로 명령을 수행하는 것을 의미하는 것이 아닌 프로시저 호출의 개념을 바탕으로 하는 구조적 프로그래밍의 일종이다. 대표적인 절차 지향 언어로는 C 언어가 있다. 이는 컴퓨터의 작업 처리방식과 같아서 객체 지향 언어를 사용하는 것에 비해 처리시간이 빠르다.

(1) 절차적 프로그래밍 특징

① 하나의 큰 기능을 처리하기 위해 작은 단위의 기능들로 나누어 처리하는 Top-Down 방식으로 설계한다.
② 비교적 작은 규모의 작업을 수행하는 함수(function)를 생성한다.
③ 인수(parameter)와 반환값(value)으로 명령을 전달하고 수행한다.
④ 데이터와 함수를 별개로 취급한다.
⑤ 특정 기능을 수행하려면 해당 메소드를 직접 호출한다.

(2) 장점

① 모듈 구성이 용이하며, 구조적인 프로그래밍이 가능하다.
② 컴퓨터의 처리 구조와 비슷하여 실행 속도가 빠르다.
③ 같은 코드를 복사하지 않고 다른 위치에서 호출하여 사용 가능하다.

(3) 단점

① 프로그램을 분석하기 어렵다.

② 유지보수가 힘들다.

③ 정해진 순서대로 입력을 해야 하므로 순서를 바꾸면 결과값을 보장할 수 없다.

④ 코드가 길어지면 가독성이 무척 떨어지며 이해하기가 힘들다.

2 객체 지향 프로그래밍 🔠 ★★

객체 지향 프로그래밍은 기능별로 모듈화하여 하드웨어가 같은 기능을 중복되지 않고 모듈을 재활용하여 하드웨어의 처리량을 줄일 수 있는 효율성이 높은 프로그래밍 언어이다.

'객체'라는 기본 단위로 나누고 이들의 상호작용으로 서술하는 방식이며, 클래스를 이용해 연관있는 데이터 (변수)와 메소드(함수)를 하나의 객체(인스턴스)로 묶어 생성 및 사용한다. 작은 문제를 해결하는 객체를 생성해 큰 문제를 해결하는 Bottom-Up 방식이다.

(1) 객체 지향 프로그래밍의 특징

① 추상화

현실 세계 대상을 관찰하여 핵심적인 특징(속성과 행위)을 추출하는 과정이다. 이때 관련 있는 것들을 묶어 캡슐화가 되고 묶은 개념은 추상화가 되며 주체는 클래스가 된다. '객체'는 클래스로부터 선언된 인스턴스가 생기고, '클래스'는 추상적이기에 눈에 보이지 않는 개념으로 존재한다.

② 캡슐화

캡슐화는 연관있는 변수와 메소드를 하나의 클래스로 묶고 외부에서 쉽게 접근하지 못하도록 은닉하여 쉽게 사용할 수 있게 하는 개념이다. 객체에 직접적인 접근을 막고 외부에서 내부의 정보에 직접 접근하거나 변경할 수 없고, 객체가 제공하는 변수와 메소드를 통해서만 접근하는 구조가 바로 캡슐화다.

캡슐화에서 접근 제한자(Access Modifier)는 접근을 제한하기 위해 사용된다. 여기서 접근이란 클래스 및 인터페이스 그리고 이들이 가지고 있는 멤버의 접근을 말하고, 어떤 경우에는 클래스와 인터페이스를 다른 패키지에서 사용하지 못하도록 막을 필요가 있다. 그리고 객체 생성을 막기 위해 생성자를 호출하지 못하게 하거나 필드나 메소드를 사용하지 못하도록 하는 경우가 있다. 이때 접근 제한자는 public, protected, private, default 네 가지 종류가 있다.

> • public : 외부 클래스가 자유롭게 사용할 수 있도록 한다.
> • protected : 같은 패키지 또는 자식 클래스에서 사용할 수 있도록 한다.
> • default : 같은 패키지에 소속된 클래스에서만 사용할 수 있도록 한다.
> • private : 외부에서 사용될 수 없도록 한다.

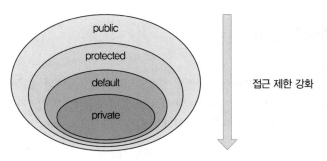

[그림 9-1] 접근 제한자의 종류와 차이

③ **상속(inheritance)**

상속이란, 기존의 클래스를 재사용하여 새로운 클래스를 작성하는 것이다. 상속을 통해서 클래스를 작성하면, 적은 양의 코드로 새로운 클래스를 작성할 수 있고 코드를 공통으로 관리할 수 있기에 코드의 추가 및 변경이 매우 편리하다. 상속의 관계가 아래로 내려갈수록(자식 클래스) 구체화되고, 상속 관계가 위로 올라올수록(부모 클래스) 일반화된다.

④ **다형성**

다형성이란 프로그램 언어의 각 요소들(상수, 변수, 식, 객체, 메소드 등)이 다양한 자료형(type)에 속하는 것이 허가되는 성질을 가리킨다. 다형성을 구현하는 방법에는 여러 가지가 있을 수 있지만, 대표적으로 알려진 오버로딩, 오버라이딩이 있다.

㉠ 오버로딩(Overloading)

오버로딩은 하나의 클래스에서 같은 이름의 메소드들을 여러 개 가지면서 매개변수의 유형과 개수가 달라야 하고 반환 타입은 상관없다. 인자들의 타입이나 개수가 다르면 메소드 이름이 같더라도 어떤 메소드를 호출할지 컴파일러가 알 수 있다.

㉡ 오버라이딩(Overriding)

오버라이딩은 슈퍼 클래스를 상속받은 서브 클래스에서 슈퍼 클래스의 메소드를 같은 이름, 같은 반환값, 같은 인자로 메소드 내의 로직들을 새롭게 정의하는 것이다. 이를 이용하면 하나의 슈퍼 클래스를 상속받는 여러 서브 클래스들이 같은 이름에 다른 기능을 하는 메소드를 정의하고 사용하게 할 수 있다. 오버라이딩을 이용해서 같은 이름이지만 구현하는 클래스마다 다른 역할을 하는 메소드를 정의하고 있다.

제 **2** 절   **함수형 언어** 중요 ★★

함수형 언어는 프로그래밍을 보는 관점이 전통적인 명령형 프로그래밍 언어와 상당히 다르다. 함수형 프로그래밍은 명령형 프로그래밍에 비해 몇 가지 뚜렷한 장점이 있어 전통적으로 인공지능, 빅데이터 처리 등의 분야에서 많이 사용되었다. 대표적인 함수형 언어의 예로는 LISP, Schenne, ML, Haskell 등이 있다.

(1) 함수형 프로그래밍 언어의 장점

① 언어가 기계 모델과 무관하게 정의된다.
② 프로그램을 함수로 보는 일관된 관점을 제공한다.
③ 수학을 기반으로 프로그램의 의미를 명확하게 정의할 수 있다.
④ 함수를 데이터로 취급하는 고차 함수(higher-order function)를 제공한다.

전통적으로 함수형 언어의 주요한 단점은 실행의 비효율성이었다. 이들 언어는 동적인 성질을 가졌기 때문에, 전통적으로 컴파일되지 않고 해석(interpret)되었다. 그러나 최근에 함수형 언어를 위한 컴파일러 기술이 발전하면서, 일반적 프로그래밍을 위해서도 많은 주목을 받게 되었으며, 시맨틱스의 단순성과 설계의 직교성 등 때문에 컴퓨터 공학을 가르치는 적절한 수단으로 이용되고 있다. 이제는 함수 구조가 대부분의 프로그래밍 언어에 포함되게 되었고, 함수형 프로그래밍 기법은 일반적인 프로그래밍에서도 널리 사용되게 되었다.

함수형 언어의 바탕이 되는 수학적 모델인 람다 계산(lambda calculus)을 간단히 소개한다.
프로그램이란 특정한 계산의 표현이다. 만약 계산의 자세한 사항[어떻게(how) 계산되는가]을 무시하고 계산되는 결과[무엇을(what) 계산하는가]에 초점을 맞춘다면, 프로그램이란 단순히 입력으로부터 출력을 계산하는 '블랙박스'라고 볼 수 있으며 이러한 관점에서 프로그램이 하는 일은 수학적 함수로 표현할 수 있을 것이다.

함수형 언어는 수학적 함수를 기반으로 하는 언어로 프로그램이 하는 일을 수학적 함수의 계산으로 취급한다. 함수형 언어에서 프로그램은 매개변수로 입력을 받아 처리한 후에 반환값을 출력하는 하나의 함수이다.
프로그래밍 언어에서 함수 정의와 함수 적용은 구별하여야 한다.
함수의 정의(function definition)는 함수가 형식 매개변수(formal parameter)를 이용하여 계산하는 방법을 정의하는 선언이다.
다음은 매개변수로 받은 정수의 팩토리얼을 계산하는 ML 언어로 작성된 함수 정의이다.

```
fun fact(n : int) : int =
    if n == 1 then 1
    else n * fact(n-1);
```

함수 적용이란 정의된 함수를 호출하는 것으로 함수는 fact(5);로 호출한다.

제 2 장 수학 함수

수학 함수는 정의역(domain set)이라 불리는 집합의 원소를 치역(range set)이라 불리는 집합으로의 사상(mapping)하는 것이다. 함수 정의는 사상과 함께 명시적 혹은 묵시적으로 정의역과 치역을 명시한다. 사상은 표현식 또는 어떤 경우에는 테이블로 서술된다. 함수는 가끔 정의역의 특정 원소에 적용된다. 정의역 집합은 여러 집합의 곱집합일 수 있음에 유의하라. 함수는 치역 집합의 원소를 산출 또는 반환한다.

수학 함수의 기본적 특성 중 하나는 사상 표현식의 평가 순서는 명령형 프로그래밍 언어에 일반적인 순차와 반복보다는 재귀와 조건식으로 제어된다는 것이다.

함수의 다른 중요한 특성은 부작용(side effect)이 없기 때문에, 동일한 인자 집합이 주어지면 항상 동일한 값을 정의한다는 것이다. 프로그래밍 언어의 부작용은 메모리 기억장소를 모델하는 변수와 관계된다. 수학 함수는 값을 생산하기 위해 메모리에 있는 값에 대한 연산들의 순서를 명시하기보다 값을 정의한다. 명령형 언어 의미의 변수는 없다. 따라서 부작용이 있을 수 없다.

1 단순 함수 중요 ★★

함수 정의는 종종 함수 이름, 괄호로 작성된 매개변수 리스트, 사상 표현식 순으로 작성된다. 다음 예를 살펴보자.

> cube (x) ≡ x * x * x,　　　단 x는 실수

이 정의에서 정의역과 치역은 실수이다. 기호 ≡ 는 "~로 정의된다."를 의미한다. 매개변수 x는 정의역의 임의의 원소를 나타내지만, 함수식을 평가하는 동안 특정한 원소를 나타내도록 고정된다. 이것이 수학 함수의 매개변수가 명령형 언어의 변수와 다른 방법이다.

함수 적용은 함수 이름과 정의역 집합의 특별한 원소와 쌍을 형성함으로써 명시된다. 치역 원소는 각 매개변수가 정의역 원소로 치환된 함수 사상식을 평가함으로써 얻는다. 예를 들면, cube (2.0) 은 8.0을 산출한다.

함수에 관한 초기 이론 연구는 함수를 정의하는 작업과 함수를 명명하는 작업을 분리했다. Alonzo Church(Church, 1941)가 고안한 람다 기호는 무명(이름 없는) 함수를 정의하는 방법을 제공한다. 람다식 (lambda expression)은 매개변수와 함수의 사상을 명시한다. 람다식이 함수 자체이다. 다음 예를 살펴보자.

$$\lambda \ (x) \ x * x * x$$

앞에서 언급한대로, 평가 전에 매개변수는 정의역의 임의의 원소를 나타내지만, 평가하는 동안 매개변수는 특별한 원소에 바인딩된다. 람다식이 주어진 매개변수에 평가될 때, 그 식은 그 매개변수에 적용된다고 말한다. 그러한 적용의 동작 구조는 함수 평가와 동일하다. 위 람다식의 적용은 다음 예제처럼 나타낸다.

$$(\lambda \ (x) \ x * x * x) \ (2)$$

이 식의 결과는 8이다. 다른 함수 정의와 마찬가지로 람다식은 한 개 이상의 매개변수를 가질 수 있다.

2 고차 함수 중요 ★★

고차 함수는 매개변수로 함수를 취하거나 결과로 함수를 산출하는 (또는 두 가지) 함수이다. 가장 일반적인 종류의 고차 함수는 합성 함수(function composition)이다. 합성 함수는 두 개의 함수의 매개변수를 취하여 두 번째 매개변수 함수의 결과에 첫 번째 매개변수 함수를 적용한 결과를 값으로 갖는 함수를 산출한다. 합성 함수는 ∘를 연산자로 사용하여 다음과 같이 작성한다.

$$h = f \circ g$$

다음 예를 살펴보자.

```
f(x) = x + 2
g(x) = 3 * x
```

구성 연산자(construction)는 매개변수로 함수 리스트를 취하는 고차 함수이다. 인자에 적용했을 때, 구성 연산자는 각 함수 매개변수를 그 인자에 적용하여 결과를 리스트 또는 수열에 수집한다. 구성 연산자는 [f, g]처럼 함수를 각 괄호(bracket) 안에 놓음으로서 구문으로 표시된다. 다음 예제를 살펴보자.

```
g(x) = x * x
h(x) = 2 * x
i(x) = x / 2
```

[g, h, i] (4)는 (16, 8, 2)를 산출한다.

모두-적용(apply-to-all) 연산자는 매개변수로서 단일 함수를 취하는 고차 함수이다. 인자 리스트에 적용했다면, 모두-적용 연산자는 인자 리스트에 있는 각 값에 범함수 매개변수를 적용하여 결과를 리스트나 수열로 수집한다. 모두-적용 연산자는 α로 나타낸다. 다음 예제를 살펴보자.

```
h(x) = x * x
```

α (h, (2, 3, 4)) 는 (4, 9, 16)을 산출한다.
다른 고차 함수가 많이 있지만, 위에서 살펴본 예제들은 그들의 특성을 공통적으로 설명하고 있다.

제 3 장 함수형 언어의 예

제 1 절 순수 LISP

LISP은 LIST Programming의 약자로, John McCarthy가 1960년에 제안한 '순수 LISP'는 완전히 함수형 언어에 가장 가깝다. 모든 자료는 연결 리스트로 처리하며, 컴파일 개념 없이 인터프리터 상에서 동작한다.

1 객체(object) 중요 ★★

LISP 객체는 원자 혹은 리스트이다. 원자는 문자열로서 그 예는 다음과 같다.

```
A
PEOPLE
M10
```

리스트는 원자 또는 리스트의 열로서, 공백에 의해 원소가 분리되며 전체는 괄호로 묶인다. 아래의 예들은 모두 리스트이다.

```
(FOOD VEGETABLES DRINKS)
((MEAT CHICKEN) (SPINACH POTATOES TOMATOES) (WATER))
(KACU SEOUL KOREA)
```

공 리스트(emply list) '()'는 NIL이라고도 부른다. FP의 순차열과 마찬가지로 리스트는 LISP의 유일한 자료 구조이다.
LISP 프로그램 자체도 리스트이다. 함수의 적용으로 프로그램이 구성된다는 점에서 LISP는 함수적이다. 또, 표기법도 함수적이다. 즉, 중위 표기법이 아닌 전위 표기법을 쓴다. 예를 들면, A + B 대신에 (PLUS A B)로 표기한다.

2 함수 중요 ★★

순수 LISP의 원시 함수의 개수는 매우 적다. 현존 LISP에는 새 함수가 많이 추가되었다. 그러나 새 함수는 모두 원래의 함수로 나타낼 수 있다.

QUOTE는 항등 함수이며, 이 함수의 값은 인수 자체이다. FP에서와는 달리 원자 A가 그 자체를 나타내는 것이 아니라 기억장소에 저장되어 있는 어떤 값의 이름에 해당하므로 QUOTE 함수가 필요한 것이다. 자료의 값과 이름을 구별해야 하는 이유는 기억 장치 구조 때문이며, 함수에 의해 인수를 상수로 취급할 수 있게 한다.

```
(QUOTE A) = A
(QUOTE (A B C)) = (A B C)
```

가장 평범한 함수는 리스트 조작 함수로서 CAR, CDR, CONS가 있다. CAR는 리스트의 첫 원소를 반환하고 CDR는 첫 원소를 제외한 나머지 리스트를 반환한다. CONS는 두 번째 인수로 계산되는 리스트에 첫 번째 인수의 계산 결과를 부가한다. 예를 들면, 다음과 같다.

```
(CAR (QUOTE (A B C))) = A
```

LISP에서는 인수의 계산값에 함수를 적용하기 때문에 인수를 QUOTE하였다. 위의 경우 인수를 계산하면 리스트 (A B C)이므로, 이것에 CAR를 적용한다. 만약 QUOTE를 생략하면 (A B C)를 계산하려 할 것이며, 이는 결과적으로 A가 B, C를 인수로 하는 함수로 간주된다. 만약, A가 미리 정의된 함수가 아니라면 오류가 발생한다.

```
(CDR (QUOTE (A B C))) = (B C)
(CDR (QUOTE (A))) = () = NIL
(CONS (QUOTE A) (QUOTE (B C))) = (A B C)
(CONS (QUOTE (A B C)) (QUOTE (A B C))) = ((A B C) A B C)
```

술어 함수도 존재한다. 참값은 원자 T로 거짓은 NIL로 표기한다.

> - ATOM : 인수가 원자인지를 조사
> - NULL : 인수가 NIL 인자를 조사
> - EQ : 두 인수(원자이어야 함)가 같은지를 조사
>
> (ATOM (QUOTE A)) ≡ T
> (ATOM (QUOTE (A))) ≡ NIL
> (EQ (QUOTE A) (QUOTE A)) ≡ T
> (EQ (QUOTE A) (QUOTE B)) ≡ NIL

COND 함수는 (술어 함수, 식)의 쌍을 인수로 취하여 술어 함수가 참인 첫 번째 쌍의 식을 COND의 값으로 한다.

> (COND ((ATOM (QUOTE (A))) (QUOTE B))
> (T (QUOTE A))) ≡ A

첫 번째 조건은 (A)가 원자가 아니므로 거짓이고, 두 번째 조건은 항상 참이다. COND 함수는 사용자 정의 함수를 만드는데 필수적인 존재이다. 함수 정의는 람다식을 기초로 하고 있다.
다음의 함수를 살펴보자.

$$\lambda x, y \cdot .x + y$$

이 함수를 LISP 언어로 나타내면 다음과 같다.

> (LAMBDA (X Y) (PLUS X Y))

함수 적용 역시 람다식을 따른다.

> ((LAMBDA (X Y) (PLUS X Y)) 2 3)

이는 X, Y를 각각 2, 3으로 한 후 PLUS를 적용하여 5의 결과값을 계산해 낸다. DEFIND 혹은 LABEL 함수로 함수에 이름을 부여할 수 있다. DEFINE 함수를 이용하면 함수의 이름이 전역적으로 유효하며, LABEL 함수로 정의하면 함수의 이름이 정의된 지역에서만 유효하다. 앞의 함수를 ADD라는 이름으로 정의하면 다음과 같다.

```
(DEFINE (ADD (LAMBDA (X Y) (PLUS X Y))))
```

여기서 원자 ADD의 값은 정의된 함수이다. 함수의 이름은 특히 재귀적 함수의 정의에 유용하게 쓰이는데, 리스트의 원소를 역순으로 하는 REVERSE 함수를 재귀적으로 정의하면 다음과 같다.

```
(DEFINE (REVERSE (LAMBDA (L) (REV NIL L))))
(DEFINE (REV (LAMBDA (OUT IN) (COND ((NULL IN) OUT)
       (T (REV (CONS (CAR IN) OUT) (CDR IN)))))))
```

REVERSE 함수는 REV 함수를 호출한다. REV 함수는 리스트의 첫 원소를 출력 리스트에 추가한 후 나머지 리스트 원소에 대하여 다시 REV를 호출한다. 순수 LISP에서 원자에 값을 바인딩하는 두 가지 방법 중의 하나가 DEFINE에 의한 것이며, 일반적인 배정문은 존재하지 않는다.

순수 LISP의 변수는 어떤 언어보다 수학의 변수에 더 가깝다. 특히 변수의 값이 변경되지 않는다는 점이 그렇다. 즉, 변수에 값이 바인딩되면 변수의 영역 내에서 활성화된 동안은 계속 유지되며, 어느 한 순간에 각 변수에 대한 접근 경로는 하나뿐이다.

3 함수 형식 중요 ★★

순수 LISP의 유일한 함수 결합 방법은 함수 합성이다. 예를 들어, 4제곱 함수를 LISP로 나타내면 다음과 같다.

```
(LAMBDA (X) (SQUARE (SQUARE X)))
```

그러나 현존하는 대부분의 LISP에는 FP의 α와 동등한 MAPCAR라는 함수 형식이 존재한다. 이를 이용하면 리스트의 모든 원소에 함수를 적용할 수 있다. 다음 예를 살펴보자.

```
(MAPCAR TOTHEFOURTH L)
```

위의 예에서는 리스트 L의 모든 원소를 네제곱한다.
그러나 LISP는 함수 형식이 빈약하여 함수 언어로서는 부족한 점이 많다.

4 LISP의 비적용적인 면 중요 ★★

지금까지는 LISP의 적용적인 면을 살펴보았다. 그러나 LISP를 순수하게 함수 언어로 사용한 예는 거의 없다. 효율 문제로 인하여 LISP에는 다수의 비적용적 기능들이 도입되었으며 실제로 프로그램에서 이를 많이 이용하고 있다.

LISP에 추가된 대표적 비적용형 기능으로는 SET와 PROG가 있다. SET 함수는 단순한 배정문에 불과하다. PROG는 식의 리스트를 인수로 받아들여 이 식들을 하나씩 순차적으로 실행시키는 함수이다. 다시 말해서 PROG는 식을 명령문으로 간주한다. 또한, PROG 내에는 레이블과 goto 문도 사용된다.

또 다른 형식으로는 변수의 수정 연산을 들 수가 있다. 예를 들어, RPLACA(Replace CAR)는 리스트의 첫 원소를 다른 원소로 대치한다. 이러한 연산은 효율 때문에 값의 산출보다는 부수효과에 의해 수행된다고 할 수 있다.

순수 LISP조차도 기계 구조에 영향을 받았는데, 이 중에서 가장 중요한 것이 이름과 값을 구별한 것이다. 함수에서도 기계에 의존적인 면을 찾아볼 수 있다. 예를 들면, 리스트의 임의 원소를 추출하는 선택자가 없고 대신에 CAR과 CDR만이 존재한다. 그 이유는 리스트의 구현 방법 때문이다. CAR과 CDR는 한 번의 기억장소 참조로 수행되나 다른 원소를 추출하는 행위는 그렇지 못하기 때문이다.

제 2 절　Scheme

1950년대 말과 1960년대 초에 걸쳐 MIT의 John McCarthy가 이끄는 팀에 의해 현대 함수 형 언어의 많은 기능을 포함하는 첫 언어가 개발되었다. Church의 람다 계산(lambda calculus)과 같은 수학적 아이디어를 기초로 한 이 언어는 리스트(list)를 기본 자료 구조로 사용하기 때문에 LISP(LISt Processor)라고 불리었다. 엄밀하게 말하면 이런 기능들은 그 자체로는 함수형 프로그래밍의 모습은 아니지만 LISP의 막대한 영향 때문에 함수형 언어와 밀접한 연관이 있다. 이러한 기능에는 다음의 것들이 포함된다.

> ① 리스트라는 하나의 일반적인 자료 구조를 사용하여 프로그램과 데이터를 표현한다.
> ② 언어 자신을 이용하여 제작된 해석기에 의해서 그 언어를 정의한다. 이를 메타순환 해석기(metacircular interpreter)라 부른다.
> ③ 메모리에 관한 모든 관리가 실행시간에 이루어진다.

LISP 언어는 하나의 표준이 개발되지 않았고 많은 다른 형태의 LISP 시스템이 만들어졌다. 이후에 LISP는 1980년대 초 위원회에서 개발된 Commom LISP와 1970년대 말 MIT에서 개발된 Scheme이 일반적으로 많이 사용되고 있다. 이제 LISP의 후손인 Scheme에 대하여 알아보자.

1 식과 전위 표기법 중요 ★★

Scheme의 모든 프로그램과 데이터는 식이고, 식은 원자(atom)와 리스트(list)의 두 종류가 있다. 원자는 명령형 언어에서의 상수나 식별자와 비슷하고, 숫자, 스트링, 식별자 등을 포함한다. 리스트는 공백으로 분리되고 괄호로 싸여진 식의 나열이다. Scheme의 리스트 형태의 식은 다음과 같이 EBNF 형식으로 표현할 수 있다.

```
⟨exp⟩ → ⟨atom⟩ | ⟨list⟩
⟨atom⟩ → number | string | id
⟨list⟩ → (' {⟨exp⟩} ')'
```

Scheme에서 모든 식은 연산자가 앞에 나오는 전위 표기법(prefix notation) 형태로 표현한다. 예를 들어 산술식을 다음과 같이 표현한다. 여기서 '+'나 '*'는 덧셈과 곱셈 함수를 나타내는 이름이다.

```
⟩ (+ 1 3)
Value: 4
⟩ (* (+ 2 4) ( − 6 2))
Value: 24
```

Scheme 인터프리터는 이러한 리스트 형태의 식에 대해 읽기−평가−쓰기(read−evaluate−write) 형태로 동작하여 그 결과값을 출력한다.

2 함수 정의 중요 ★★

define은 함수를 정의한다. 먼저 다음과 같이 간단한 제곱 함수를 정의해서 이를 값 5에 적용해보자.

```
⟩ (define (square x) (* x x))   // 함수 정의
⟩ (square 5)                    // 함수 적용
Value: 25
```

define은 값을 정의하는 데에도 사용할 수 있다. 예를 들어 다음과 같이 pi 값을 정의할 수 있다. 이를 이용하면 원의 면적을 계산하는 함수 circlearea를 정의할 수 있다. 이 함수를 값 5에 적용하여 그 결과를 확인할 수 있다.

```
〉 (define pi 3.14159265)                        // 값 정의
〉 (define (circlearea r) (* pi (square r)))      // 함수 정의
〉 (circlearea 5)                                 // 함수 적용
Value: 78.53981625
```

람다식을 이용하여 익명 함수를 표현할 수 있다. 예를 들어 다음과 같이 람다식을 이용하여 매개변수 x를 제곱하는 익명 함수를 표현할 수 있다.

```
(lambda (x) (* x x))
```

다음과 같이 이 함수를 값 5에 직접 적용할 수 있다.

```
〉 ((lambda (x) (* x x)) 5)
25
```

필요하면 다음과 같이 익명 함수에 이름을 정할 수 있다.

```
(define square (lambda (x) (* x x)))
```

물론 이 함수는 다음과 같이 람다식을 사용하지 않고 정의하는 것도 가능하다.

```
(define (square *) (* x x))
```

3 let 식 중요 ★★

let 식의 형식은 다음과 같다. let 식에서는 이름과 식에 의해 표현된 값을 연관 즉, 바인딩시키는 역할을 한다. 이 바인딩 하에서 let의 본체 식이 계산된다. 이 바인딩은 let 식이 끝날 때까지 유효하다.

```
(let ((이름1 식1)
      …
      (이름n 식n))
    식
)
```

예를 들어 다음과 같이 사용할 수 있다.

```
〉(let ((x 7) (y 10))
       (+ x y))
Value: 17
```

4 술어 함수와 if 식 중요 ★★

참과 거짓 즉 부울 값을 반환하는 함수를 술어 함수라고 한다. Scheme에서 참과 거짓은 다음과 같이 표시된다.

참: #t, 거짓: #f

Scheme에서 부울 값을 반환하는 술어 함수의 예를 들면 다음과 같다.

```
=, 〈, 〉, 〉=, 〈=          // 비교 연산
even?                      // 짝수 검사
odd?                       // 짝수 검사
zero?                      // 0인지 검사
eq?                        // 동등 검사
```

예를 들어 다음과 같이 술어 함수를 사용할 수 있다.

```
〉(define x 11)
〉(〉 x 11)
#f
〉(odd? x)
#t
```

if 식의 형식은 다음과 같다. 이 식은 조건이 참이면 식1을 계산하고 조건이 거짓이면 식2를 계산한다. 조건으로는 술어 함수가 많이 사용된다.

(if 조건 식1 식2)

예를 들어 다음과 같이 if 식을 사용할 수 있다.

```
〉(if (〉 3 2) 'yes 'no)
Value: yes
```

다음과 같이 if 식을 이용하여 x 값에 따라 pass와 fail를 결정하면 test 함수를 정의할 수 있다.

```
〉(define (test x)
    (if (〉= x 70) (display "pass") (display "fail")))
〉(test 75)
pass
```

5 재귀 함수 중요★★

재귀 함수(recursive function)는 하나의 함수에서 자신을 다시 호출하는 방식으로 주어진 문제를 해결하도록 정의된 함수이다. 함수에서 자신을 다시 호출하는 것을 재귀 호출(recursive call)이라고 한다.
일반적으로 루프문과 변수를 이용하는 반복적 알고리즘은 재귀 함수로 표현할 수 있고 그 역도 성립한다. 이에 기초하여 등장한 언어가 바로 함수형 언어이며, 함수형 언어는 모든 프로그램(알고리즘)을 함수로 표현할 수 있다는 것에 착안하여 만들어진 언어이다. 예를 들어, n의 계승을 계산하는 함수를 다음과 같이 재귀 함수로 정의할 수 있다.

```
fact(1) = 1
fact(n) = n * fact(n−1)
```

이 함수는 다음과 같이 구현할 수 있는데 매개변수 n의 값이 1이면 결과값이 1이 되고 그렇지 않은 경우에는 n과 재귀적으로 호출한 n−1 계승 값을 곱해서 계산한다.

```
〉(define (fact n)
    (if (= n 1) 1 (* n (fact ( − n 1)))
  ))
〉(fact 4)
Value: 24
```

실제 이 함수의 계산 과정은 다음과 같다.

```
(fact 4)
=> 4 * (fact 3)
=> 4 * (3 * (fact 2))
=> 4 * (3 * (2 * (fact 1)))
=> 4 * (3 * (2 * (1 * 1)))
   …
=> 24
```

6 리스트 중요 ★★★

리스트의 원소는 원자뿐만 아니라 다른 리스트가 될 수도 있다. 리스트 자료 구조를 예를 들면 다음과 같다.

```
'( a b c )
'((a b) c d)
'(1 3 5)
'("hello" "world" "!")
```

car 함수는 리스트의 첫 번째 원소를 반환한다. 예를 들면 다음과 같다.

```
(car '(a b c))          => a
(car '((a b) c d))      => (a b)
(car 'a)                => 오류(a는 리스트가 아님)
(car '())               => 오류
```

cdr 함수는 리스트에서 car가 제거된 나머지 리스트를 반환한다. 예를 들면 다음과 같다.

```
(cdr '(a b c))          => (b c)
(cdr '((a b) c d))      => (c d)
(cdr 'a)                => 오류
(cdr '(a))              => ()
```

7 리스트 구성 중요 ★★★

cons는 리스트를 구성하는 함수로 첫 번째 원소와 나머지 리스트를 인자로 받아 이들을 이용하여 새로운 리스트를 구성하여 리턴한다. 예를 들면 다음과 같다.

```
(cons 'a '())              => (a)
(cons 'a '(b c))           => (a b c)
(cons '() '(a b))          => (() a b)
(cons '(a b) '(c d))       => ((a b) c d)
```

append 함수는 두 개의 리스트를 접합하여(concatenate) 새로운 리스트를 구성하는 함수이다. 예를 들면 다음과 같다.

```
(append '(a b) '(c d))         => (a b c d)
(append '(1 2 3) '(4 5 6))     => (1 2 3 4 5 6)
(append ((a b) c) '(d (e f)))  => ((a b) c d (e f))
```

append 함수는 다음과 같이 재귀 함수로 정의할 수 있다.

```
(define (append list1 list2)
    (if (null? list1)
    list2
    (cons (car list1) (append (cdr list1) list2))
))
```

① 매개변수로 받은 list1이 빈 리스트이면 list2를 리턴한다.
② 그렇지 않으면 매개변수로 받은 list1의 첫 번째 원소(car list1)와 list1의 나머지 리스트(cdr list1)와 list2를 재귀적으로 append한 결과를 사용하여 새로운 리스트를 구성하여(cons) 리턴한다.

8 고차 함수 중요 ★★

Scheme과 같은 함수형 언어에서는 함수가 일등급 값이므로 함수의 인자로 함수를 받아 이를 적용할 수 있다. 이렇게 함수를 인자로 받아 적용하는 함수를 고차 함수(higher-order function)라고 한다.
예를 들어 mapcar 함수는 고차 함수로 주어진 함수를 주어진 리스트의 각 원소에 적용하여 적용 결과의 리스트를 반환한다. 이 함수는 다음과 같이 재귀적으로 정의할 수 있다.

```
(define (mapcar fun list)
    (if (null? list)
    ()
    (cons (fun (car list)) (mapcar fun (cdr list)))
))
```

① 리스트 인자가 빈 리스트이면 빈 리스트를 반환한다.
② 그렇지 않으면 첫 번째 원소(car list)에 대해 인자로 받은 함수 fun를 적용한다.
　mapcar 함수를 fun과 나머지 리스트(cdr list)에 대해 재귀적으로 적용한다. fun (car list)의 값을 첫
　번째 원소로 (mapcar fun (cdr list)) 결과를 나머지 리스트로 하여 새로운 리스트를 구성하여 리턴한다.

mapcar를 square 함수와 리스트에 적용하면 다음과 같이 리스트의 각 원소에 square 함수를 적용한 결과를 받을 수 있다.

```
〉(mapcar square '(3 4 2 6))
Value: (9 16 4 36)
```

뿐만 아니라 mapcar를 람다식으로 표현된 3승 함수와 리스트에 적용하면 다음과 같이 리스트의 각 원소에 3승 함수를 적용한 결과를 받을 수 있다.

```
〉(mapcar (lambda(n) (* n n n)) (3 4 2 6))
Value: (27 64 8 216)
```

제 3 절　ML

1　ML 언어 소개 중요 ★

ML은 함수형 프로그래밍 언어이면서 프로그래밍 언어 분야의 핵심 연구 성과들을 잘 반영하면서도 실용적인 범용 언어로 Robin Milner에 의해 개발되었다. 특히, 안전한 타입 시스템을 갖추고 있어 프로그램을 실행하는 중에 나올 수 있는 타입 오류를 실행하기 전에 미리 모두 찾아준다. ML은 Haskell과 같은 순수한 함수형 언어와 같이 함수가 자유롭게 사용될 수 있으면서도, 메모리 상태를 변화시키는 함수를 허용한다. 이 때문에 순수한 함수형 언어이면서 순수하지 않은 함수형 언어로 분류한다.

ML은 Scheme과 마찬가지로 정적 유효범위 규칙을 적용하는 함수형 프로그래밍 언어이지만 여러 중요한 면에서 LISP와 Scheme과는 다르다. ML은 LISP보다는 Pascal에 유사한 구문을 사용하는데 변수나 함수의 타입을 선언할 수 있고, 타입을 선언하지 않더라도 Hindley Minor 타입 추론 시스템을 사용하여 자동으로 타입을 추론할 수 있다. 즉, 모든 변수와 식의 타입은 컴파일 시간에 결정될 수 있다. 이것이 본질적으로 리스트를 기본으로 사용하는 Scheme과는 다르다. 또한 ML은 엄격하고 안전한 타입 규칙을 적용하여 모든 가능한 타입 오류를 찾아 낼 수 있는 강한 타입 언어이다. ML은 또한 예외 처리와 추상 자료형을 구현하는 모듈 장치를 포함한다. 그 외에 ML의 주요 특징은 다음과 같다.

- 메모리 재활용(garbage collection)을 통해서 자동으로 메모리를 관리한다.
- 함수의 다형성(polymorphism)을 지원하여 타입과 상관없이 실행할 수 있는 함수를 포괄적으로 정의할 수 있다.
- 대수적 자료형(algebraic data type)을 지원하여 상위에서 자료 구조를 표현할 수 있다.
- 값들의 패턴 매칭을 통해 간편하게 조건문을 만들 수 있다.
- 간단하고 강력한 예외 시스템으로 프로그램의 실행 흐름을 편리하게 기획할 수 있다.

ML 프로그래밍 시스템의 종류로는 SML(Standard ML)과 OCaml 등이 가장 널리 알려진 것이며, 최근에 ML 기반의 F# 등의 언어가 새로 개발되었다. ML의 기본 아이디어는 C#, Java, Haskell 등 많은 언어에 영향을 미쳤다.

ML은 주로 프로그래밍 언어의 해석기(interpreter)나 번역기(compiler), 프로그램 분석기 등을 개발하고 다루는 데 사용하지만, ML은 본래 범용 프로그래밍 언어로 생물정보학, 금융 전산망, P2P, 클라이언트-서버 프로그램 등의 개발에도 사용된다.

2 식 중요 ★★

ML에서 이름은 다음 형태의 값 선언문으로 값에 바인딩된다.

---

val 이름 = 표현식;

예를 들면, 다음과 같이 값에 이름을 줄 수 있다.

---

val PI = 3.14158;

사실 ML에서 변수는 존재하지 않는다. 위와 같이 한 번 선언하면 그 값은 변할 수 없다. 같은 이름으로 새롭게 선언은 할 수 있으나, 변경은 불가능하다. ML의 let 식은 Scheme의 let 식처럼 이름을 값에 바인딩 한다. val은 일반적으로 let 식에서 많이 사용되고, 일반적인 형식은 다음과 같다.

> let val 이름 = 표현식_1 in 표현식_2 end;

예를 들면, 다음과 같이 원의 면적을 계산하는 함수를 let 식을 사용하여 정의할 수 있다.

```
fun circlearea(radius) =
let val pi = 3.14159
in
  pi * radius * radius
end;
```

3 자료 구조 중요 ★★

ML은 리스트와 리스트 연산을 갖는다. 하지만 외형은 Scheme의 외형과 같지 않다. 또한 ML은 열거형 타입, 배열, 레코드인 튜플(tuple) 등을 제공한다. ML에서 리스트는 대괄호를 사용하고 원소는 쉼표로 구분한다. 예를 들어, 정수 1, 3, 5의 리스트는 다음과 같이 표현한다.

```
>[1,3,5];
val it = [1, 3, 5] : int list
```

ML은 엄격 타입 언어이므로 리스트의 원소는 모두 같은 타입이어야 한다. 예를 들어 다음과 같은 리스트는 오류이다.

```
> [1, 3, 5.0];
```

ML에서 다른 타입의 데이터를 모으려면 리스트를 사용할 수 없다. 따라서 다른 타입의 데이터를 사용하려면 다음과 같이 튜플(tuple)을 사용해야 한다.

```
> (1,3,5.0);
val it = (1, 3, 5.0) : int * int * real
```

:: 연산자는 Scheme의 cons에 해당하는데, 첫 번째 원소와 나머지 리스트로 새로운 리스트를 구성한다.

```
> 1 :: [3, 5];
val it = [1, 3, 5] : int list
```

ML에서 모든 리스트는 :: 연산자의 연속적인 적용에 의해 구성된다고 볼 수 있다.

```
> 1 :: 3 :: 5 :: [];
val it = [1, 3, 5] : int list
```

ML에서 Scheme의 car와 cdr에 해당하는 연산자가 hd, tl이다.

```
> hd [1, 3, 5];
val it = 1 : int
> tl [1, 3, 5];
val it = [3,5] : int list
```

4 제어 구조 중요 ★★

ML의 선택 제어 흐름 구조는 다음 형식을 갖는 조건식이다.

```
                        if E then 식1 else 식2
```

조건을 나타내는 E의 값은 논리형이어야 하며 두 식의 값은 같은 타입이어야 한다. E의 값에 따라 두 개의 식 중 단지 하나만 평가된다. 예를 들어, if 식을 사용하여 다음과 같은 함수를 정의할 수 있다.

```
fun positive(n : int) : bool =
  if n > 0 then true
    else false;
```

함수 정의 ML에서 함수 선언은 다음과 같다.

```
                        fun 함수이름 (매개변수) = 식;
```

예를 들면, 다음과 같이 선언할 수 있다. 매개변수의 타입과 리턴 타입을 명시할 수 있고 그 중 생략해도 타입 추론에 의해서 함수의 타입을 결정한다.

```
fun square (x : int) : int = x * x;
fun square (x : int) = x * x;
fun square (x) : int = x * x;
```

타입을 명시하지 않은 다음 함수 정의를 살펴보자. ML은 매개변수와 리턴 타입을 함수 정의에 나타나는 * 연산자를 통해 결정할 수 있다. 이 연산자는 산술 연산자이므로 매개변수와 리턴 타입은 숫자 타입이고 ML의 기본 숫자 타입은 int이므로 다음과 같이 매개변수와 리턴 타입을 int로 추론한다.

```
> fun square(x) = x * x;
val square = fn : int -> int
```

따라서 다음과 같이 사용할 수 있다.

```
> square(3);
val it = 9 : int
```

그러나 다음과 같이 사용하면 오류이다.

```
> square(3.0);
Error: operator and operand do not agree [tycon mismatch]
operator domain: int
operand: real
in expression:
square 3.0
```

만약 실수 인자를 받는 square 함수가 필요하면 다음 중 하나와 같이 작성해야 한다. 매개변수의 타입과 리턴 타입을 명시할 수 있고 그 중 하나만 명시해도 타입 추론에 의해서 함수의 타입을 결정한다.

```
fun square (x : real) : real = x * x;
fun square (x : real) = x * x;
fun square (x) : real = x * x;
```

ML은 함수의 중복정의(overloading)를 허용하지 않으므로 이렇게 정수와 실수를 위한 square를 두 번 정의하더라도 square가 다형 함수로 정의된 것은 아니라는 점을 주의해야 한다. 단지 마지막으로 정의된 것만 유효하다. 또한 람다식을 이용하여 익명 함수를 표현할 수 있다. 예를 들어 다음과 같이 fn으로 표시하는 람다식을 이용하여 매개변수 x를 제곱하는 익명 함수를 표현할 수 있다.

```
> fn(x) => x * x; 혹은 fn x => x * x;
val it = fn: int -> int
```

다음과 같이 이 함수를 값 5에 직접 적용할 수 있다.

```
> (fn(x) => x * x) 5;
25
```

필요하면 다음과 같이 익명 함수에 이름을 정할 수 있다.

```
> val square = fn(x) => x * x;
```

물론 이 함수는 다음과 같이 람다식을 사용하지 않고 앞에서처럼 정의하는 것도 가능하다.

```
> fun square(x) = x * x;
```

5 재귀 함수 중요 ★★

재귀 함수(recursive function)는 하나의 함수에서 자신을 다시 호출하는 방식으로 주어진 문제를 해결하도록 정의된 함수이다. 함수에서 자신을 다시 호출하는 것을 재귀 호출(recursive call)이라고 한다. 재귀 함수의 예로 계승을 계산하는 코드는 ML로 다음과 같이 표현할 수 있다.

```
fun fact(n : int) : int =
   if n = 1 then 1
   else n * fact(n - 1);
```

함수를 정의할 때 다음과 같이 패턴 매칭을 이용하여 간결하게 정의할 수 있다.

```
fun id(⟨pattern1⟩) = ⟨exp1⟩
  | id(⟨pattern2⟩) = ⟨exp2⟩
      …
  | id(⟨patternN⟩) = ⟨expN⟩
```

fact 함수는 패턴 매칭을 이용하면 다음과 같이 작성할 수 있다.

```
fun fact(1 : int) : int = 1
  | fact(n : int) : int = n * fact(n − 1)
```

이 코드는 계승을 기반 경우(base case)가 하나 있는 재귀 함수로 정의한 것이다. 이 함수의 첫 번째 줄은 정수 값 1의 계승은 1이며 리턴 타입이 정수라는 것을 표현한다. 두 번째 줄은 이 함수는 정수를 받아서 정수를 리턴하는 함수로 리턴 값은 n * fact(n − 1)으로 계산한다는 것을 표현한다.

ML은 코드로부터 자동으로 변수와 함수의 자료형을 추론하므로 자료형을 명시하는 부분은 없어도 무방하다. 자료형을 명시하는 부분을 제거하면 코드는 다음과 같이 더 간단해진다.

```
fun fact 1 = 1
  | fact n = n * fact(n − 1);
```

함수의 인자가 괄호로 둘러싸여 있지 않고 공백으로 구분되어 있음을 주목하라. 두 번째 줄은 ML의 또 다른 중요한 특성인 패턴 매칭으로 이루어져 있다. 즉, 함수 fact는 인자가 1이면 1을 반환한다. 나머지 모든 경우에 대해서는 두 번째 줄을 실행하여 1에 도달할 때까지 fact을 재귀적으로 계속 호출한다.

이 함수를 호출하면 ML은 반환값과 그의 타입으로 응답한다. ML은 근본적으로 Scheme과 같은 평가 규칙을 가진다. fact는 반드시 함수로 평가되고, 다음에 4가 평가되고, 이 타입은 함수의 매개변수 타입과 일치해야 한다. 다음에 함수는 호출되어 반환값이 타입과 함께 출력된다.

```
fact (4);
val it = 24: int
```

리스트의 패턴 매칭을 사용하면 함수를 보다 간결하게 정의할 수 있다. 예를 들어 append 함수는 다음과 같이 패턴 매칭을 사용하여 보다 간결하게 정의할 수 있다.

```
⟩ fun append([], L) = L
  | append(h:: t, L) = h :: append(t, L);
val append = fn: 'a list * 'a list −> 'a list
```

6 고차 함수 중요 ★★

ML 언어에서는 함수가 일등급 값이므로 함수의 인자로 함수를 받아 이를 적용할 수 있다. 이렇게 함수를 인자로 받아 적용하는 함수를 고차 함수(higher-order function)라고 한다. map 함수는 ML에서 제공하지만 여기서는 map 함수의 이해를 위해 직접 작성해 보자. map 함수는 주어진 함수를 주어진 리스트의 각 원소에 적용하여 이 적용 결과의 리스트를 반환한다. 구체적으로 함수와 리스트를 인자로 받는 map 함수를 다음과 같이 작성할 수 있다.

```
fun map f [] = []
  | map f(x :: xs) = f(x) :: map(f)(xs);
```

① 리스트 인자가 빈 리스트이면 빈 리스트를 반환한다.
② 그렇지 않으면 리스트의 첫 번째 원소(x)와 나머지 리스트(xs)에 대해서 첫 번째 원소 x에 대해 인자로 받은 함수 f를 적용한다. map 함수에 f, xs를 재귀적으로 호출한다. f(x)의 값을 첫 번째 원소로 map(f)(xs) 결과를 나머지 리스트로 하여 새로운 리스트를 구성하여 리턴한다.

예를 들어 map을 square 함수와 리스트에 적용하면 다음과 같이 리스트의 각 원소에 square 함수를 적용한 결과를 받을 수 있다.

```
> map(square) ([2, 4, 6]);
val it = [4,16,36] : int list
```

뿐만 아니라 map을 람다식으로 표현한 3승 함수와 리스트에 적용하면 다음과 같이 리스트의 각 원소에 3승 함수를 적용한 결과를 받을 수 있다.

```
> map (fn x => x * x * x) ([2, 4, 6]);
val it = [8, 64, 216] : int list
```

실제예상문제

제 **1** 장 **명령형 언어와 함수형 언어**

01 명령형 언어(imperative language)에 대한 설명으로 옳지 <u>않은</u> 것은?

① 명령형 언어는 von Neumann 컴퓨터 구조에 영향을 받아서 설계된 언어이다.

② 명령형 언어에서의 변수는 von Neumann 컴퓨터 구조에서 메모리 셀을 형상화한 것이다.

③ Prolog나 LISP와 같은 언어들도 프로그램들이 명령어들로 이루어져 있기 때문에 명령형 언어라 할 수 있다.

④ C나 Pascal과 같은 언어들은 명령형 언어이기 때문에 Pentium과 같은 CPU의 기계어로 컴파일하기 쉽다.

01 Prolog 언어는 논리형 언어, LISP 언어는 함수형 언어이다.

02 프로그래밍 언어 패러다임 종류
- 명령형 언어(imperative L.) : 전통적인 프로그래밍 언어로 폰 노이만 구조에 기초하여 문제 해결을 위한 절차를 기술하는 방식으로 수행할 명령어들로 구성한다.
- 함수형 언어(functional L.) : 수학 함수의 수행으로 간주하는 프로그래밍으로, 프로그램은 함수의 정의들로 구성되고 함수 수행은 부수 효과가 없는 순수 함수로만 프로그램을 구성한다.
- 논리형 언어(logical L.) : 논리를 기반으로 한 프로그래밍으로, 문제에 대한 사실 혹은 규칙을 표현하는 논리 문장들의 집합으로 구성한다.
- 객체 지향 언어(object-oriented L.) : 객체 기반의 프로그래밍이며, 객체는 data와 프로시저(또는 메소드)들을 포괄하는 개념으로 실행은 객체사이의 상호작용에 의해 이뤄진다.

02 다음 중 프로그래밍 언어 패러다임에 속하지 <u>않는</u> 것은?

① 객체 지향 프로그래밍

② 함수형 프로그래밍

③ 논리형 프로그래밍

④ 수리형 프로그래밍

정답 01 ③ 02 ④

안심Touch

03 논리형 프로그래밍이 수학적 기호 논리에 바탕을 둔 프로그래밍이다.

03 프로그래밍 패러다임과 그 설명의 연결이 옳지 <u>않은</u> 것은?

① 절차형 프로그래밍(procedural programming) – 폰 노이만 계산모델에 기초한 패러다임이다.

② 선언형 프로그래밍(declarative programming) – 무엇을 하려고 하는지 목적을 기술함으로써 프로그램을 작성한다.

③ 함수형 프로그래밍(functional programming) – 수학적 기호 논리에 바탕을 둔 프로그래밍 패러다임이다.

④ 객체 지향 프로그래밍(object-oriented programming) – 메시지 전달을 통해 상호작용하는 객체들의 모임으로 보는 패러다임이다.

✅ **주관식 문제**

01
정답 • 함수형 언어의 장점
  (i) 언어가 기계 모델과 무관하게 정의된다.
  (ii) 프로그램을 함수로 보는 일관된 관점을 제공한다.
  (iii) 수학을 기반으로 프로그램의 의미를 명확하게 정의할 수 있다.
  (iv) 함수를 데이터로 취급하는 고차함수(higher-order function)를 제공한다.
 • 함수형 언어의 단점
  컴파일이 아닌 인터프리터(interpret)이기 때문에 실행의 비효율성이었다.

정답 03 ③

01 함수형 언어의 장점과 단점을 각각 기술하시오.

제2장 수학 함수

01 다음 ML 고차 함수 프로그램의 실행 결과는 어느 것인가?

```
val is_large = (fn x => x > 37)
val add = fn (a, b) => a + b
val sub = fn (a, b) => a − b
val check = is_large(38)
```

① val check = 1 : int

② val check = 75 : int

③ val check = false : bool

④ val check = true : bool

01 check = is_large(38)이므로 (fn x => x > 37)를 호출하여 수행하고, 매개변수 38이 37보다 크므로 true가 출력된다.

02 다음 LISP 프로그램의 실행 결과는 어느 것인가?

```
〈함수 정의〉
> (DEFUN our_third (x)
        (CAR (CDR (CDR x))))

〈함수 호출〉
> (our_third '(A B C D))
```

① A B C

② B

③ C

④ A

02 CAR 함수는 리스트의 첫 번째 인수, CDR 함수는 첫 번째 인수 빼고 나머지를 리스트로 만든다.

정답 01 ④　02 ③

안심Touch

03 ML에서 식의 표현은 val 변수명 =
식(함수포함);

01
정답 (27 11 1)

해설 g(3), h(3), I(3) 함수를 호출하는 것
과 같다.

03 다음은 ML로 작성된 toAlpha() 함수다. 호출하는 방법과 결과
가 맞게 연결된 것은?

〈함수 정의〉
fun toAlpha (n) =
  if n = 0
    then "A"
  else if n = 1
    then "B"
  else "C";

함수 호출	결과값
① val a = toAlpha(0);	A
② int a = toAlpha(0);	A
③ value b = toAlpha(1);	B
④ value c = toAlpha(2);	C

✔ **주관식 문제**

01 함수의 정의가 다음과 같을 때 고차 함수 [g, h, i] (3)의 실행
결과를 쓰시오.

g(x) = x * x * x
h(x) = 2 * x + 5
i(x) = x − 1

정답 03 ①

02 함수를 인자로 하여 호출하는 C++ 고차 함수 예제가 다음과 같을 때 실행 결과를 쓰시오.

```
#include 〈functional〉              int multi(int value)
#include 〈iostream〉               {
using namespace std;                  return value * value;
int multi(int);                    }
int apply(function〈int(int)〉,
int);                              int apply(function〈int(int)〉
                                   fx, int value)
int main()                         {
{                                     return fx(value);
  cout 〈〈 apply(multi, 9);         }
  return 0;
}
```

02

정답 81

해설 apply(multi, 9) 함수 호출 → 매개변수 multi는 fx로, 9는 value를 전달 → fx(9) 함수를 호출하여 결과값 81을 리턴한다.

안심Touch

제 **3** 장 　**함수형 언어의 예**

01 함수형 언어 : LISP, Scheme, ML, Haskell

01 다음 중 함수형 언어가 <u>아닌</u> 것은?

① LISP

② Scheme

③ Java

④ ML

02 car 함수는 리스트의 첫 번째 인수를 리스트로 만든다.

02 다음 Scheme의 실행 결과는 어느 것인가?

> (car '((a b) c d))

① (a b)

② c

③ (c d)

④ ((a b) c d))

03 cdr 함수는 첫 번째 인수 빼고 나머지를 리스트로 만든다.

03 다음 Scheme의 실행 결과는 어느 것인가?

> (cdr '((a b) c d e))

① (a b)

② ((a b) c)

③ (c d e)

④ ((a b) c d e))

정답　01 ③　02 ①　03 ③

04 다음 Scheme의 실행 결과는 어느 것인가?

> (cons '(a b c) '(d e))

① (a b c)
② (d e)
③ ((a b c) (d e))
④ ((a b c) d e)

05 다음 Scheme의 실행 결과는 어느 것인가?

> (define evens '(0 2 4 6 8))
> (cons 10 evens)

① (0 2 4 6 8 10)
② (10 0 2 4 6 8)
③ (10 12 14 16 18)
④ (0 20 40 60 80)

06 다음 ML 프로그램에 대한 설명으로 옳지 <u>않은</u> 것은?

```
01    fun circlearea(radius) =
02    let val pi = 3.14159
03    in
04      pi * radius * radius
05    end;
06    circlearea(10.0);
```

① 실행 결과는 314.159이다.
② 02행은 pi에 3.14159를 대입해 준다.
③ 함수명은 circlearea()이고, 원의 넓이를 구하는 함수이다.
④ 06행은 함수 호출이고, circlearea(10);으로 호출해도 에러가 없다.

07 let 함수는 여러 개 변수에 한꺼번에 초기값을 준다.

07 Scheme에서 여러 개 변수에 한꺼번에 초기값을 주는 함수는 어느 것인가?

① member
② let
③ length
④ list

08 LIST 함수는 리스트와 리스트를 결합하여 새로운 리스트를 만든다.

08 다음 LISP 프로그램의 실행 결과는 어느 것인가?

> LIST '(A B) '(C D E)

① (A B C D E)
② ((A B) (C D E))
③ ((A B) C D E)
④ (A B (C D E))

09 MEMBER 함수는 첫 번째 인수가 두 번째 인수에 존재하면 그 원소부터 리스트 끝까지 반환하는 함수다.

09 다음 LISP 프로그램의 실행 결과는 어느 것인가?

> MEMBER 'D '(A B C D E)

① (A B C)
② (A B C E)
③ (D E)
④ (E)

정답 07 ② 08 ② 09 ③

✔ **주관식 문제**

01 다음 Scheme 프로그램의 실행 결과를 쓰시오.

```
(define (supply year salary)
    (if ()= year 10)
        (+ salary 100)
        (+ salary 50))
)
(supply 10 5000);
```

01

정답 5100

해설 (supply 10 5000);은 year에 10, salary에 5000이 전달되고, if 조건이 참이면 100을 더하고 거짓이면 50을 더하는 프로그램이다.

02 cons (car '(a b c)) (cdr '(a b c))의 실행 결과를 쓰시오.

02

정답 (A B C)

해설 car '(a b c)은 리스트의 첫 번째 원소를 반환하고, cdr '(a b c)는 리스트에서 car가 제거된 나머지 리스트를 반환한다.
cons 함수는 첫 번째 원소(리스트)와 나머지 리스트를 새로운 리스트로 반환한다.

여기서 멈출 거예요? 고지가 바로 눈앞에 있어요.
마지막 한 걸음까지 SD에듀가 함께할게요!

부록

최종모의고사

I wish you the best of luck!

제한시간: 50분 | 시작 ___시 ___분 - 종료 ___시 ___분

⊞ 정답 및 해설 350p

01 컴퓨터 언어의 특징에 대한 설명으로 옳지 <u>않은</u> 것은?

① 기계어는 전처리 과정 없이 바로 실행 가능하며 기계마다 공통된 언어를 사용한다.

② 어셈블리어는 기호 언어라고도 하며 어셈블러라는 번역기가 기계어로 번역한 다음 실행할 수 있다.

③ 고급 언어는 대부분의 컴퓨터 기종에 사용될 수 있으며 컴파일러나 인터프리터를 사용하여 기계어로 번역한다.

④ 고급 언어는 하드웨어 이용이 저급 언어에 비해 비효율적이다.

02 BNF는 어느 문법에 해당하는가?

① 문맥 의존 문법(Context Sensitive Grammar)

② 문맥 자유 문법(Context Free Grammar)

③ 무제한 문법(Unrestricted Grammar)

④ 선형 정규 문법(Linear Regular Grammar)

03 다음 중 컴파일러가 하는 일이 <u>아닌</u> 것은?

① 파싱(Parsing)

② 로딩(Loading)

③ 최적화(Optimizer)

④ 기억장소 할당(Storage Assignment)

04 어휘 분석과정에서 토큰(token)으로 분류되지 <u>않는</u> 것은?

① 예약어(reserved word)

② 상수(constant)

③ 식별자(identifier)

④ 주석(comment)에 포함된 연산기호

05 언어의 문법(grammar)을 구성하는 요소로 옳지 <u>않은</u> 것은?

① 시작 기호(start symbol)

② 심볼 테이블(symbol table)

③ 생성 규칙들(production rules)의 집합

④ 비단말 기호들(non-terminal symbols)의 집합

06 다음 중 변수를 초기화한 것으로 옳지 <u>않은</u> 것은?

① int var1 = 10;

② long var2 = 10000000000L;

③ char var3 = "";

④ double var4 = 10;

07 다음 중 프로그램 실행 이전에 정의한 속성이 결정되는 것은?

① 컴파일 바인딩

② 정적 바인딩

③ 동적 바인딩

④ 확정 바인딩

08 자료구조의 유형 중 선형 구조에 해당하는 것은 무엇인가?

① 배열

② 그래프

③ 트리

④ 힙

09 배열의 기본 초기값에 대한 설명으로 옳지 <u>않은</u> 것은?

① 정수 타입 배열 항목의 기본 초기값은 0이다.

② 실수 타입 배열 항목의 기본 초기값은 0.0f 또는 0.0이다.

③ boolean 타입 배열 항목의 기본 초기값은 true이다.

④ 참조 타입 배열 항목의 기본 초기값은 null이다.

10 다음 중 명시적 형 변환에 대한 설명으로 옳은 것은?

① 캐스트(cast) 명령어 사용

② 컴파일러에서 자동으로 수행

③ 할당문 A = 3에서 A가 정수형일 때 필요

④ 프로그래머가 명시할 필요 없음

11 다음 구문 도표(syntax chart)에 대응하는 확장 BNF(extended Backus−Naur form)로 옳은 것은?

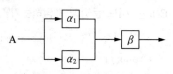

① $A ::= (\alpha_1 \mid \alpha_2)\beta$

② $A ::= [\alpha_1 \mid \alpha_2]\beta$

③ $A ::= \{\alpha_1 \mid \alpha_2\}\beta$

④ $A ::= \alpha_1 \cdot \alpha_2 \cdot \beta$

12 조건문과 반복문에 대한 설명으로 옳지 <u>않은</u> 것은?

① if 문은 조건식의 결과에 따라 실행 흐름을 달리할 수 있다.

② switch 문에서 사용할 수 있는 변수의 타입은 int, double이 될 수 있다.

③ for 문은 카운터 변수로 지정한 횟수만큼 반복시킬 때 사용할 수 있다.

④ break 문은 switch 문, for 문, while 문을 종료할 때 사용할 수 있다.

13 C++에서 순수 가상 함수를 1개라도 갖는 클래스로, 객체를 갖지 않기 때문에 자신의 객체를 생성할 수 <u>없는</u> 클래스를 무슨 클래스라 하는가?

① 기억 클래스
② 순수 클래스
③ 종속 클래스
④ 추상 클래스

14 다음 중 오버로딩이 성립하기 위한 조건이 <u>아닌</u> 것은?

① 메소드의 이름이 같아야 한다.
② 매개변수의 개수가 달라야 한다.
③ 리턴 타입이 달라야 한다.
④ 매개변수의 타입이 달라야 한다.

15 필드, 생성자, 메소드에 대한 설명으로 옳지 <u>않은</u> 것은?

① 필드는 객체의 데이터를 저장한다.
② 생성자는 객체의 초기화를 담당한다.
③ 메소드는 객체의 동작 부분으로, 실행 코드를 가지고 있는 블록이다.
④ 클래스는 반드시 필드와 메소드를 가져야 한다.

16 다음 중 메소드에 대한 설명으로 <u>틀린</u> 것은?

① 리턴값이 없는 메소드는 리턴 타입을 void로 해야 한다.

② 리턴 타입이 있는 메소드는 리턴값을 지정하기 위해 반드시 return 문이 있어야 한다.

③ 매개값의 수를 모를 경우 "..."를 이용해서 매개 변수를 선언할 수 있다.

④ 메소드의 이름은 중복해서 선언할 수 없다.

17 다음 중 객체 지향 언어의 특징으로 옳지 <u>않은</u> 것은?

① 다형성(polymorphism)을 지원한다.
② 클래스라는 추상 데이터 타입을 제공한다.
③ 데이터와 메소드의 분리를 통해 독립성을 높여준다.
④ 재사용성을 높여준다.

18 다음 중 예외 처리와 관련 없는 것은?

① throw
② continue
③ try
④ catch

19 자바 예외 처리에 관한 설명으로 가장 옳은 것은?

① 예외를 유발할 수 있는 구문을 catch 블록에 놓는다.
② finally 블록 안의 명령문들은 예외가 발생하든 아니든 간에 반드시 실행된다.
③ 구문(syntax) 에러가 발생할 때 예외도 발생한다.
④ 아무런 예외 처리를 하지 않아도 예외 정보를 출력하고 프로그램은 계속 실행한다.

20 다음 중 명령형 언어에 대한 설명으로 옳은 것은?

① 순차적인 명령의 수행을 기본 개념으로 하는 언어
② 알려진 값들을 함수에 적용하는 방식으로 프로그램을 기술하는 언어
③ 무엇을 하려고 하는가를 선언하듯 기술하는 언어
④ 자료형과 연산으로 이루어지는 객체에 기반하는 언어

21 다음 LISP 프로그램의 실행 결과는 어느 것인가?

> (CONS (QUOTE (A B C)) (QUOTE (A B C)))

① ((A B C) A B C)
② (A B C A B C)
③ (A B C (A B C))
④ ((A B C) (A B C))

22 컴파일하는 과정을 세부적으로 구분할 때 올바르게 나열된 것은?

① 어휘 분석 → 구문 분석 → 코드 최적화 → 중간코드 생성 → 목적코드 생성
② 어휘 분석 → 구문 분석 → 중간코드 생성 → 코드 최적화 → 목적코드 생성
③ 구문 분석 → 어휘 분석 → 중간코드 생성 → 코드 최적화 → 목적코드 생성
④ 구문 분석 → 어휘 분석 → 코드 최적화 → 중간코드 생성 → 목적코드 생성

23 많은 프로그램 언어에서 부프로그램의 순서제어 시 복사규칙을 적용하고 있다. 복사규칙에 포함되지 않는 것은?

① 부프로그램의 호출 시 되부름(recursion)이 가능할 필요는 없다.
② 호출된 부프로그램은 언젠가는 수행이 종료되어야 하며, 종료되면 반환되어야 한다.
③ 다중 프로그램 수행 순서를 허용할 수 있다.
④ 명시적인 부프로그램의 호출이 필요하다.

24 다음 중 클래스의 구성 멤버가 <u>아닌</u> 것은?

① 필드(Field)
② 생성자(constructor)
③ 메소드(method)
④ 로컬변수(local variable)

◆ 주관식 문제

01 구조체와 배열의 차이점이 무엇인지 기술하시오.

02 다음의 BNF를 각각 EBNF로 기술하는 방법을 구체적으로 기술하시오.

(1) A ::= aA | B

(2) A ::= aB | a

03 다음 설명에서 괄호 안에 들어갈 용어를 쓰시오.

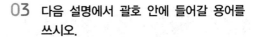

> 한 표현이 주어진 BNF에 의하여 작성될 수 있는지 없는지를 확인하기 위해서, 주어진 BNF를 이용하여 그 대상을 근(root)으로 하고 단말 노드들을 왼쪽에서 오른쪽으로 나열한 것이 검증하고자 하는 표현과 같이 되는 트리를 작성하게 되는데, 이 트리를 (   )(이)라 부른다.

04 함수의 매개변수 전달 방식 4가지를 기술하시오.

제한시간: 50분 | 시작 ___시 ___분 - 종료 ___시 ___분

정답 및 해설 353p

01 1990년대 가장 특징적인 프로그래밍 언어로 객체 지향 개념에 기반을 둔 언어는?

① Fortran
② Basic
③ Prolog
④ Java

02 프로그램 설계 시에 GIGO(Garbage In Garbage Out)와 관련이 있는 단계는?

① 문제분석
② 입출력 설계
③ 프로그램 설계
④ 자료 설계

03 다음 BNF에 의해 생성될 수 없는 것은?

```
<id3> ::= <letter3> | <id3>
          <letter3> | <id3>
          <digit3>
<letter3> ::= A | B | C
<digit3> ::= 0 | 1 | 2 | 3
```

① ABC
② 123
③ A0
④ B2C

04 다음 프로그램 구문의 계산 결과는?[단, 일반적인 프로그래밍 언어와는 달리, 우선순위(precedence)는 −가 *보다 높고, 결합순서(associativity)는 −, * 모두 우측 우선(right associative)이다]

```
5 - 2 - 1 * 2 - 1 * 3
```

① −2
② −1
③ 6
④ 12

05 Parse Tree에 대한 설명으로 가장 옳지 않은 것은?

① 작성된 표현식이 BNF의 정의에 의해 바르게 작성되었는지를 확인하기 위해 만드는 트리이다.
② 주어진 표현식에 대한 파스 트리가 존재한다면, 그 표현식은 BNF에 의해 작성될 수 없음을 의미한다.
③ 문법의 시작 기호로부터 적합한 생성 규칙을 적용할 때마다 가지치기가 이루어진다.
④ 파스 트리의 터미널 노드는 단말 기호들이 된다.

06 동적 변수는 그것이 생존하고 있는 동안 자료의 크기 또는 개수가 동적으로 변할 수 있는 자료를 의미한다. 동적 변수에 대한 기억장소의 할당 방법으로 적당한 기억장소의 종류는?

① 트리(Tree)
② 큐(Queue)
③ 스택(Stack)
④ 힙(Heap)

07 int a[] = {10, 20, 30, 40, 50}으로 정의되었다고 가정할 경우 *a+2의 값은?

① 10
② 20
③ 12
④ 13

08 다음 중 구조체에 대한 설명으로 옳은 것은?

① 구조체를 선언하면 자동으로 변수가 생성된다.
② 구조체는 == 연산자를 사용하여 비교할 수 있다.
③ 구조체를 함수로 전달하면 원본이 전달된다.
④ 구조체 변수는 = 연산자를 이용하여 대입될 수 있다.

09 다음은 배열값의 저장을 나타낸 것이다. [가], [나]에 들어갈 코드로 옳은 것은?

```
#define array_size 5
void store(int* a, int e) {
  for( [가] ; [나] ; i++)
  a[i] = e;
}
```

	[가]	[나]
①	int i = 0	i < array_size
②	int i = 0	i <= array_size
③	i = 0	i < array_size
④	int i = 0	i >= array_size

10 다음 중 구조적 프로그램의 장점이 아닌 것은?

① 개발 및 유지보수의 효율을 높인다.
② 신뢰성을 향상시킨다.
③ 프로그램을 읽기 쉽다.
④ 코딩을 할 때 순차적으로 할 수 있다.

11 부프로그램에서 매개변수 전달 방식에 대한 설명으로 옳지 않은 것은?

① Call by value 방식에서는 실 매개변수와 형식 매개변수가 동일한 저장 공간을 공유한다.
② Call by result 방식은 부프로그램의 처리결과 값을 주프로그램에 반환한다.
③ Call by reference 방식은 실 매개변수의 주소를 형식 매개변수에게 전달한다.
④ Call by name 방식은 형식 매개변수의 이름을 대응되는 실 매개변수의 이름으로 대치한다.

12 크기가 큰 배열을 매개변수로 전달할 때, 메모리의 양이 가장 적게 사용되는 매개변수 전달방법은?

① 값 전달(call-by-value)
② 값-결과 전달(call-by-value-result)
③ 참조 전달(call-by reference)
④ 결과 전달(call-by-result)

13 다음 중 인터페이스에 대한 설명으로 틀린 것은?

① 인터페이스는 객체 사용 설명서 역할을 한다.
② 구현 클래스가 인터페이스의 추상 메소드에 대한 실체 메소드를 가지고 있지 않으면 추상 클래스가 된다.
③ 인터페이스는 인스턴스 필드를 가질 수 있다.
④ 구현 객체는 인터페이스 타입으로 자동 변환된다.

14 다음 중 생성자에 대한 설명으로 옳지 않은 것은?

① 객체를 생성하려면 생성자 호출이 반드시 필요한 것은 아니다.
② 생성자는 다른 생성자를 호출하기 위해 this()를 사용할 수 있다.
③ 생성자가 선언되지 않으면 컴파일러가 기본 생성자를 추가한다.
④ 외부에서 객체를 생성할 수 없도록 생성자에 private 접근 제한자를 붙일 수 있다.

15 다음 중 스레드에 대한 설명으로 옳지 않은 것은?

① 자바 애플리케이션은 메인(main) 스레드가 main() 메소드를 실행시킨다.
② 작업 스레드 클래스는 Thread 클래스를 상속해서 만들 수 있다.
③ Runnable 객체는 스레드가 실행해야 할 코드를 가지고 있는 객체라고 볼 수 있다.
④ 스레드 실행을 시작하려면 run() 메소드를 호출해야 한다.

16 객체 지향 언어의 상속성을 구현하기 위한 프로그래밍 언어별 특징 및 적용에 대한 설명으로 옳지 않은 것은?

① Java 언어는 클래스의 다중 상속을 허용하며, 예약어로 implements를 사용한다.
② Java 언어는 상속을 허용하며, 예약어로 extends를 사용한다.
③ C++ 언어는 다중 상속을 허용하며, 상속하는 상위 클래스들을 콤마(,)로 연결한다.
④ C++ 언어는 상속을 허용하며, 하위 클래스는 상속하는 상위 클래스를 콜론(:)으로 연결한다.

17 예외 처리(Exception Handling) 기능이 있는 프로그래밍 언어로 프로그램을 작성하면 어떤 장점이 있는가?

① 신뢰도(reliability)가 높은 프로그램을 작성할 수 있다.

② 컴파일러에게 예외가 일어나는 부분을 알려줌으로써 빠른 수행이 가능한 기계어를 생성할 수 있다.

③ 예외 처리를 주프로그램과 병행처리할 수 있기 때문에 빠른 수행이 가능하다.

④ 예외 처리는 동적으로 발생하는 사건이기 때문에 인터프리터 형식으로 구현되는 언어에서만 그 기능을 제공할 수 있다.

18 다음 ML 프로그램의 실행 결과는 어느 것인가?

```
- tl [1, 2, 3];
```

① val it = [1, 2] : int list
② val it = [1] : int list
③ val it = [1, 2, 3] : int list
④ val it = [2, 3] : int list

19 다음 scheme 프로그램의 실행 결과는 어느 것인가?

```
(append '(a b c) '(d e))
```

① (a b c)
② (d e)
③ ((a b c) (d e))
④ (a b c d e)

20 다음 중 실행시간의 효율성을 강조한 언어가 <u>아닌</u> 것은?

① PASCAL
② LISP
③ ALGOL
④ COBOL

21 다음 문맥 자유 문법(context-free grammar)에 대한 설명으로 옳지 <u>않은</u> 것은?

```
E → E @ T | T
T → T ⓑ F | F
F → id | ( E )
```

① 연산자 @는 연산자 ⓑ보다 우선순위가 높다.

② 괄호 연산자 '('와 ')'는 연산자 @보다 우선순위가 높다.

③ 연산자 ⓑ의 결합 순서(associativity)는 좌측 우선(left associative)이다.

④ 위의 문법은 모호하지 않다.

22 일반적인 서브루틴을 부를 때는 실행 환경의 스택 부분에 필요한 정보를 기록하고 그 서브루틴을 수행하게 된다. Activation Record라고 불리는 이 스택 부문에 저장하는 정보로써 적합하지 <u>않은</u> 것은?

① 서브루틴 안에서 동적으로 할당된 기억장소(dynamic storage)

② 서브루틴 수행 후 돌아가려고 하는 곳의 주소(return address)

③ 서브루틴 안에서만 쓰이는 지역변수(local variable)

④ 서브루틴에 전달되는 매개변수(parameter)

23 다음 중 자바의 예외 처리에 대한 설명으로 옳지 <u>않은</u> 것은?

① try~catch~finally 문에 여러 개의 catch 문이 올 수 있다.

② finally 문은 생략 가능하다.

③ 모든 메소드마다 예외의 유형을 정의하여야 한다.

④ 프로그래머가 지정하지 않은 예외는 디폴트 예외 처리기가 처리한다.

24 다음 중 바인딩에 대한 설명으로 옳은 것은?

① 프로그램 언어 정의 시간에 발생하는 바인딩을 최소화하면 기계에 종속적인 프로그램 언어가 된다.

② 프로그램 언어 정의 시간에 발생하는 바인딩을 최소화하면 그 프로그램 언어는 호환성이 떨어지게 된다.

③ 프로그램 언어에 사용할 수 있는 순서제어의 구조는 프로그램 구현 시간에 의해 결정된다.

④ 프로그램 언어 정의 시간에 발생하는 바인딩은 최소화하는 것이 좋다.

✔ 주관식 문제

01 다음 구문 도표(syntax chart)에 대응하는 확장 BNF(extended Backus–Naur form)로 기술하시오.

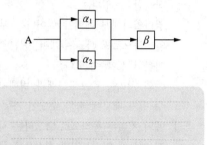

02 다음은 바인딩에 대한 설명이다. 괄호 안에 들어갈 내용을 각각 순서대로 쓰시오.

바인딩은 프로그램의 어떤 기본 단위가 가질 수 있는 구성요소의 구체적인 값, 성격을 결정되는 것을 의미하는 것으로 컴파일 시간에 결정 값이 결정되는 것을 (①)(이)라 하고, 실행 시간에 결정 값이 결정되는 것을 (②)(이)라 한다.

03 기호 상수의 장점 2가지를 쓰시오.

04 변수의 속성을 기술하는 6가지 속성은 무엇인지 쓰시오.

독학사 컴퓨터공학과 3단계

정답 및 해설 | 프로그래밍언어론

제1회

01	02	03	04	05	06	07	08	09	10	11	12
①	②	②	④	②	③	②	①	③	①	①	②
13	14	15	16	17	18	19	20	21	22	23	24
④	③	④	④	③	②	②	①	①	②	③	④

주관식 정답			
01	배열은 같은 타입의 변수들을 묶는 것이고, 구조체는 서로 다른 타입의 변수들을 묶는 것이다.	03	파스 트리
02	(1) A => B A => aA => aaA => aaaA => aaaB 이므로 a가 반복됨 ∴ EBNF에서 0번이상 반복인 { }를 사용하면 A ::= {a}B 로 기술할 수 있다. (2) A ::= aB | a A => a A => aB 이므로 B는 생략 가능함 ∴ A ::= a[B] 로 기술할 수 있다.	04	① 값 전달(call by value) ② 참조 전달(call by reference) ③ 값-결과 전달(call by value-result) ④ 이름 전달(call by name)

01 정답 ①
기계어는 기계마다 특성이 있다.

02 정답 ②
문맥 자유 문법은 BNF와 EBNF, 구문도표로 표기한다.

03 정답 ②
컴파일러 실행 단계는 어휘 분석, 구문 분석, 중간 코드 생성, 최적화, 코드 생성 단계이다.

04 정답 ④
토큰이란 문법적 의미를 갖는 최소단위로 예약어, 상수, 식별자, 특수기호 등이 있다.

05 정답 ②
프로그램 언어의 문법을 구성하는 요소는 시작 기호, 단말 기호, 비단말 기호, 생성 규칙으로 구성된다.

06 정답 ③
문자열은 ''으로 초기화할 수 있으나 문자는 ""로 초기화할 수 없다.

07 정답 ②
정적 바인딩은 컴파일 시간에 변수의 속성이 결정되고, 동적 바인딩은 실행 시간에 변수의 속성이 결정된다.

08 　정답 ①
- 선형구조 : 배열, 연결 리스트, 스택, 큐
- 비선형구조 : 트리, 그래프

09 　정답 ③
boolean 타입 배열 항목의 기본 초기값은 false이다.

10 　정답 ①
명시적인 형 변환은 변수명 앞에 변환할 자료형으로
cast 명령을 입력해야 한다.

11 　정답 ①
[ ] : 생략 가능
{ } : 0번 이상 반복
( ) : 한정된 범위의 택일(|와 함께 쓰임)

12 　정답 ②
switch 문에 사용할 수 있는 자료형으로는 정수형,
문자형만 가능하다.

13 　정답 ④
추상 클래스는 순수 가상 함수를 포함하고 자식 클래
스에서 오버라이딩한다. 추상 클래스는 객체를 생성
할 수 없다.

14 　정답 ③
오버로딩은 메소드 이름이 같고 매개변수의 개수 및
타입이 달라야 한다. 리턴 타입과는 상관 없다.

15 　정답 ④
클래스의 구성 멤버는 필드, 생성자, 메소드로 이 구
성 멤버들은 생략되거나 복수 개가 작성될 수 있다.

16 　정답 ④
메소드의 이름은 중복해서 선언할 수 있다. → 메소드
오버로딩

17 　정답 ③
상속은 상속 관계로 맺어진 클래스들 사이에 종속성
을 만들므로, 추상 데이터 타입의 가장 큰 장점인 독
립성을 훼손하는 측면이 있다.

18 　정답 ②
continue 문은 반복문을 계속할 때 사용하는 명령문
이고, 예외 처리는 try~catch~finally, throw를 사
용한다.

19 　정답 ②
예외를 유발하는 구문은 try에 기술하고 예외가 발생
하는 구문은 catch에 기술한다. finally은 예외 처리
가 발생하지 않아도 반드시 실행한다.

20 　정답 ①
명령형 언어는 순차적 명령 수행을 기본으로 하는 언
어로 어떤 일을 어떻게 할 것인가에 관한 언어이고,
선언형 언어는 무엇을 할 것인가에 관한 언어이다. 함
수형 언어는 자료 처리를 수학적 함수의 계산으로 취
급하는 언어이다.

21 　정답 ①
기존의 리스트에 새로운 원소를 추가하여 리스트를
만드는 함수이다. 새로 추가되는 원소는 리스트의 첫
번째 원소가 된다.

22 　정답 ②
컴파일 단계는 '원시프로그램 → 어휘 분석 → 구문
분석 → 중간코드 생성 → 코드 최적화 → 목적코드
생성 → 목적 프로그램'으로 이뤄진다.

23 정답 ③

다중 프로그램은 CPU가 처리하므로 프로그래머가 수행 순서를 변경할 수 없다.

24 정답 ④

클래스 멤버의 구성요소로는 필드, 생성자, 메소드가 있다.

주관식 해설

01 정답 배열은 같은 타입의 변수들을 묶는 것이고, 구조체는 서로 다른 타입의 변수들을 묶는 것이다.

02 정답 (1) A => B

A => aA => aaA => aaaA => aaaB 이므로 a가 반복됨

∴ EBNF에서 0번이상 반복인 { }를 사용하면 A ::= {a}B 로 기술할 수 있다.

(2) A ::= aB | a

A => a

A => aB 이므로 B는 생략 가능함

∴ A ::= a[B] 로 기술할 수 있다.

03 정답 파스 트리

04 정답 ① 값 전달(call by value)

② 참조 전달(call by reference)

③ 값-결과 전달(call by value-result)

④ 이름 전달(call by name)

제2회

01	02	03	04	05	06	07	08	09	10	11	12
④	②	②	④	②	④	③	④	①	④	①	③
13	14	15	16	17	18	19	20	21	22	23	24
③	①	④	①	①	④	④	②	④	①	③	④

주관식 정답			
01	$A ::= (\alpha_1 \mid \alpha_2)\beta$	03	① 프로그램 가독성이 높아진다. ② 값을 쉽게 변경할 수 있다.
02	① 정적 바인딩, ② 동적 바인딩	04	변수 이름, 변수의 값, 변수의 타입, 변수의 주소, 변수의 영역, 변수의 수명

01 정답 ④

객체 지향 언어 : SMALLTALK, C++, C#, JAVA, PYTHON 등

02 정답 ②

GIGO는 입력 데이터에 의한 출력 결과를 말한다.

03 정답 ②

①
<id3>::=<id3><letter3>
<id3>::=<id3><letter3><letter3>
<id3>::=<letter3><letter3><letter3>
<id3>::= ABC
②
<id3>::=<id3><digit3>
<id3>::=<id3><digit3><digit3>
<id3>::=<letter3><digit3><digit3>
<id3>::= A23
③
<id3>::=<id3><digit3>
<id3>::=<letter3><digit3>
<id3>::= A0
④
<id3>::=<id3><digit3>
<id3>::=<id3><digit3><digit3>
<id3>::=<letter3><digit3><digit3>
<id3>::= B23

따라서 첫 번째는 숫자가 올 수 없다.

04 정답 ④

- 1단계 : 5 - 2 - 1 * (2 - 1) * 3
- 2단계 : 5 - (2 - 1) * (1) * 3
- 3단계 : (5 - (1)) * (1) * 3
- 4단계 : 4 * ((1) * 3)
- 5단계 : 4 * (3)   => 12

05 정답 ②

파스 트리(parse tree)는 BNF 유도 과정을 이해하기 쉬운 트리 형태의 계층적 구조로 나타낸 것으로 파스 트리가 존재하면 BNF에 의해 작성될 수 있다.

06 정답 ④

스택(stack) 영역은 지역 변수, 매개변수를 저장하는 기억장소이다. 힙(heap) 영역은 프로그래머에 의해 동적으로 메모리를 할당하고 해제해야 한다.

07 정답 ③

*a는 첫 번째 배열값을 가리키므로 10이며, *a+2의 값은 12이다. 참고로 *(a+2)는 a[2]와 같고 값은 30이다.

08 정답 ④

구조체 변수끼리 직접 비교할 수 없고, 구조체 변수는 대입 연산자를 사용할 수 있다.

09 정답 ①

for문의 [가]는 변수를 선언하고 초기값을 주고, 조건인 [나]에서는 배열의 크기보다 작아야 한다.

10 정답 ④

구조적 프로그램의 장점
• 프로그램을 이해하기 쉽다.
• 수정 디버깅이 쉽다.
• 모듈화가 가능하다.
• 새 기능을 추가하기 쉽다.
• 여러 명이 동시에 프로그램을 작성할 수 있다.

11 정답 ①

Call by value 방식은 실 매개변수를 전달하면 형식 매개변수가 새로 생성된다.

12 정답 ③

참조 전달(call-by reference) 방식은 실 매개변수의 주소를 형식 매개변수에게 전달하기 때문에 주소의 크기만큼만 메모리를 사용한다.

13 정답 ③

인터페이스는 객체를 생성할 수 없기 때문에 인스턴스 필드와 인스턴스 메소드를 갖지 못한다.

14 정답 ①

객체를 생성하려면 반드시 생성자 호출이 필요하다.

15 정답 ④

스레드를 실행하려면 start() 메소드를 호출해야 한다.

16 정답 ①

Java 언어는 클래스의 다중 상속이 불가능하지만, 인터페이스의 다중 상속은 가능하다. 반면, C++ 언어는 다중 상속이 가능하다.

17 정답 ①

실행 중 부득이한 에러를 처리함으로써 프로그램이 종료되는 상황을 방지하기 때문에 프로그램의 신뢰성을 향상시킬 수 있다.

18 정답 ④

ML에서 hd는 첫 번째 요소 반환, tl은 첫 번째 요소 외 나머지 반환

19 정답 ④

append 함수는 두 개의 리스트를 연결하여 새로운 리스트를 구성하는 함수이다.

20 정답 ②

실행 시간의 효율성을 강조하는 언어는 컴파일 언어이고, 사용자의 적응성을 강조하는 것은 인터프리터 언어이다.

21 정답 ④

F → id | (E)에서는 단말 기호만 있어야 하는데 비단말 기호 E가 있어 문법이 모호하다.

22 정답 ①

서브루틴 안에 정적으로 할당되는 지역변수나 매개변수는 스택에 저장되고, 동적으로 할당되는 기억장소는 힙에 기억된다.

23 정답 ③

프로그래머가 지정하지 않은 예외는 디폴트 예외 처리기가 처리하고, 예외 처리가 필요한 메소드만 정의한다.

24 정답 ④

언어 정의 시간은 언어에서 허용되는 대부분의 자료 구조나 프로그램 구조 등을 확정하는 시간이다. 언어 구현 시간에 초기값을 준다.

주관식 해설

01 정답 $A ::= (\alpha_1 \mid \alpha_2)\beta$

02 정답 ① 정적 바인딩
② 동적 바인딩

03 정답 ① 프로그램 가독성이 높아진다.
② 값을 쉽게 변경할 수 있다.

04 정답 변수 이름, 변수의 값, 변수의 타입, 변수의 주소, 변수의 영역, 변수의 수명

여기서 멈출 거예요? 근지가 바로 눈앞에 있어요.
마지막 한 걸음까지 SD에듀가 함께할게요!

컴퓨터용 사인펜만 사용

난도 전공심화과정인정시험 답안지(객관식)

★ 수험생은 수험번호와 응시과목 코드번호를 표기(마킹)한 후 일치여부를 반드시 확인할 것.

전공분야

성명

3	수 험 번 호
(1)	

(2) ① ● ② ④

과목코드

응시과목

			1	① ② ③ ④	14	① ② ③ ④
			2	① ② ③ ④	15	① ② ③ ④
			3	① ② ③ ④	16	① ② ③ ④
			4	① ② ③ ④	17	① ② ③ ④
			5	① ② ③ ④	18	① ② ③ ④
			6	① ② ③ ④	19	① ② ③ ④
			7	① ② ③ ④	20	① ② ③ ④
			8	① ② ③ ④	21	① ② ③ ④
			9	① ② ③ ④	22	① ② ③ ④
			10	① ② ③ ④	23	① ② ③ ④
			11	① ② ③ ④	24	① ② ③ ④
			12	① ② ③ ④		
			13	① ② ③ ④		

교시코드 ① ② ③ ④

답안지 작성시 유의사항

1. 답안지는 반드시 컴퓨터용 사인펜을 사용하여 다음 보기와 같이 표기할 것.
   보기 정답 표기: ●
   잘못된 표기: ⓥ ⊗ ① ◑ ○ ◒

2. 수험번호 (1)에는 아라비아 숫자로 쓰고, (2)에는 "●"와 같이 표기할 것.

3. 과목코드는 뒷면 "과목코드번호"를 보고 해당과목의 코드번호를 찾아 표기하고,
   응시과목란에는 응시과목명을 한글로 기재할 것.

4. 교시코드는 문제지 전면 의 교시를 해당란에 "●"와 같이 표기할 것.

5. 한번 표기한 답은 긁거나 수정액 및 스티커 등 어떠한 방법으로도 고쳐서는
   아니되고, 고친 문항은 "0"점 처리함.

과목코드

응시과목

			1	① ② ③ ④	14	① ② ③ ④
			2	① ② ③ ④	15	① ② ③ ④
			3	① ② ③ ④	16	① ② ③ ④
			4	① ② ③ ④	17	① ② ③ ④
			5	① ② ③ ④	18	① ② ③ ④
			6	① ② ③ ④	19	① ② ③ ④
			7	① ② ③ ④	20	① ② ③ ④
			8	① ② ③ ④	21	① ② ③ ④
			9	① ② ③ ④	22	① ② ③ ④
			10	① ② ③ ④	23	① ② ③ ④
			11	① ② ③ ④	24	① ② ③ ④
			12	① ② ③ ④		
			13	① ② ③ ④		

※ 감독관 확인란

(인)

관리번호

(연번)

(응시자수)

년도 전공심화과정
인정시험 답안지(주관식)

전공분야

성명

수 험 번 호					
3		—			

번호	※ 1차 점수	※ 1차 채점	응 시 과 목	※1차확인	※2차확인	※ 2차 채점	※ 2차 점수
1	⓪①②③④⑤ ⑥⑦⑧⑨⑩						⓪①②③④⑤ ⑥⑦⑧⑨⑩
2	⓪①②③④⑤ ⑥⑦⑧⑨⑩						⓪①②③④⑤ ⑥⑦⑧⑨⑩
3	⓪①②③④⑤ ⑥⑦⑧⑨⑩						⓪①②③④⑤ ⑥⑦⑧⑨⑩
4	⓪①②③④⑤ ⑥⑦⑧⑨⑩						⓪①②③④⑤ ⑥⑦⑧⑨⑩
5	⓪①②③④⑤ ⑥⑦⑧⑨⑩						⓪①②③④⑤ ⑥⑦⑧⑨⑩

과목코드
①②③④⑤⑥⑦⑧⑨⓪
①②③④⑤⑥⑦⑧⑨⓪
①②③④⑤⑥⑦⑧⑨⓪
①②③④⑤⑥⑦⑧⑨⓪

교시코드
①②③④

답안지 작성시 유의사항

1. ※란은 표기하지 말 것.
2. 수험번호 (2)란, 과목코드, 교시코드 표기는 반드시 컴퓨터용 싸인펜으로 표기할 것.
3. 교시코드는 문제지 전면 의 교시를 해당란에 컴퓨터용 싸인펜으로 표기할 것.
4. 답란은 반드시 흑·청색 볼펜 또는 만년필을 사용할 것. (연필 또는 적색 필기구 사용불가)
5. 답안을 수정할 때에는 두줄(=)을 긋고 수정할 것.
6. 답란이 부족하면 해당답란에 "뒷면기재"라고 쓰고 뒷면 '추가답란'에 문제번호를 기재한 후 답안을 작성할 것.
7. 기타 유의사항은 객관식 답안지의 유의사항과 동일함.

※ 감독관 확인란

(인)

감독관 확인란

[이 답안지는 마킹연습용 모의답안지입니다.]

컴퓨터용 사인펜만 사용

남도 전공시험과정인정시험 답안지(객관식)

★ 수험생은 수험번호와 응시과목 코드번호를 표기(마킹)한 후 일치여부를 반드시 확인할 것.

전공분야

성 명

전공분야

(1)

3

(2)

과목코드

교시코드

응시과목

답안지 작성시 유의사항

1. 답안지는 반드시 컴퓨터용 사인펜을 사용하여 다음 보기와 같이 표기할 것.
   보기) 잘된표기: ●
   잘못된 표기: ⊘ ⊗ ◑ ○ ◐ ◯
2. 수험번호 (1)에는 아라비아 숫자로 쓰고, (2)에는 "●"와 같이 표기할 것.
3. 과목코드는 뒷면 "과목코드번호"를 보고 해당과목의 코드번호를 찾아 표기하고,
   응시과목란에는 응시과목명을 한글로 기재할 것.
4. 교시코드는 문제지 전면 의 교시를 해당란에 "●"와 같이 표기할 것.
5. 한번 표기한 답은 긁거나 수정액 및 스티커 등 어떠한 방법으로도 고쳐서는
   아니되고, 고친 문항은 "0"점 처리함.

과목코드

응시과목

[이 답안지는 마킹연습용 모의답안지입니다.]

★ 수험생은 수험번호와 응시과목 코드번호를 표기(마킹)한 후 일치여부를 반드시 확인할 것.

년도 전공심화과정
인정시험 답안지(주관식)

전공분야

성명

[이 답안지는 마킹연습용 모의답안지입니다.]

답안지 작성시 유의사항

1. ※란은 표기하지 말 것.
2. 수험번호 (2)란, 과목코드, 교시코드 표기는 반드시 컴퓨터용 싸인펜으로 표기할 것.
3. 교시코드는 문제지 전면의 교시를 해당란에 컴퓨터용 싸인펜으로 표기할 것.
4. 답안은 반드시 흑·청색 볼펜 또는 만년필을 사용할 것. (연필 또는 적색 필기구 사용불가)
5. 답안을 수정할 때에는 두줄(=)을 긋고 수정할 것.
6. 답안이 부족하면 해당답란에 "뒷면기재"라고 쓰고 뒷면 '추가답란'에 문제번호를 기재한 후 답안을 작성할 것.
7. 기타 유의사항은 객관식 답안지의 유의사항과 동일함.

※ 감독관 확인란
(인)

참고문헌

1. 창병모,『프로그래밍 언어론 : 원리와 실제』, 인피니티북스, 2021년

2. 김종훈 외 1인,『프로그래밍 언어론 쉽게 배우는 언어의 원리와 구조』, 한빛아카데미, 2013년

3. 원유헌,『프로그래밍 언어 개념』, 정익사, 2011년

4. 도경구 외 3인,『프로그래밍 언어론』, 생능출판사, 2008년

5. 신용권,『이것이 자바다』, 한빛미디어, 2015년

안심Touch

여기서 멈출 거예요? 곧지가 바로 눈앞에 있어요.
마지막 한 걸음까지 SD에듀가 함께할게요!

좋은 책을 만드는 길
독자님과 함께하겠습니다.

도서나 동영상에 궁금한 점, 아쉬운 점, 만족스러운 점이
있으시다면 어떤 의견이라도 말씀해 주세요.
SD에듀는 독자님의 의견을 모아 더 좋은 책으로 보답하겠습니다.

www.sdedu.co.kr

시대에듀 독학사 컴퓨터공학과 3단계 프로그래밍언어론

초 판 발 행	2022년 07월 06일 (인쇄 2022년 05월 31일)
발 행 인	박영일
책 임 편 집	이해욱
저 자	박영철
편 집 진 행	송영진·김다련
표지디자인	박종우
편집디자인	김경원·박서희
발 행 처	(주)시대고시기획
출 판 등 록	제10-1521호
주 소	서울시 마포구 큰우물로 75 [도화동 538 성지 B/D] 9F
전 화	1600-3600
팩 스	02-701-8823
홈 페 이 지	www.sdedu.co.kr
I S B N	979-11-383-2494-6 (13000)
정 가	25,000원
